人民·联盟文库

观念的冒险

[美]A.N. 怀特海 著

周邦宪 译 陈维政 校

贵州人民出版社

人民出版社

出版说明

　　人民出版社及全国各省市自治区人民出版社是我们党和国家创建的最重要的出版机构。几十年来，伴随着共和国的发展与脚步，他们在宣传马克思列宁主义、毛泽东思想、邓小平理论、"三个代表"重要思想，深入贯彻落实科学发展观，坚持走有中国特色社会主义道路方面，出版了大量的各种类型的优秀出版物，为丰富人民群众的学习、文化需求作出了不可磨灭的贡献，发挥了不可替代的作用。但由于环境、地域及发行渠道等诸多原因，许多精品图书并不为广大读者所知晓。为了有效地利用和二次开发全国人民出版社及其他成员社的优秀出版资源，向广大读者提供更多更好的精品佳作，也为了提升人民出版社市场联盟的整体形象，人民出版社市场联盟决定，在全国各成员社已出版的数十万个品种中，精心筛选出具有理论性、学术性、创新性、前沿性及可读性的优秀图书，辑编成《人民·联盟文库》，分批分次陆续出版，以飨读者。

　　《人民·联盟文库》的编选原则：1. 充分体现人民出版社的政治、学术水平和出版风格；2. 展示出各地人民出版社及其他成员社的特色；3. 图书主题应是民族的，而不是地区性的；4. 注重市场价值，要为读者所喜爱；5.译著要具有经典性或重要影响；6.内容不受时间变化之影响，可供读者长期阅读和收藏。基于上述原则，《人民·联盟文库》未收入以下图书：1.套书、丛书类图书；2.偏重于地方的政治类、经济类图书；3.旅游、休闲、生活类图书；4.个人的文集、年谱；5.工具书、辞书。

《人民·联盟文库》分政治、哲学、历史、文化、人物、译著六大类。由于所选原书出版于不同的年代、不同的出版单位，在封面、开本、版式、材料、装帧设计等方面都不尽一致，我们此次编选，为便宜读者阅读，全部予以统一，并在封面上以颜色作不同类别的区分，以利读者的选购。

人民出版社市场联盟委托人民出版社具体操作《人民·联盟文库》的出版和发行工作，所选图书出版采用联合署名的方式，即人民出版社与原书所属出版社共同署名，版权仍归原出版单位。《人民·联盟文库》在编选过程中，得到了人民出版社市场联盟成员社的大力支持与帮助，部分专家学者及发行界行家们也提出了很多建设性的意见，在此一并表示诚挚的感谢！

《人民·联盟文库》编辑委员会

编者的话

　　大约五百年前，随着中世纪的结束和新大陆的发展，人类开始相继进入现代社会。"现代社会"之不同于"古代社会"和"原始社会"，不仅因为时间上更"近"，而且首先是人的生存方式与生活理念的更"新"。就后一方面而言，"现代社会"乃是欧洲人在最近四五百年间特别是最后一百多年来通过对世界的征服而形成的一种社会形态，是一种把"理性主义"、"人的主体性"以及"世界为一客观实在"作为基本生活信念的生存方式。这种理念和方式是前所未有的。

　　现代社会所取得的成就是巨大的，体现于物质、制度和思想观念诸层面。其中，科学技术的进步所带来的变化尤为触目：自动化的机器生产把人从沉重单调的手工劳动中解放出来；石油、电力和原子能成为新的能源供给者；汽车、火车和飞机代替了过去简陋低效的运输工具；电子通讯（电话、电报、电视、传真等）不仅使人们易于获得信息，而且使遥远的世界近若比邻；农业机械的运用使过去分散的农业变成集约化的工业生产；化肥的使用极大地提高了农作物的产量；生物工程技术的兴起和发展，不仅能按人的需要培养出新的品种，而且使复制生命本身成为现实；现代物理学、天文学已把人们的认识推进到层子（夸克）结构和一百亿光年的遥远星体；电子计算机的研制和广泛运用，更是在人类生存的各个领域带来革命性的变化……作为这一切的结果，人们的生活变得方便了、舒适了、安全了。至少从总体上来说是如此。

"福兮祸所伏"。现代社会在推动人类文明进步上虽然功不可没，但也同时造成了一系列新的问题：大机器生产和科层化的管理体系使人变成机器和制度的附属物；人口急剧增加，使本已紧张的物质资料生产更加紧张；与此同时则是自然资源的不断减少和生态环境的恶化；贫富悬殊非但没有消除，反而在不断地加剧；战争和冲突依然存在，特别是两次世界大战给人们的生命和财产带来了空前的灾难；旧的压迫和奴役形式消失了，新的又出现了；世界范围内的经济危机、金融风波使最隔离的地区也无法免受其害；现代化过程中所滋生的急功近利和唯利是图倾向消解了传统的道德和人生的终极关怀……所有这些，都使人在为现代社会的成就欢呼雀跃的同时又感到莫大的沮丧和困惑。

学术是存在的一面镜子。人与现代社会之关系以及人在其中的生存处境，包括他所取得的成功和所遇到的困难，必然会引起现代思想的关注与反思。西方学术也不例外。事实上，这种关注和反思还特别形成了现代西方学术尤其是人文学科研究的一道亮丽的风景线。其观点之纷呈，学派之林立，实有使人目不暇接之感。其中虽难免片面与错误，但"他山之石，可以攻玉"。为了使中国读者了解西方一百多年来在这方面的研究成果，为了向正处于自身理论建构中的中国思想学术界提供可资借鉴的相关材料，我们编辑了这套"现代社会与人"译丛。译丛围绕现代社会与人这个主题，精选名家名著或有重要影响的著作，分批陆续出版。从1987年至今，译丛已推出三十余种，广涉心理学、社会生物学、哲学人类学、宗教哲学、伦理学、文化哲学、心智哲学等领域，是国内自20世纪80年代以来唯一一套未曾中断过的译丛。译丛过去的成绩固然值得珍视，但必须"更上一层楼"。无论是选题的确立还是译文的质量，都还有需要改进的地方。除了译丛编委会和出版社的努力外，尚需广大读者和学界同仁的支持、建议和批评。

哀我中华，命途多舛。19世纪中叶，西方列强的战舰和炮火，把中国这个古老的帝国卷入了现代社会。在经过长时间的拒斥、犹豫、推就之后，中国终于接受了现代文明的理念（远不完全）。正当她信心十足地奔赴现代化特别是科学技术现代化的时候，现代化给西方社会带来的种种弊端似已尽显，现代西方的有识之士和后现代的思想家们已经早就在反省现代社会的种种问题了。在中国尚需赢获现代社会所有肯定性东西的情况下，中国人能从西方的成就与问题中学到些什么呢？在世界已开始由"现代"向"后现代"的嬗变中，正处在由前现代到现代之转折点上的中国人该如何来把握他们前进的航线呢？在全球已缩为"村落"、经济已一体化的今天，该如何调整我们的行为和观念并在这种调整中坚持那些为个人和人类所需的精神空间呢？要创造性地解决这些问题并非易事。但我们相信，本译丛所列著作，与已翻译过来的其他西方学术著作一样，定能为回答上述问题多少提供一些启发和帮助。

"现代社会与人"译丛编委会

2000 年 6 月 25 日

目　录

第一部分　社会学的观念

第二部分　宇宙论的观念

第三部分 哲学的观念

第四部分 文 明

中译者序

怀特海无疑是 20 世纪最杰出的哲学家之一。他的影响在他生前就越出了哲学的领域，广泛地波及科学界，引起了包括爱因斯坦在内的一些大科学家的关注。如今，这位过程哲学大师的学说早已成为人类共同的精神财富，其影响更是波及生态学、管理学、宗教学等多种领域。

1861 年 2 月 15 日，怀特海出生在英国一个学术及宗教气氛都特别浓厚的家庭。他是家中四个孩子中最小的。他从小身体孱弱，成为家庭关爱的重点。幼年的他一直在家从父亲读书，10 岁习拉丁文，12 岁习希腊文，直至 1876 年 15 岁时才离家到舍本恩中学（Sherborne）就读。他的两位哥哥，Charles 和 Henry 也曾就读于该校。Charles 毕业于1872 年，后获奖学金考入剑桥，Henry 后考入牛津三一学院。同他两位兄长一样，怀特海在舍本恩中学功课出众，尤其在数学方面显示出不凡的才华。1879 年 4 月，此时离他中学毕业尚有一年，怀特海到剑桥大学参加了三一学院举行的奖学金入学考试，获得成功。怀特海于 1880年 10 月入剑桥，从此在剑桥居留凡三十年。大学读书期间他所结交的三位朋友对他日后的工作产生了不容忽视的影响。William Ritchie Sorley 在哲学上影响了他；D'Arcy Thompson 作为生物学家影响了他；而Henry Head 则对怀氏日后的巨著《过程与实在》给予了一定的启迪。

怀氏在剑桥任教期间最有意义的事莫过于他与罗素合写《数学原理》一书了。

1900 年 7 月在巴黎召开了第一届国际哲学家大会，紧接着又举行了第二届国际数学家大会。在该次哲学家大会上罗素宣读了论文"秩序及其在时空中的绝对位置"，怀特海夫人宣读了论文"妇女教育"。怀氏在两次会上都未宣读论文，但他却是数学家大会五位书记之一。在该次数学家大会上怀特海和罗素有幸聆听了意大利数学家、逻辑学家皮亚诺（Giuseppe Peano）的符号逻辑学。皮亚诺只长怀特海三岁，当时却已是名满天下。此前，怀特海写作他的《泛代数论》一书时已参考过皮亚诺的相关著作，对他怀有相当的敬意。这次数学家大会皮亚诺的符号逻辑学给他更是留下美好的印象。

同年 8 月回到英国后，罗素以他惯有的神速掌握了皮亚诺的逻辑理论，这使他开始了数理哲学的研究。他后来在自传中自称，他在皮亚诺的符号逻辑体系中发现了"我多年来寻求的那种用于逻辑分析的工具"。此后他与他的老师怀特海合作，耗时十年，写成了三卷《数学原理》。

1910 年，怀特海离开剑桥到了伦敦。其直接的原因是他的一位同事 Forsyth 受到不公正的待遇，但其根本的原因却是，怀氏厌倦了剑桥年复一年的单调教学工作。正如他 1912 年写给伦敦大学学院院长的信中所说："我在剑桥过着刻板的生活……""迁居伦敦，生活更丰富，可保持我工作所需的新鲜性。"当时的剑桥极为保守，它甚至拒绝授予女生学位。在那样保守的环境中，怀特海也断难伸张其哲学创见。

伦敦大学学院是由诗人 Thomas Campell 及一群思想激进的青年学者创办的，旨在打破当时沉闷保守的空气。当时英国的著名大学诸如牛津、剑桥都深受教会控制，师生均必须首先宣称自己信仰英国国教方可获得任教、就读的资格。伦敦大学学院的建立就是要冲破这样的樊篱。它于 1828 年 10 月成立，成为英国第一所现代大学。它不限制师生的宗教信仰，传授科学及现代人文知识，不讲授神学，被保守人士讥为

"Gower街那个不信神的机构"。

仅一年后圣公会即在伦敦成立国王学院,与大学学院抗衡。1836年两校合并为一个联合学术机构,称"伦敦大学"。1907年国会颁布法案,规定大学学院不再作为独立的机构,而成为伦敦大学的一个下属机构,其名称颇为怪异:"伦敦大学大学学院"。

迟至1911年7月怀特海才接受大学学院教职,任实用数学及力学讲师,工资奇低。在他空闲的那一年,他写成了一本小书《数学导论》。在该书中他用通俗易懂的方式表达了他在剑桥酝酿已久的数学思想。科学史家George Sarton称该书"讲的是基础,但却十分有见地"(very elementary but very wise);罗素称它为"决然的大手笔"(absolutely masterly)。

1911~1912年间怀氏教学任务繁重,依学院规定讲授以下课程:大一的动力学、流体静力学;大二的潜力和引力理论、高级静力学、高级粒子动力学。此外,他还要讲授天文学基础。繁重的教学任务使他不能潜心来读《数学原理》的校样。在一封给罗素的信中他抱怨道:"每天我都以为我会抽出些时间来,但是这该死的天文学(它本身是相当有趣的)占据了我所有的时间。"

此后怀氏曾竞争实用数学及动力学系主任,未遂,无奈转而接受几何高级讲师一职。1914年7月怀氏辞去大学学院几何高级讲师一职,9月受聘于帝国学院,任实用数学教授。

1914年8月英国对德宣战,卷入第一次世界大战。

第一次世界大战期间,怀特海一家人可谓十分投入。他本人曾向皇家学会提交一份论文,讲述如何使用一种图表以便更快计算高射炮射程;他的妻子和女儿参加了救助难民的活动;他的大儿子North 1915年负伤返回英国,后到非洲服役;在皇家飞行大队服役的小儿子Eric则战死于法国。怀特海接到小儿子战死的噩耗时,据说只是"怪异地凄然一笑"(asikly smile)。他的妻子写信给罗素说:"他一下子苍老了许多。"

第一次世界大战期间，怀特海与罗素的友谊出现裂痕。在怀氏一家积极参战的同时，罗素却多方奔走，组织了反战组织"拒服兵役委员会"，积极参与反战活动。1916年，怀氏在一封回复罗素的信中说："总的说来，拒服兵役的人是在逃避一种虽然痛苦但却明确的责任。"1918年7月4日，他在给罗素的信中又说："你很清楚，我认为你关于国家政策以及与之相关的个人责任的观点是错误的。但这并不影响我对你的感情。"此前怀氏的妻子Evelyn也有信给罗素，称"不管你现在如何看待我们，你仍旧是你，仍旧是我们看重的朋友……在很多方面仍旧是当年的那个小神童"。

他们之间的友谊得以维系一方面固然是由于怀特海温文尔雅的性格，更重要的是由于他们之间在学术上多年来的心灵沟通。1918年1月3日罗素在《论坛报》发表社论，被指控为伤害英美两国关系而判刑六个月。经朋友多方斡旋，被囚于头等监房。罗素在监房读书写作，包括怀特海在内的朋友们时常去看望他。7月1日他给他哥哥Frank的信中说："我发现怀特海的来访对我启迪甚多。"

战后怀特海声誉日隆，相继被选为伦敦大学科学院院长，伦敦大学理事会理事。1920～1924年间，他担任伦敦大学学术委员会主席。总的说来，在伦敦期间，怀氏以三大著作奠定了他作为科学哲学家的声誉：《关于自然知识原理的研究》(1919)、《自然的概念》(1920)、《相对论原理》(1922)。

1924年2月6日，美国哈佛大学校长Lawrence Lowell写信给怀特海，问他是否愿意接受哲学教授一职，任期五年，年薪8000美元（当时是哈佛的最高薪金）。此事的来由还得从头说起。

20世纪的头十年是哈佛哲学系的黄金时代，在威廉·詹姆斯这位实用主义创始人的麾下聚集着这样一些人物：《善与恶》、《世界与个人》的作者罗伊斯(Josiah Royce)，毕业于哈佛；到柏林学习两年哲学后又重返哈佛的西班牙哲学家桑塔亚那(George Santayana)；德国出生，以其《实验心理文集》赢得詹姆斯称许的明斯特尔贝格(Hugo

Münsterberg）。但是詹姆斯 1907 年退休，并于 1910 年逝世，桑塔亚那于 1912 年去了欧洲并从此不归，罗伊斯和明斯特尔贝格又于 1916 年逝世，哈佛哲学系遂呈萎靡之势。当时主持系务的伍兹（J. H. Woods）便欲广罗人才，以重振当年哲学系雄风。柏格森、罗素、杜威等都是他们欲延聘的对象。1920 年 3 月 10 日，伍兹写信给哈佛校长 Lowell，提出聘怀特海为教授，主讲科学哲学。Lowell 答道："关于聘用怀特海一事，务须缓缓进行……尽量不作过多许愿。"1923 年，聘用怀特海一事再次被提出来。此次是由生物化学家 Lawrence J. Henderson 向校长 Lowell 提出的。Henderson 是"罗伊斯聚餐会"的成员。"罗伊斯聚餐会"是罗伊斯生前组织的一个借聚餐之机讨论科学哲学的小团体。Henderson 在团体内曾借用柏格森的话这样评价过怀特海：他是用英语写作的最优秀的哲学家。团体内的人都读过并喜欢怀特海的一些著作。他们一致强烈要求，哈佛应得到这样的人才。

得知这一消息的怀特海表达过这样的想法："……（此事）会给我一个可喜的机会，使我可以系统地发展我对逻辑、科学哲学、形而上学以及一些半是哲理半是实际的学说（诸如教育）的观点。……我无意系统地指导学生对一些哲学家进行批判性研究。……我极愿以一种不那么正规的方法，用讲座的形式将积存在我心里的哲学观点表达出来。"哈佛哲学系主任伍兹的邀请函中明确许诺："我们将竭尽全力使你不受干扰，以便你能发展你的思想。"

怀氏初到哈佛，对他即将面临的教学尚存疑虑。他自己的学说牵涉到对欧洲传统学说的诸多批判，因为他对诸如柏拉图、笛卡尔、牛顿、休谟等人的学说已思考了几十年了（比如在他 1922 年发表于"亚里士多德协会会议录"的《齐一性与偶然性》中便包括了对亚里士多德逻辑学及休谟学说的批判）。他自信对于笛卡尔和休谟的基本批判是正确的，但他的学说是否会得到普遍理解，尚是一个问题。据当时哲学系指派给他的助手 Raphael Demos 事后回忆，他与怀特海首次见面时，怀氏即花了一个多小时对他解释自己的哲学，而他听后却大感茫然。

怀特海在哈佛的第一次演讲震惊了哈佛哲学界。据当时哲学系的研究生 James Wilkinson Miller 回忆，怀氏一副 19 世纪的穿着，步入讲堂犹如狄更斯笔下的皮克威克先生。系主任简单介绍后，怀氏略为客气几句便开始了他的演讲。当时正是哈佛哲学系崇尚冷静分析的时代，言必称事实，言必称逻辑关系。人们期待于怀氏的是他的自然科学哲学（尤其是物理学）。谁知怀氏一开讲便是一大堆难解的形而上学概念，立即将听众抛入五里云雾之中。课后有人听见一位讲授符号逻辑学的青年教师 Henry Sheffer 嘟囔道："纯粹的柏格森主义！"此话在当时的哈佛等于骂人。

尽管如此，哈佛哲学系却有一兼容并包的传统，决不延聘与系内任何人有相同观点的人，来者必独具特色。所以虽有诸多议论，于怀氏倒也无损。

随着怀特海进入哈佛，哲学系逐渐迎来了第二个黄金时期。在这样的气候里，怀氏多年积存心中的哲学思想此刻便从容涓涓流出（他不属于那种激情喷涌的哲人）。1924 年 3 月 18 日，哈佛校长罗威尔（Lowell）邀请怀氏在波士顿的罗威尔学院作一由八讲组成的系列讲座，题目由他自定。怀特海初定的题目是"自然哲学三百年史"，后改为"科学与近代世界"。

1932 年 9 月，怀氏在《观念的冒险》一书的序言中将《科学与近代世界》与《过程与实在》、《观念的冒险》合称，云："每本著作都可分开来读，但它们之间则是相互补充、相互生发的。"这三本著作"都力图要表达理解事物性质的某种方式，都力图要指出那种方式是如何通过对人类经验种种变化的研究从而得到阐释的"。

尽管如此，《科学与近代世界》一书在怀氏哲学思想演化史中却有明显的过渡性质，主要是他的新自然哲学观的系统表现。比如，先前在《关于自然知识原理的研究》中，怀氏强调过自然的基本特点就是它的"流动性"（passage）或称"创造性进展"（creative advance）。在 1924 年 8 月为该书第二版写的注释 2 中，怀氏说："过程（process）而不是扩展，才是自然的基本特点，当时我头脑中并未牢固树立这一正确学说。"在罗威尔讲座中，"创造性进展"被进一步阐述为"实现的潜在活动"的结果。

在前期的著作中怀氏有意回避提到"价值"，无论是道德价值或审美价值。正如他在《自然的概念》一书中所说："自然的价值也许是解释存在的形而上学合生的关键，但这一合生正是我无意去研究的。"但后来在《科学与近代世界》中他说道："'价值'便是我用来表示一个事件的固有实在的词。"

在怀氏的新自然哲学中，他还提出了一个新的基本概念，即"永恒客体"（eternal object）。他认为，存在着一个由"永恒客体"组成的无限王国，像颜色、形状、形式以及一个事件可表现出的特点都可被看成是永恒客体。他不用"共相"（universal）而用"永恒客体"一语，因为在漫长的哲学史中，"共相"一语具有了一些附加的假定。在《科学与近代世界》尚未问世的罗威尔讲座时期，怀氏还提出了一个新概念，即"prehension"，学术界往往把它译为"把握"。照怀氏自己的解释，所谓把握就是一种"领悟"，一种"非认识论意义上的领悟"（uncognitive apprehension）。

总之，《科学与近代世界》有两大主题：（一）近代自然科学发展史。（二）怀氏的新自然观以及与之相伴随的此新自然观所需的新形而上学理论。

1927年1月29日怀特海接到邀请函，到爱丁堡大学主持1927—1928年学术年度的吉佛特讲座（Gifford Lectures）。该讲座1885年由亚当·吉佛特勋爵（Lord Adam Gifford）设立于苏格兰四所老牌大学。他最初规定的主题是"自然神学"，却并不拘泥于宗教的范围。吉佛特讲座主讲是当时英语世界中的最高荣誉（1929年吉佛特讲座的主讲者是杜威，他讲的题目是"追求明确"）。

怀氏于1927年2月27日接受邀请，在接受邀请的复函中他写道："……这给了我一个机会，使我得以将积存于心中的诸形而上学观念系统地阐述出来。……至于题目，我倾向于使用'机体的概念'。"

这一讲座的内容后来就成了他的皇皇巨著《过程与实在》。

《过程与实在》是哲学史上的丰碑，它是怀特海形而上学思想最有系统的表述。在该书序言中怀氏说："思辨哲学的目的就是要努力构建一个首尾一致的、合乎逻辑且又必要的一般观念的体系，依据这一体系，我们经验中的每一成分都可得到解释。"该书正是怀特海为了达到这一目标所作的努力。

在《过程与实在》中，怀特海表现为一个多元论者，他否认在终极的意义上只存在一个本体。在怀氏的多元宇宙中，其中的成员都是相互联系的。怀氏批判传统的一元论者，说他们没有坚持"世间无物是独立于它物的"这一原则，因为他们认为永恒的存在是不依赖暂存的存在的。照怀氏看来，独立的存在是一桩神话，无论是上帝或是牛顿物理学中的物质粒子，都不可能是独立存在的。一个存在的单位是"一个现实实体"，或称"现实事态"（actual occassion），它的个体性表现为它与早些时候的事态的合生，或它对永恒客体的选择。当合生完成时，该事态便成为宇宙间无数事实（facts）中的一部分，新的事态又会从中生出。形成后的现实实体不再是一个主体，因而在此意义上"消亡"了。它成了一个既不是主体又不是客体的"超体"（superject），它是将来一切主体的一个客体。

总之，所谓"实在"便是永远生灭不已的这种现实事态（不是柏拉图的"理念"，更不是黑格尔的"绝对精神"）；所谓"过程"，便是生灭不已的这种"进展"（progress）。

作为怀特海晚年哲学"三部曲"之一的《观念的冒险》则包含了一部普遍意义上的哲学史。该书既进一步阐发了他此前的一些观点，又提出了一些新观点。

在《科学与近代世界》一书中，怀氏曾提到过："人类的各种活动……表现了不同的宇宙观"，一种从科学中发展出的宇宙观几乎达到垄断的地位；"哲学的功用是缓慢的。思想往往要潜伏好几个世纪，然后人类几乎是突然间发现它们已在习惯中体现出来了。"自《符号的意义及效果》(1927)起，怀氏便开始研究人类借以说明其行为和社会风俗习惯的语言。所有的这一切都在《观念的冒险》一书中得到更清楚、更强调的表达。

怀氏在该书中表达的精辟见解则不胜枚举。姑举两例：

1. 在第一章的第一节怀氏批判了"纯历史"的观点。所谓"纯历史"是不存在的，"历史学家在描述过去时，要依赖自己的判断来判别诸如是什么构成了人类生活中的价值这类问题。"所以，即便是吉朋的《罗马帝国衰亡史》这样知名的历史著作，讲述的也是一个双重的故事。它既讲述了罗马帝国的衰亡过程，又反映了吉朋那个时代的种种普遍观念。走笔至此，我突然想起怀氏在《过程与实在》中说过的一段话："我们要扩大一下古人的'无人能两次涉过同一条河'的学说：无一思考者能两次思考（同一物）。更广义地说，无一主体能两次经验（同一物）。"① 如果说古人的学说强调的是客体的流变性，那么怀氏还强调了主体的流变性。

2. 历史的发展是两大因素交互作用的结果：一是人类有意怀抱的理想，诸如基督教、民主等；二是所谓无情感的作用（senseless agencies），比如蛮族对罗马帝国的侵犯。无情感作用在历史上表现为对人的征服，理想的力量则化为了说服。人类的历史就是一个从征服到说服的历史。

其余如关于自然规律的讨论、对美的定义、客体与主体的关系等等，都可谓是精彩纷呈，启人良多。读者可自咀嚼含玩，不必理会译者的饶舌。

目前国内研究怀特海的专著尚不多，除了英文参考资料外，译者主要参考了贺麟先生关于怀特海的两篇文章（见于他的《哲学与哲学史论文集》），以及复旦大学陈奎德先生的《怀特海哲学演化概论》。译书整

_____

① 《过程与实在》，怀氏夫人重订版，第34页。

个过程中"如临深渊，如履薄冰"的心情真是难以言述！尽管如此，粗疏不当之处一定不少，如有幸得到学界师友的指教，则不胜感激之至！

周邦宪

2000 年 6 月 30 日于四川新都

前　言

　　本书的标题《观念的冒险》有两层意思，两者都与本书的主题相合。一层意思是：某些观念在加速人类通往文明的缓慢进程中所产生的影响。这便是人类历史中观念的冒险。另一层意思则是：观念将对人类历史的历险经历作出解释，作者对这些观念进行思辨的构架时，无异于是在经历一场冒险。

　　事实上，本书研究的是文明的概念，力图要理解的是文明化的人（Civilized being）是如何产生的。我自始至终强调的一个观点便是：要提高和保持文明，冒险是很重要的。

　　我的三本著作——《科学与现代世界》、《过程与实在》以及《观念的冒险》——都力图要表达理解事物性质的某种方式，都力图要指出那种方式是如何通过对人类经验种种变化的研究从而得到阐释的。每本著作都可分开来读，但是它们之间则是相互补充、相互生发的。

　　我看待这一历史题目的一般方法主要受到了以下作品的影响：吉朋的《罗马帝国衰亡史》、纽曼主教的《论基督教教义的演变》、保罗·萨尔皮的《特伦托会议全史》、亨利·奥斯本·泰勒的《中世纪思想史》、莱斯利·斯蒂芬的《十八世纪英国思想史》，以及各种不同的著名书信集。至于说到文学，我斗胆向那些对英国思想的早期发展感兴趣、并对优秀文学感兴趣的读者推荐伊丽莎白和詹姆斯时期牧师们的布道文。亨利·奥斯本·泰勒的《十六世纪思想及其表现》一书也描述了这两个时期的种种思想倾向及反倾向。20世纪，就其业已发展的状况而言，与前面所说的欧洲历史上的两个时期有类似之处，这既表现在思想的冲突方面，也表现在政治利益的冲突方面。

本书第二部分是讨论宇宙论的，其中我不断引用牛津大学出版社于1928年出版的两本书；爱丁堡大学 A. E. 泰勒教授的《柏拉图"蒂迈欧篇"评注》以及牛津大学巴利奥尔学院导师西里尔·贝利博士的《希腊的原子论者与伊壁鸠鲁》。

第一、二、三、七、八诸章的主要材料曾在1929至1930年期间在布林莫尔学院用于四次玛丽·弗莱克斯纳讲座：这些章节尚未发表过。同样，第九章"科学与哲学"——也未曾发表过——曾于1932年3月在哥伦比亚大学的文理学院被用于戴维斯哲学讲座。第六章"预察"曾在哈佛大学商学院讲演过，后应院长 W. B. 唐罕之请，作为他的《失控的商业》一书的序言，于1931年由纽约麦克格罗—希尔图书出版公司出版。第十一章"客体与主体"也于1931年在纽黑文美国哲学学会东部分会作为会长致辞讲演过，并于那以后发表于1932年的"哲学评论"第六十一卷，郎曼—格林出版社纽约版。

1926年我在新罕布什尔的达特茅斯学院所作的一些未经发表的演讲当时已体现出本书题旨的雏形。这些演讲讨论了成功的文明所需的两种层次的观念，即特殊的低级的一般观念以及哲理的高级的一般观念。人们要求用前种水平的观念去收获那种立即获得的文明之果；后一种观念则用来指导通往新奇的冒险，并确保那理想目标的价值得以立即实现。

我十分感激我的妻子，她对本书讨论的问题提出过许多根本性的意见，并对各章历次手稿的修改付出了巨大的劳动。

A. N. 怀特海

1932年9月于哈佛大学

第一部分

社会学的观念

第一章
导　言

第一节

　　就其最广泛的意义而言，本书的标题——《观念的冒险》——可看成是《人类历史》的同义语，因为它涉及林林总总的人类精神经验。这个标题所标明的是人类经历的自身的历史，而人类森罗万象的历史是不可能全部描写下来的。

　　本书的自始至终，我都打算批判地思考观念在人类生活中所经历的那种历史，并打算借助于一些众所周知的事例来阐明我的论点。之所以选择某些特别的事例以作阐述，这一方面是由于我知识的或这或那的局限，另一方面也考虑到它们在我们现代生活中能引起普遍兴趣，以及它们的重要性。同样为了本书的目的，所用历史这一概念包括与过去相联系的现在和将来，以便它们能相互阐释并引起普遍兴趣。至于详尽的事实，我们则将依赖那一大批具有批判精神的学者，他们的劳动在今天以及以往的三个世纪里施惠人类，致使人类对他们尊崇不已。

　　理论是建立在事实之上的；反之，以事实为基础的报道也贯穿着理论的阐释。直接的视觉观察要看到运动中的有色形体——"可疑的形体"——的影像。直接的听觉观察则要听到各种声音。但某位现场观察

4　此类形体与声音的人，比方说一位外国宫廷的常驻公使吧，在阐述所谓"纯事实"时，却说，"他谒见了部长，部长颇为眷顾，并十分清楚地解释了他将用以解决迫近危机的措施。"可见现场所观察到的事实即人对事实的现场阐释，它除了包括纯粹的感觉对象，同时还包括对材料的主观假设。

待到以后的具有批判精神的学者来作选择时，他必然依据自己的理论标准来选择已往现场观察者所获的事实：他会批评已往的现场观察者，并对他当时观察到的事实作出自己的诠释。根据 19 世纪后期流行的历史学派的理论信条，我们便如此地得到了"纯历史"。历史学家们关于历史的这一概念，据说是避免了审美的偏见，也无须依赖形而上学的原则和宇宙论的结论。然而，这实则是想象的虚构之物。只有褊狭的头脑才会相信这一关于历史的概念——这种褊狭性是由时代、种族、学术团体、某种倾向的兴趣等诸多因素造成的——这种褊狭的头脑不能推测自身潜在的局限性。

历史学家在描述过去时，要依赖自己的判断来判别诸如是什么构成了人类生活中的价值这类问题。甚至当他将自己严格地局限于某一选定的领域时，无论是政治的或文化的，他仍然必须要判定是什么构成了该阶段人类经验的顶峰或低谷这类的问题。举例来说，从人类的政治历史来看，黑格尔把他当时的普鲁士国家看成是该阶段人类经验的顶峰；一代人之后，麦考利①则把他当时的英国立宪制度视为顶峰。可见，对思5　想和行动的判断都取决于这种隐蔽的先行认识（presuppositions）。倘不依据某一判断标准、某一预期的目标，你便无法思考什么是聪明，什么是愚蠢，什么是进步，什么是堕落。这样的一些标准和目标，当其一旦广泛传播开来，便构成了人类历史上各种观念的驱动力。它们也指导着人们如何去叙述历史。

---

① 麦考利（T. B. Macaulay, 1800～1859）：英国政治家、历史学家，其代表作为《英国史》。（本书以下注释凡未标明注者的，均为原注——译者）

　　在思考观念史的过程中，我坚持认为，"纯知识"是一高度抽象的概念，应该从我们的头脑中清除出去，因为知识总是伴随着情感及目的等等附件。同时我们也必须记住，观念是有各种不同级别的区分的。因此，一个一般观念是以各种不同的特殊形式出现于历史上的，这些形式是为不同种族的、不同文明阶段的种种特别情况所决定的。较高级的一般观念很少接受精确的语言表达形式。人们用适于该时代的特殊形式来暗示它们。同样的，之所以有情感的伴随物，这部分地是由于人们在高级的一般观念中朦胧地感受到了某种重要的东西，部分地则是由于人们对观念呈现的特殊形式有特殊兴趣。一些人激动于某面旗帜、某首国歌；另一些人激动则是由于朦胧地感觉到了他们的国家所代表的那种文明的形式。对于大多数的人来说，这两种情感来源是混合为一体的。

　　吉朋的《罗马帝国衰亡史》讲述的是一个双重的故事。它讲述了罗马帝国在一千年间的衰亡过程。我们在其中看到了帝国辉煌的顶峰，它的军事组织，它的省级行政管理，各种混杂的民族，两种宗教的勃兴与冲突，以及希腊哲学发展为基督教神学的过程。吉朋在我们面展示了士兵与政治家、哲学家与牧师的伟大与渺小，展示了芸芸众生的痛苦、英雄气概以及粗俗。他向我们展示了人类的幸福以及它所经受的恐怖。

6

　　但是在这部历史中，自始至终都是吉朋在讲述。他便是他的时代的主导精神的化身。他的数卷历史正是以这种方式讲述了又一个故事。这些史册是18世纪思想的记载。它们既是一部罗马帝国的详细历史，又展示了近代欧洲文艺复兴这一白银时代的种种普遍观念。这一白银时代，正如一个七百年前与之对应的罗马时代一样，并没有意识到蒸汽和民主时代，即蛮族时代和基督教时代的对立物，立即要引起它的毁灭。就这样，吉朋叙述了罗马帝国的衰亡史，同时又通过这一例证预言了他自己所属的那类文化的衰亡。

第二节

整个观念的历史主要由两种因素组成。我们可以通过近代的蒸汽和民主与古代文明中的蛮族和基督徒二者之间的比较来阐明这一两分法。在它们各自的时代里，蒸汽和蛮族都是驱动它们各自的文明脱离传统秩序模式的无情感的力量（senseless agencies）。这些无情感的力量便是希腊哲学家有时称之为"强制力"（άναγκη）、有时称之为"暴力"（βια）的东西（可见于柏拉图的《蒂迈欧篇》中，也散见于一般文学作品中）。当这些力量以一种普遍相互协调的面貌出现时，希腊哲学家们便倾向于称它们为"强制力"；当其表现为一团杂乱无章的偶发事件时，则易于被称之为"暴力"。历史的一项任务便是展示具有不同时代特征的各种强制力和各种暴力。另一方面，现代的民主，以及罗马帝国时代的基督教都表明了那些来源于愿望又复归于愿望的明确信仰。它们的力量便是那些经深思熟虑的理想的力量，这些理想与保存并调整了种种现行社会制度的传统虔诚信仰相冲突。举例来说，我们发现亚历山大的圣克雷芒①规劝同代的人躲避习俗（συνηθεια）。这些基督教的理想属于重铸它们各自时代的那些说服力量。

从一个时代到另一个时代的明显过渡总是可以用蒸汽与民主的类比来描述，或者，如果你愿意，也可用蛮族与基督徒的类比来描述。在驱使人类从他的旧锚地起航的过程中，无情感的诸种力量与深思熟虑的诸种愿望协调一致了。有时候，这种过渡时期是一个希望的时代，有时则是绝望的时代。当人类脱离了锚链，他或则致力于发现新世界，或则隐隐听见前面碎浪击崖的声音而心头感到不安。罗马帝国的衰亡发生在一个拖得太长的绝望的时代；蒸汽和民主时代则属于希望的时代。

———

① Sait Clement of Alexandria（150～211）：著名神学家，生于雅典。他杂糅了希腊哲学和基督教信仰中的犹太传统思想，为基督教教义的发展奠定了基础。晚年遭罗马皇帝塞维鲁斯迫害。——中译注

人们很容易夸大这两种过渡时代的区别。这完全取决于保留下来的文献记载。而这些记载到底表达了谁的感情呢？不管怎么说，甚至在罗马帝国走向衰亡的最糟糕的时期，蛮族人仍然自得其乐。对于匈奴王阿提拉（Attila）和他的游牧部落来说，侵入欧洲不失为一件快事，足以消除游牧生活的单调。但是我们也保存下了一些当初意大利哨兵的赞美诗。在夜色重重的冬夜当他们在北部的小镇沿墙踱步时，他们会发出突然的呼叫——"愿我主仁慈，使我等免遭匈奴蛮子蹂躏。"从此例中我们很容易分清，野蛮和文明是相互冲突的，而我们代表的是文明。我并不坚持认为我们现在对当时中亚的社会形态有什么了解，也并不坚持认为，意大利城市帕多瓦或阿奎莱亚城墙上的哨兵对匈奴人的想象是完全不合适的。

8

在每个明显过渡的时代，人们都在无声而被动地实践着一套正在过时的习惯和感情模式。与此同时，一整套新的习惯正在形成。在这两者之间，是一个无政府状态的混乱时期，或者是一个正在过去的危险期，或者是一个漫长的混乱期，其中夹杂着悲惨的堕落与新生的热情。当我们估价这些力量时，一切都取决于我们批评的立场。换言之，我们观念的历史来自我们对历史的观念，也就是说，我们观念的历史是以我们理智的立场为基础的。

人类并非全然无声地照习惯办事，在这一点上他不同于其他动物种类。尽管如此，在动物世界，甚至在人类的祖先中，仍存在着那样一些习惯模式的过渡。但在这些过渡期间，它们并未同时表现出理智的思考，既未表现出事先的目的，也未表现出事后的思索。举例来说，在远古时代，森林的繁茂生长促使一些哺乳动物上了树，变成类人猿；随后，经历了漫长的时期之后，森林的衰败又促使它们下树而变成了人类。

我们这儿描述的是历史无情感的一面。在这儿，历史的转换过渡或则受到雨、森林的影响，或则受到蛮族的影响，或则受到煤、蒸汽、电和石油的影响。尽管如此，甚至历史无情感的一面也不能简单地归于无情感这一专门范畴。雨、森林等不过是自然这一宏大秩序中的部件而已。阿梯拉的游牧部落在某些方面自有其远胜衰落的罗马人的理智观点；而在煤和蒸汽的时代，一些特别的人物又在使用他们的智力影响该时代，促使该时代向另一个时代过渡。但是，说到底，尽管有这些限制条件，雨、匈奴人以及蒸汽机总代表了原始的需要，正如希腊哲学家所构想的那样，这种原始的需要促使人类向前而根本不必用文字概念明确地表达某一目的。类人猿变成人类，古代文明变成中世纪的欧洲，工业革命压倒文艺复兴，在这些过程中，人类零星的理智因素只是盲目地协调在一起而已，人类并不知道他们所干的事。

第三节

　　本书要集中讨论的是一小部分人类历史，它涉及的是文明从近东到西欧的转移，其题旨只局限于两三个主要观念是如何成熟的；由于人类有效地运用了这两三个观念，文明便得以形成。我们将简略地追溯这些观念，追溯其自远东古代世界直至今日的地位。一种文明的界限是不确定的，无论是就其地理、时间或基本特点而言。西欧的东部界限以及近东的界限尤其具有这种模糊的特色。随着几个世纪的流逝，这些界限也在起落变化。在其最后的辉煌时期，近东的界限延伸到了大西洋。但是在其辉煌的较早时期，也就是在希腊人时代之前，它从尼罗河流域延伸至美索不达米亚，从印度洋延伸至黑海和里海。它也深入到爱琴海流域，后来深入西地中海。但是，在我们此处的讨论中近东之所以重要，只是因为它是现代欧洲的发祥地和背景而已。

　　本书的整个要点便是要表现西方文明中的那些因素，它们合成了文化史上的一个新成分。当然，任何新事物都不会是全新的。那些偶然出现的因素、个人的梦想，或者其他精神方式的微不足道的附属物，在后来的欧洲文明中显现出新的重要性。问题在于，应该去了解重点是如何转移的，应该去辨识这一转移对西方世界的社会学所产生的诸种影响。这样，我们才可获得详细批判现代社会学发展所必需的思想先决条件。于是，我们便可以理解那些驱使人类世界前进的推动力的重要性。

以同样的理由，在文明从东方向西方传播的过程中，希伯莱时期、希腊时期以及希腊化时期可以连同起来一起考虑。因为，或者，我们可以认为：近东思想作为一种外来文化融入第一阶段的欧洲思想，其过程的发端正在这一时期。或者，我们也可以认为：正是在这一时期，首批欧洲人接过了近东的思想火炬，并随后宣称了自己的精神独立。希伯莱人和希腊人共同将一些观念介绍入欧洲以及近东的最近阶段，这些观念涉及普遍人类及个体人的地位、一般性精神活动中的某一规则及方向。这些观念结合起来开启了欧洲各种族进步的现代时期。有些社会学功能是来源于并复归于与人类这一种族相关的诸种观念，而本书第一部分主要讨论的便是这些社会学功能的最一般方面。第二部分则是关于现代宇宙论的诸种原则，它们其实也是来源于希腊及希伯莱思想。人类对这两类一般观念中的任意一类的单纯兴趣，都会导致其获得新奇观点。

第二章
人的灵魂

第一节

在任何人类社会，都有一个基本观念在或多或少地影响着人类活动的每一细节。这个基本观念便是：在不考虑其成员的任何优势的前提下，首先考虑该社会个体成员的地位。当该社会进入了文明阶段后，社会成员相互之间都把对方视为独立的个体，各自有其喜怒哀乐，有自己的认识、希望、恐惧及目的。同时，在这样的社会里人们有着不同的理智认识能力，这表现为人们对事物细微特性的辨识力，对"正误"、"美丑"及"好坏"的不同判断。我们朦胧而不动脑筋地生活着，并相信其他人也是以类似的方式生活着。

但是，在文明的早期阶段，这样的经验与信仰是理所当然的事。它们不会立即引起人们的思索，人们不会将这些经验和信仰单独挑选出来思考一番。因此，人们便不会将人类作为人类来估价，从而对习惯进行修正。所以，社会的各色成员依不同情况或相互爱护，或相互损害、服从或驾驭。于是产生了公社似的组织，而且有了对它的各种信仰，这些信仰进而成为各种对它的解释。

我们将讨论文明进入了现代高峰后的较晚的几个时期。这个时期最多有三千年之久。在这个时期思想家业已出现。责任的概念出现了，而且人们也对它作出了某些定义。最重要的是，心灵——即精神——的概念出现了。当其初露端倪时，这一重要概念被用作理解自然中纷纭万状难解事物的关键。照李顿·斯特雷奇（Lytton Strachey）① 的说法，自然最明显的两大特色便是自然的美（loveliness）和自然的力（power）。人类首先理解的是自然的力，其次才是自然的美。同时，在人类思想的最初阶段，自然的力被认为是自然的精神——即野蛮的、无情的但却又是宽厚的精神。在文明的所有阶段，大众崇拜的神代表的是部落生活较原始的野蛮性。对关于神的谴责正说明了宗教的进步。偶像崇拜的基调便是对流行神祇的满意之情。

在人类生活中，激发起人正当的不满之情的因素是一种渐次成熟的批判精神，这种批判精神的基础便是对美、对理智分辨力以及对责任的看重。道德的成分则来自经验中的其他因素。因为倘不如此，责任便没有发挥作用的对象内容了。道德不可能存在于真空之中。所以，经验中的原始因素首先是动物情感，诸如爱、同情、愤怒等，并伴随着类似的渴求和满足；其次，才是更具人类特色的对美、对精微思想的经验，对它们有意识的享受。此处，理智分辨力，或者说精微的思想，是一个较"真实"——这是一个在这种情况下常被引用的概念——意义稍广泛些的概念。人们在对思想进行精细的调整时，其成就是壮观的。这种壮观与真实与否这一生硬的问题是不相关的。我们可以把这种壮观称之为"美"。但是，理智的美，虽然可以用与感官美有关的词汇来赞颂，但无论如何，要赞颂它却不得不借助比喻。对于道德美，也可以作如是观。可能在实际中实现的那种最高理想的满足包含有这三种不同类型的美。因此我们可以将这三种不同类型的美统称为那样一种美：它使宇宙的爱欲得到最终的满足。

① 参见《书与人》（Books and Characters）中"布莱克的诗"一章。Lytton Strachey（1880～1932）：美国著名传记作家，其代表作为《维多利亚女王时代四名人传》。——中译注

对于欧洲思想来说，有效表达这种批判性的不满之情的方式——这可是文明的讨厌牛虻呀——是由希伯莱和希腊思想提供的。就其文字的精微性及对各有关问题的定义而言，在柏拉图的对话中能找到对这不满的最完整的表达。我们在其中看到，柏拉图对诗人惯常信奉的神祇进行了批判——他真恨不得将所有的诗人都放逐了——同时我们也发现他分析了人的灵魂中潜在的各种能力。柏拉图宗教的基础是建立在"上帝可能是什么"这一观念的基础上的，其中对永恒美的种种形式也有关注；他的社会学则来源于他的"人可能是什么"的观念；由于人具有一种性质，倘要全面描述这一性质，就必须要使用适用于描述神的性质的那些术语。希伯莱人和希腊人共同提供了一个表达不满的方式。但是他们不满的价值却在于他们那一刻也不放松的、追求完美的希望。

第二节

讨论那些对各个时代进行修正的理智力量便是本书特有的主题。当我们考查这些理智力量时，我们发现可以将它们粗略地分成两大类型：一类是一般观念，另一类是高度专门化的概念。前者包括诸种高度一般化的观念，它们表现了事物的性质、人类社会的各种可能性、指导个人行为的终极目标等等这样一些概念。在因重大活动而各具特色的每一时代里，我们都能在其顶峰以及导向顶峰的各种作用之中发现某一深刻的宇宙论的观点，它不知不觉地被人暗中接受，在现行的各种行为动机上打上了自己的印记。这一根本的宇宙论只是部分地得到了表达，要表达其细节则会派生出各种相互剧烈冲突的专门问题。一个时代的理智冲突主要关涉到后者，即不那么一般化的概念的种种问题。这类问题掩盖了人们对基本原则的共识。那些基本原则明白得几乎不用表达、普遍得几乎不能表达。在每一个时期，思想的各种形式都有一个一般形式。就像

14

我们呼吸的空气一样，这个一般形式是半透明的，无所不在，且似乎是不可躲避的，乃至我们要作极大的努力才能意识到它的存在。

为了找到一个能清楚表达此说的例子，我们必须脱离最抽象的一般观念而下降到特殊的事例。在政治理论的领域里，且想一想古代地中海文明中各种纷纭的歧见。想一下伯里克利和克里昂、柏拉图和亚历山大大帝、马略和苏拉、西塞罗和恺撒之间的分歧。但是，在所有政治理论的一个最基本的观念上，他们的看法是一致的。在整个希腊文明和希腊化的罗马文明中——也就是被我们称之为"古典的"文明——人人普遍认为，需要一大批奴隶来从事那些不必烦劳充分文明化的人们的服务工作。换言之，在那个时代，一个文明的社会不能是自立的，在其社会结构中不得不织入一个相对野蛮的下层，以便维持文明化的上层。一个复杂的城市文明需要一个奴隶制的基础，这个认识在当时是如此的普及，无论在实践中或是在潜在的预想中，乃至于我们可能认为，这一认识是有充分根据的，这一根据产生于有利于构成较早时期文明化生活的种种条件。埃及人需要砖，所以他们捕捉希伯莱人服役。关于造通天塔时上帝使人们语言纷杂一事，历史上的事实恐怕与残存的传说不合——它至少有力地说明了，当时像机器一样营造城市的奴隶是由多种族混杂而成的。

说到古代的政治派别斗争，至今为止什么也未得到解决。柏拉图当时所讨论的每一个问题今天仍然存在。然而，古代和现代的政治理论之间却存在着巨大的区别，因为我们不同意古人一致接受的前提。奴隶制是古代政治理论家的预设前提（presupposition）；自由则是当今政治理论家的预设前提。过去，思想敏锐的人发现，要把他们奴隶制的理论与他们明显的道德感觉以及社会学的实践活动相调和是十分困难的；当今，当我们作社会学的思考时则发现，要调和有关自由的理论与另一组明显事实也是十分困难的，它们令人烦恼，不可调和，我们只好把它们看成是一种可恨的野蛮的必要。然而，尽管有如此一些限制条件，自由和平等仍然构成了现代政治思想中的不可避免的预设前提，后来其中掺和进了生硬的限制；相应的，对于古人来说，奴隶制也是掺入了生硬限制的预设前提。对于古今的思想家来说，上帝都是一个很好的解决问题的手段：许多在人世上行不通的事都可以他的眼光被看成是真实的。在这个问题上，古人与今人正好是相向而对。

第三节

有关人类基本权利的观念，其来源就是人类的人道精神。这一观念的滋生是观念史上的一个引人注目的范例。这一观念的形成及其有效传播可以被看做是文明较后时期的一桩胜利——一桩有波折的胜利。倘若我们对属于这一特别范例的这类历史进行考查，我们便会弄清楚一般观念是如何出现和如何被传播的。

16

伟大的古典文明在两方面是卓越的。首先，它造就了奴隶制的顶峰，尤其是在罗马帝国的鼎盛时期。那时，奴隶制达到了它的顶峰，无论是在其对奴隶的需要量上、奴隶的数量上，或就其可怕的程度和危险的程度而言。在罗马帝国以前的一些更简单的社区里，奴隶制被看成是某些走运的社区、或社区内某些走运的个人特有的一种偶然的福气和优越条件。但是，在上千年的古典文明时期，要文明化就意味着要成为奴隶主。有些奴隶主仁慈，有些则野蛮，也许他们大多数只是介于二者之间。柏拉图《会饮篇》中所描写的主人对他的奴隶和客人都一样显得彬彬有礼，很有教养。西塞罗和小普林尼①在他们的信札中表现出他们都是仁慈的主人。但是，总的来说，那些广有地产的罗马资本家以自身为例说明了，古代文明需要建立在不正义的基础之上。效率导致了野蛮。

---

① 小普林尼（Pliny The Younger，61～113）：罗马作家、行政官，以 9 卷私人信札选集闻名于世。这些信札不仅内容丰富，而且写得精巧别致，是极宝贵的历史文献。——中译注

当这样的罪恶积累起来后，或者人们提出新的原则将其纠正，或者它们破坏社会。在古典文明时期，这两种选择并非是不相容的，它们两者都发生过。

现在我们来看一看古典文明之所以卓越的第二个事实。正是在这个时期，人们首次提出了各种道德原则，这些原则构成了对整个制度的有效批判准绳。雅典人是奴隶主，但他们似乎将这一制度人道化了。柏拉图出身贵族，也信仰贵族制度。他当时肯定也拥有奴隶。但是，在读他的一些对话的时候，对于人类的必然堕落，我们心中很难不涌起不安的感觉。同样地，罗马帝国的斯多葛派的律师们提出改革法律，他们这样做的主要动机便是，他们相信人在本性上具有一些基本权利。但是，无论是那些人道的奴隶主，抑或是感悟了的柏拉图，或那些头脑清楚的律师们，他们都未对奴隶制发起一场战争。他们把它作为理所当然的事接受了。奴隶制被预设为社会结构中无可怀疑的前提；这一必然的前提限制了一切一般观念的范围。人被分为若干等级，这些区分是不容怀疑的，因为人们在实践中必须要接受这些区分。

此处我们看到了人们提出重要观念的第一阶段。它们开始是作为思辨的意见（speculative suggestions）出现在一小群天才人物的头脑中的。在社会里发挥不同作用的各色领导人手中，这些观念被有限地运用于人类生活。一整套文献出现了，它们解释了一般观念是如何地鼓舞心，它对一个舒适安稳的社会造成的影响是如何之小。由于新观念的作用，某种过渡便产生了。但是总的说来，现存社会制度是打了免疫预防针的，它不会遭到新原则的全面传染。于是，新观念便在那些应用范围极其有限的有趣概念中就座了。

但是，对现存的制度来说，一个一般观念总是一个危险。它在各种社会习俗中的种种可能的表现，会形成一个改革纲领。任何时候，人类郁积的不满都可能利用这类纲领，开创一个以这个纲领的学说为指导的迅速变革时期。就这样，有关人类本性尊严的观念便暗暗地在罗马官员们的头脑中悄然加强了。这一观念导致产生了稍好些的政府，鼓舞了一些像马可·奥勒利乌斯这样的人在自己的位置上发挥最大的作用。关于人性尊严的学说是一种有价值的道德力量，但现存社会已打了预防针以反对这一力量的革命实施。六百年间，关于人类灵魂的智力和道德的辉煌理想盘旋在古老的地中海世界。它在一定程度上改变了当时人类的道德观念，它重新调整了宗教；但是，它未能逼近它繁荣于其中的文明所具有的根本弱点。它只是一种新生活制度的微弱曙光。

第四节

在这个前进和衰微的时期中，基督教出现了。在它的早期，它是一个充满激情和难以实行的道德理想的宗教。有幸的是，前人将这些道德理想为我们保存在一批文献里，那些文献几乎与该宗教的起源同时。这些道德理想形成了一个无可比拟的改革方案，这个方案一直都是西方文明演化中的一个成分。人类的进步可以被解释为改变社会以使原始的基督教理想对信徒们不断地成为可行的这样一个过程。社会一经形成，人若死守散见于福音书中的道德戒律便意味着随时活不下去。

基督教迅速地吸收柏拉图有关人的灵魂的理论。哲学和宗教各自的教义相处融洽，虽然，很自然地，宗教的形式要比哲学的专门得多。这个例子说明了观念史上的一个重要法则。最初，一个一般观念闪现在隐秘之处，只有很少的人隐隐约约地意识到它的一般意义，或者说，它也许永不能有说服力地表现为一个完整的通行形式。这种有说服力的表现形式取决于天才的偶然事件，比方说，某个像柏拉图那样的人偶然出现了。但是，这一普遍观念无论是明显的抑或是隐藏在意识之下的，它都要以一个接一个的特殊方式来体现自己。它屈身下降，以去掉它那华丽的一般性，但却获得了适应某一特殊时代各种具体情况的特别适应力。

18

19

它是一种隐秘的推动力，使得人类不安，而且总是以特殊的面具出现，迫使人们采取行动，因为它吸引着该时代的不安的道德心。这种吸引的力量在于，直接行为的特殊原则表现了发源于大自然性质的、更广泛的辉煌真理。这种更广泛的真理是一种人类成熟到足以理解但却无幸将它表现成形的真理。

基督教的伟大——任何有价值的宗教的伟大——在于它那"暂时的伦理学"。基督教的奠基者们以及他们的早期信徒们坚信，世界末日迫在眉睫。于是，他们便热烈而认真地放纵他们绝对的伦理直觉，纵情想象各种可能的理想，一点也不考虑如何维护社会，既然社会的崩溃是显而易见和迫在眉睫的，所谓的"不可行性"便失去意义；或者说，实用的好感觉已致力于终极观念上去了。最终的东西既已来临，中间的诸阶段自然便毫无意义了。

以上这一思考对构成早期教徒心理的影响，大于它在基督教奠基中的影响。它使得这些教徒能够以最纯洁之心来传播基督教的原始教义。但这一宗教是在更宁静的气氛中出现的，虽然其宗教情感是高度敏感的，也掺有启示信仰的混合物。从他们所处的气候及简单的生活来看，加利利的农民们是既不富也不穷。作为农民来说，他们的智力是异常高的，因为他们有学习历史、宗教文献的习惯；他们受到了罗马帝国的保护，免遭了内外的干扰。对于维护这个复杂的制度，他们又无任何责任可言。他们自己的社会是最简单的；对于罗马帝国兴起的条件，对于提高该帝国效率的条件，以及维持它的必要条件，他们统统一无所知。甚至对帝国要求他们所服的劳役也一无所知。行政长官的替换犹如四季的更迭，有的较好，有的较坏；但是，无论季节也好，犹太地区的行政官也好，他们同样都是来自一种不可考查的事物秩序。

此地农民的生活情调提供了一个理想的环境，在这个环境中可以形成关于理性物之间理想关系的种种概念——就是那些摒除了暴行的概念，那些宽厚仁慈而又精明的概念，在这些概念中，慈悲胜过了司法的分类。在这个理想世界里，宽恕可以达到七十个七次，而在希律王和罗马帝国的真实世界里，七重的宽恕便几乎是不可实行的了。而加利利的人既不关心罗马军团的纪律，也不关心帝国对地方总督工作的视察，也不关心要给纷纭事务强加上秩序的复杂的法律制度，这一制度的管辖范围从苏格兰的群山一直延伸到美索不达米亚的沼泽地。一种雅致而简朴的生活方式，伴之以难得的糊涂，赋予了人类最珍贵的进步工具——基督教那不可实行的伦理学。

一个标准到此被创造出来了，在具体表现中一点也不违背常理。这个标准是用来测试人类社会种种缺点的一个标尺。只要加利利人的设想仅是关于不能实现的世界的梦想，他们就肯定要传播一种不安精神的传染病。

21

第五节

在伦理的诸理想里，我们能找到极好的例子，说明有意制订的观念是如何影响社会，如何推动它从一种形态过渡到另一种形态的。对于怀抱这些观念的人来说，它们既是讨厌的牛虻又是指路的灯塔。这些观念的有意识作用应该与无情感的诸种力量，洪水、蛮族人以及机械装置相对照。重大的过渡是由于来自世界两方面——物质方面和精神方面——的力量的巧合。单纯的物质性质的力量，只能释放洪水。它需要智力来提供灌溉渠道。

体现在重要宗教，比如基督教中的伦理观念，虽然高度接近终极的一般观念，但它们仍旧是柏拉图的一般观念的特殊化表现。在一定程度上，这些伦理的直觉行为是为了决定实践而对形而上教义所进行的直接运用。因此伦理的原则只是一个道德说教的寓言，它阐明它所依据的高级一般观念。所以，所有宗教的准则也体现了信徒们的特别气质以及他们所处的文明的阶段。人们不能不顾其信徒，甚至其不同类型的信徒，抽象地思考任何一种宗教。宗教观念表现的是一般概念的高度特殊化形式。有时，这些特殊形式体现为各种具有奇特美和贴切性的具体事物；有时它们则是向野蛮行为后退的结果。无论是宗教或是个人，都不会以外在的叫喊声来表现自己的神圣尊严。但我们发现，所有的这些较特殊的概念，无论是法律的、政治的、伦理学的，或宗教的，它们都在推动人类生活，同时从它们的各种具体表现中获得了一种庄严的力量；这些具体事物表现了人的灵魂在通往总体和谐之源的旅途中它的神秘性。通往和谐之源的旅途是一个充满罪行、误解、渎神的过程。伟大的观念是连带着罪恶的附属物及讨厌的联结物走入现实的。但是，大浪淘沙，它们的伟大存留下来，激励着人类缓慢地前进。

22

在中世纪，成为制度的基督教十分光荣地被看成是一种造就更重要的直觉行为的推动力。不幸的是，遵循一切制度的惯例，它使自己适应了它所处的环境。于是，它变成了保守的工具，而不是进步的工具。进步的势头匆匆过去，改革教会又重新接受了偶像崇拜这同一角色。总的来说，被确认的宗教制度应属于社会的保守力量。它们很快便成为克雷芒所谓的"公社风俗"（communal custom）的有力支持者。但是，它们的终极理想——它们自称是其保卫者——对于现时的实践却是一个常在的批评。

于是，有关人的灵魂根本伟大性的这一概念的再次复兴，便与18世纪那怀疑宗教的博爱主义相联系着。18世纪，人类到达了一个理性和人权的时代。思想史上的这一伟大法国时代重铸了文明化世界的前提条件，无论在思辨方面、科学方面或社会学的前提方面都是如此。它来源于17世纪的英国思想，来源于弗朗西斯·培根、艾萨克·牛顿以及约翰·洛克诸人的思想。同时，它也从同一时期的各次英国革命中获得了灵感。但是，英国的模式总带有岛国的褊狭性。法国人却把观念扩大化、清晰化而且普及化了。他们把这些观念变成为世界性的，而像爱德蒙·伯克这样的人却只能将这些观念应用于一个种族，有时甚至是一

23

个岛。

但是，约翰·洛克的思想也在英国存留下来了。英国人对于体现在英国习惯法中的有关自由的信条是普遍自豪的，这种自豪感加强了洛克思想的影响。所以，在当时，甚至托利党①的国会也带有辉格党②的色彩。这样，英国政府可算是第一个在废除奴隶制上实施了两项决定性步骤的政府。两届国会决定了新的政策。它们是由贵族土地拥有者、福音派的银行家和商人组成的，一届国会是托利党的，另一届是辉格党的。第一个步骤是1808年废除英国的奴隶买卖，第二个步骤是于1833年赎买了所有英国自治领地内的奴隶。后一项措施是在英国财政相当困难的时期实施的，花了两千万英镑。

但是对于英国人民来说，这个问题是相对简单的。这一行动依然使人预尝了哲学、法律、宗教这一动摇的联盟的最终胜利，该联盟曾在罗马帝国制度的改革中取得首次成功。我们注意到，处于昏朦意识背景中的某一重要观念好像是幻象的海洋，以不断的特殊化浪潮冲击着人类生活的海岸。这些接连不断的浪潮犹如梦幻，慢慢地舔食着一些习惯之崖岸的基础，但是第七次浪潮却是一场革命——"所有的国家都应声共鸣"。18世纪的最后二十多年里出现了民主这一观念，它最早在美国和法国有种种具体表现；最后，正是民主这一观念解放了奴隶。在现代世界，民主比在古人中有了更深的意义。终于，在19世纪，人们公开地面对了奴隶制这个问题。在欧洲，奴隶制当时已是一个正在衰亡的制度，逐渐演变为隶农制，由隶农制而成为封建制，从封建制到贵族政治，再发展到法律平等，最后到达量才为用的制度。但是，由于欧洲和阿拉伯诸民族对非洲部落的影响，这一问题呈现出一种新的、威胁人的形式。

在19世纪，民主主义者敢于面对奴隶制这个问题，既明确又彻底。

24

————————

① 即保守党。——校注

② 即自由党。——校注

观念的缓慢作用因此而得到说明。当时，距柏拉图学园的建立，距斯多葛派律师的改革以及福音书的写成已是两千多年。古代文明所遗传下来的伟大的改革计划此刻正在取得又一胜利。

第六节

一般观念转化为实际的结果，这一过程是缓慢的，其所以缓慢不能完全归因于人类性格的低效。有一个问题必须要得到解决，而该问题的复杂性往往为性急的进取者所忽略。这个问题便是：重组社会，以使它既足以消除公认的罪恶又不至于破坏了社会组织以及它赖以立足的文明，这恐怕是难以设想的。众人的辩词是：那种既可以消除罪恶又不会引起另外的更大罪恶的现成方法是不存在的。

这类的论点通常是含蓄的。甚至最精明的人也不能想象出可能的、未经尝试过的社会关系形式。人类的天性是如此的复杂，以至对于政治家来说，写在纸上的社会方案甚至还值不了那些为写方案而用过的纸张。成功的进步缓慢地爬行，从一点到又一点，检验着前进的每一步子。不难设想，当西塞罗受到奴隶制问题的非难时他会作出什么样的抗辩。他一定会说，罗马政府是人类的希望。如果毁掉罗马，你在何处找得到像罗马元老院那样稳固的元老院，何处找得到罗马军团那样纪律严明的军队、如此英明善断的律师、对不当的国家管理的制约，以及对希腊学术的那样有眼光的保护？但是，他不可能说这样的话。他的天才会用来进行预言。他会预见并引用维吉尔有关不朽城罗马的使命的诗行。

事实上，我们确切地知道，西塞罗以后的五个世纪中的律师们，无论是异教徒或基督徒、主教、教皇们对这一问题所持的立场。在他们这些人中，有实际才干胜过西塞罗的政治家，也有在道德敏感性上能与他匹敌的人。他们制定了严密的法律来制约统治者的权力；他们保护了奴隶的一些基本权利。但是他们维护保存了那个制度。文明，无论是希腊的或是罗马的，在柏拉图死后被原封不动地保留了七个世纪。奴隶成为使进步成为可能的烈士。有一个著名的雕像，塑的是一个正在磨刀的西徐亚奴隶。他弓着身子，目光却向上。这一雕像经历了若干时代保存下来了，通过它我们可以认识到在黑暗的往昔上百万的受难奴隶为我们所付出的一切。

我们可以这样设问：在西塞罗时期或奥古斯都大帝时期，罗马有无可能被一支旨在废除奴隶制的十字军摧毁？在古代文明的整个时期，社会制度的各种基础很难支撑压在它身上的重量——国与国之间的战争、周遭的蛮族人、各种政治骚乱、奴隶制的种种罪恶。从西塞罗的出生一直到奥古斯都大帝毫无争议地登上权力的宝座的整个期间，罗马尚未完成它的指定任务，其整个社会结构便几乎要倒塌了。甚至更早些时候，它就差点一命呜呼。几个世纪后，它终于崩溃了。有人作了不倦的努力，旨在消除这一人类当时所知的唯一社会制度，这一努力的作用是不容置疑的。天垮下来也许会更好一些，但对天会垮下来这一事实视而不见却是愚蠢的。 26

倘若 19 世纪中叶，美国南北战争中南方邦联所受到的震惊同样席卷了北美和整个欧洲，会产生什么后果呢？前进中的文明的唯一希望便会失去。我们也可设想某种恢复，但对于恢复，谁也不敢说有把握。在古代，这种危险大到了无可估量的地步。

第七节

对上一节的论点可作一概括了，即：最终对改革的采用并不一定证明了进行改革的那一代人道德上的优势。它的确要求那一代人表现出改革的干劲。但是较之以往条件可能已经改变，今天可能的事当时却不一定可能。一个重要观念并不仅仅是为了等待众多优秀的人来实施它而被构想的，那是一种幼稚的观念史观。暗中起作用的理想在促成必要的社会行为习惯逐渐生长，以使之能承受对观念的实施。

　　许多因素有助于社会学理论的最终逆转，使之从以奴隶制为先决条件转变为以自由为先决条件。主要的因素此前已提到了，即18世纪的怀疑论的人道主义运动，其中伏尔泰和卢梭属于典型人物，而法国革命则是其顶峰。

27　　　所以在某种意义上，尤其是当我们从整体上来考虑这一世界范围的运动时，宗教只是一个参照物。但是，如果只考虑人类这一骚动的某一部分，宗教的动机则是主要作用之一。在整个盎格鲁·撒克逊世界——英国和美国的——卫斯理派新教的复兴运动，① 当时正蓬蓬勃勃。这使得一位名叫艾里·阿累维（Elie Halevy）的伟大法国历史学家后来得以指出这一复兴运动的充分的社会学意义。卫理公会的传教者们以拯救人在另一个世界的灵魂为目的，但无意之中他们却给活跃于现世的情感指出了新的方向。这一运动尤其没有新观念，却特别富于生动的感情。它是第一块重要的里程碑，标明了神学传统与现代知识世界的日益加大的鸿沟。但是此前，从最新的希腊神学家到哲罗姆和奥古斯丁，从奥古斯丁到阿奎那，从阿奎那到路德、卡尔文和苏亚雷斯，从苏亚雷斯到莱布尼兹和约翰·洛克，每一次重大的宗教运动都伴随着一个正当的理性的

————————————

① 卫斯理派新教运动是牛津大学林肯学院院士约翰·卫斯理及其弟查理·卫斯理共同创导的。卫斯理兄弟最初在牛津大学组织了一批大学生成立了宗教研究小组，该小组强调遵循正道，追求纯正圣洁，故被人称为"循道派"，他们自己称其小组为"圣社"。该小组定期举行圣餐礼，每周三禁食，并常到矿区、贫民区、监狱进行社会服务，为穷人分发食物、衣物、药品和书籍。后来，约翰·卫斯理在英国各地宣讲自己的宗教主张和经验，把追随他的人组织成小组，按照他拟定的规章从事宗教活动。基督教循道宗运动由此迅速传播开来，并从宗教团体发展成为一大教派。1784年，卫斯理宣布循道派与圣公会决裂，成立了独立的教会，即"循道公会"，成为英国仅次于圣公会和天主教会的第三大教会。循道宗运动后传至北美，并很快发展为最大的基督教会——卫理公会。——校注

理由。你可以不同意那些神学家的意见——要同意他们所有人的意见的确是不可能的——但你却不能抱怨说他们不喜欢进行理性的辩论。中世纪辩论过，路德为他的《97 条论纲》辩护过[①]，加尔文写出了《基督教原理》，特伦托会议就该书断断续续争论了 18 年，审慎的胡克（Hooker）争论过，在多尔德会议（Synod of Dort）上，阿明尼乌派和卡尔文派争论过。

伟大的循道宗运动无愧于人们对它的赞颂之词，但是它所依仗的不是建立起理性的理论，以解释它的理解方式。也许，它选择了更好的方式。它的本意也可能是合理的。不管它会是什么样子，它仍是观念史上一件引人注目的事件，因为在这一事件中，西方各族的教士们开始犹豫不定而怀疑是否有必要求助于建设性的理性。近来的科学家和具有批判精神的哲学家们，也追随了循道宗的榜样。

在英国贵族统治的一个时期，循道派呼吁劳动者及与之相关的零售商们直接与上帝沟通。在美国，他们则向艰苦劳作、各自分离的西部拓荒者群体作如此的呼吁。他们使人们产生希望，产生对神的恐惧，使之获得情感宣泄的渠道以及精神的洞察力。他们抵制了革命观念的冲击。同时，虽然他们也有种种局限，人们仍可认为他们取得了一项最重要的成就。他们使得"四海之内皆兄弟"以及人的价值等观念变成了生动的实在。他们提供了最终的有效力量，从此使得进步民族中的奴隶制变得不可能了。

在观念史上，巨大的危险是过分的简化。的确，循道派激起了公众感情的浪潮，它最终将反奴隶制运动推向成功。但是，循道派运动之所以成功，是因为它产生于适宜的时代。在本节我们讨论的是宗教的影响。在 16、17、18 世纪，罗马的教会对那些呻吟在欧洲剥削之下的种族（他们所受的剥削远远大于所有新教教会对他们的剥削）表现了"关

28

---

① 疑误。路德所写为《95 条论纲》，于 1517 年 10 月 31 日张贴于维滕贝格万圣教堂大门上。——中译注

心"（且用一个贵格派①的字眼），但该教会的教士们考虑这一问题时依据的并不是人的自由。尽管如此，且不要说世界其他地区，单是美国，天主教传教士的英雄主义便将他们的自我牺牲精神从北极冰原延伸到南极冰原。毋庸置疑，他们的榜样使得欧洲重视人对人的道义的这一道德传统保持了活力。

29　　天主教派也好，循道派也好，它们都没有率先对旨在废奴的明显目的进行现代意义上的系统阐述。这一最高荣誉属于贵格派，尤其属于那位人类自由的鼓吹者约翰·伍尔曼②。美国南北战争也是一重大事件，是文明通向光明的沉郁旅途上的一大高潮。

　　所以，最终摧毁文明社会中罪恶的奴隶制基础的思想，在其演变的过程中，交织着具有怀疑精神的人道主义、天主教派、循道派、贵格派等的观点和英雄主义精神。但是，这一运动的理智的源头却应追溯到两千多年前，追溯到富有哲理思辨力的希腊人对人灵魂的作用及其在这个动荡世界的地位的种种思索。

第八节

　　关于希腊人形而上的思辨如何演变而为有关人的自由的社会学概念，本章只讲述了一半。下一章，我们将更详尽地讨论 19 世纪对于这一通往民主和自由的整个过程的一些批判观点。但至此为止，这一演变本身便表明，要用语言来表达终极的一般观念是极端困难的。人，作为

────────────

① 贵格派即"公谊会"教派，"贵格"为英文"Quaker"的音译，意为"战栗者"。该名称的来源据说是出自该会的创始人福克斯在布道时要人们"在上帝的话语前敬畏战栗"。——校注

② 伍尔曼（Wordman，1720～1772）：英属北美洲殖民地贵格派领袖，一生巡回传教，意在废奴。——中译注

生物的最高级的范例，其重要性是毋庸置疑的。但是，当我们试图表达与此相关的一般概念，以及它们与行为的关系时，每一步都会出现争论。柏拉图有关灵魂的形而上概念，其漫长的历史以及其对宗教、社会学理论的影响，都明显地具有这一教训。

在人类生活中，有些观念太空泛、太一般，乃至人类现成的语言难以表达。人类对它们只有模糊的领悟。正是这种模糊的领悟，推动了人类生活的前进。那样的一些观念是不能单独一个一个地被人理解的。倘要理解它们，人类必须要提高理解事物一般性质的能力，以便构想相互阐释的不同体系的观念。但是，领悟一般观念的能力，其生长却是一切演进变化中最缓慢的。促使它在人类精神中的生长，这正是哲学的任务。倘要说目前有成功的事例，那便是：人们在具体应用重要观念时，已不再将它们与原始的想象生硬地联系在一起了。迦太基人是一个高度文明化的经商民族。他们是人类十分进步的诸种族之一。他们经商始于叙利亚海岸，穿过地中海，上溯欧洲的大西洋海岸，直至英格兰的康沃尔锡矿。他们环航了非洲，统治了西班牙、西西里岛以及北非。但是，正是柏拉图在进行哲理的思辨之时，这一伟大民族，却居然如此想象宇宙的至高法力，乃至于为了宗教的赎罪，他们将自己的孩子献祭给摩洛。由于理解力的普遍提高，如此的野蛮行径在今天的相关文明中已是不可能的了。

人类的献祭是宗教直觉的例证之一，人类的奴隶制则是以遗传的本能野蛮行为为表现形式的文明目的的例证之一。直接的宗教直觉行为，即便是原本最纯洁的，也有与现存社会流行的较低级的行动和情感相结合的危险。宗教给哲学提供了推动力。但反过来，思辨哲学通过对终极意义的暗示又防止了较高的直觉行为与低劣的行动和情感的结合；它所暗示的终极意义是与现行行为模式的诸种事实不相干的。

观念之史便是错误之史。但是由于逐渐克服所有的错误，它同时又是行为逐渐纯化的历史。当某一受人欢迎的制度有了进展时，我们便发现人们有意持有的观念不断发挥作用，使人们的行为再也不会故态复

30

31

27

萌，变得粗暴野蛮。所以柏拉图作如是说是对的：世界——即具有文明制度的世界——的创立，是说服对征服的胜利。

第三章
人道主义的理想

第一节

　　上一章我们讨论了社会这一概念从以奴役为基础转换到以个人自由为基础的这一演变过程中，哲学、法律和宗教对其产生的综合影响。对这一转换过程，哲学贡献了一般观念，法律贡献了建设性的能力，宗教则提供了道德力量。除去柏拉图哲学对它们的修正不算，来自西亚的种种宗教都带有该地区以往文明的精神色彩。它们把天地万物看成是暴君与奴婢的关系。这些宗教都一直未能完全摆脱历史在这一观点中的可怕的含意。但所幸的是，最初的基督教制度与哲理的柏拉图学说结合在一起，给西方民族提供了一个美好的社会学理想，这一理想被理智地表达出来并与周期性爆发出的情感活力紧密地结合在一起。不幸的是，在基督教神学和基督教情感模式中的这一社会学理想，与历史上残存下来的"神为君，万物为奴"这一古老的概念交织着，它们两者各自有各自的伦理道德。

　　上一章的主题便是这些社会学理想在社会转化过程中的作用。这些理想组成了这一转化过程的理智方面，同时也解释了这样的理智概念是如何获得推动力的。在本章，我们首先要看一看促使社会转化的一些附属原因，然后再讨论对人道主义理想的批判，这一批判自从 19 世纪发源以来便一直在聚集力量。最后要提到对这一批判的最简略的答复。

技术的生长在种种附属原因中是最重要的，它削弱了奴隶制的必要性。但是，在 17 世纪前，技术的这一作用几乎没有显示出来。至 17 世纪为止，古人鼎盛时期的技术也许超过了现代人的技术。从那以来，技术的进步远远地满足对有效劳动的复杂要求，人们再也无须乞灵于奴隶制了。所以，在一个管理得很好的封建制度中，固定的社会秩序当然就不该间杂有奴隶制，即使对社会底层的农业工人也不该采用奴隶制。每一种社会都规定有各种权利和责任，所以在封建制度的较后时期，我们甚至可以发现村民与其封建主子打官司的例子。封建制度很容易退化为实际上的奴隶制，而且也的确常常如此。确实有证据①表明，在英国诺曼时期的初期，存在着一个相对而言较小的奴隶阶级，他们的命运可由他们的主人随意处理。但是，奴隶贸易震惊了那些时代的道德良心。征服者威廉立法反对它，主教们谴责它。必须记住，在那些时代，被束缚于土地既可算是受到限制，也可算是受到了保护。在一个有组织的社会里，这便是社会地位得到承认的基础——只要社会制度是组织好了的，而不是一团暴力的乱麻。

34　　　大商业的现代演变与封建主义相比较，比起封建主义与奴隶制比较，更具有类似性。事实上，现代社会制度连同它的那些各种必不可少的、相互交错的非职业性活动就使得如此的组织成为必须。争论未决的问题是：个人在各个阶层往返的自由，以及有关这些阶层间相互关系的、令人满意的法律概念。个人主义者与社会主义者仅仅是在现代工业所需的新封建主义的细节方面产生争论。至于自足的、独立的人，以及他的与任何人无关的私有财产，则是一个对现代文明不具有效性的概念。不幸的是，这一概念一直被体现在适用于叙利亚沙漠的古代道德准

---

① 参见玛丽·贝特森：《中世纪的英格兰》，第 100、101 页。T. Fisher Unwin，1903 年伦敦版及 P. Putnam's Sons，纽约版。

则中，后又重新出现，影响了紧接中世纪封建主义衰亡之后的商业时代的西方政治理论。但是，对于一个奴隶社会来说，它不是一个切实可行的选择。社会生活的问题就是一个协调各种活动的问题，它也包括这种协调的范围。

天主教所培养的统一文明感、欧洲人的普遍相似性、中世纪生活的简朴，这些可能都是为什么中世纪的战争与劫掠奴隶们的探险无关的理由。我们听说过罗马奴隶市场出售撒克逊奴隶的事，但是那是在圣·格列高利一世生前，而且那些撒克逊人也不是基督徒。的确，每当欧洲种族与非基督徒的外来种族打交道时，他们对于奴隶制便似乎一点负疚感也没有。我们读到过有关萨拉森奴隶的事，读到过关于对美洲本土部落的奴役，最严重的是对黑人的奴役。但是，由于随着近代文明发展而起的技术生长，欧洲各族已在合适的风气下消除了奴隶制。最后，18 世纪的人道主义运动，结合着"四海之内皆兄弟"的宗教观念，使得一些主要的文明政府制订了彻底根除奴隶制的政策。

35

第二节

这一成功来得正是时候。因为在 19 世纪前以及 19 世纪期间，出现了几股思想，它们的综合影响正与人道主义的理想相对立。正当"四海之内皆兄弟"的宗教思想得胜之时，理智的世界已经在思考以自由竞争为基础的政治经济，已经在思考马尔萨斯的人口吞食有限世界资源的铁的法则，物竞天择、适者生存的无情动物学法则，以及休谟对于灵魂这一概念的批判。这一新的思潮直接来源于英国，人们后来将它与那以前的卫斯理宗的运动进行比较和对比。在这两个运动中，领导者们的本意都不是要造成运动后来所产生的社会学影响。通常，思潮的发起者都属于前一个时代，且置身于后来者的时代之外。循道宗的布道者们本意不

在改造社会，他们的目的是拯救灵魂。同样地，亚当·斯密只是 18 世
纪启蒙运动中的一位典型人物而已。

　　他与休谟是标志着苏格兰与法国传统关系的最后两位重要的苏格兰
人。由于在早先的几个世纪里苏格兰与法国共同反对英格兰，故产生了
这种传统关系。在亚当·斯密和休谟的时代，爱丁堡和格拉斯哥的理智
生活还不同于英国的理智生活。在 18 世纪的大部分时间里，在它的中
期，英国的理智生活，就它的创造活力而言，是微不足道的。显然，美
洲殖民地之所以脱离英国，其中的一个理由便是：英国生活的种种特别
情况不适用于美洲殖民地，而且对于适于美洲殖民地特殊情况的普遍观
念英国一点也不感兴趣。不错，英国的影响残留在习惯法里了；但是，
除了这一例外，像杰斐逊、富兰克林这一类人，其心理却是法国的。那
儿才是他们思想的故乡。这种心理要求从 1790 年开始的整个 19 世纪的
活动重建英国对外部世界的理智影响。在 18 世纪，法国崇尚英国，但
它崇尚的是 17 世纪的英国，是培根、牛顿、洛克及弑君者的英国。要
理解欧洲的思想史，就必须要记住德意志在三十年战争期间及之后的瓦
解，要记住由于通往东方的地中海贸易之路的废弃、由于天主教会通过
书报检查所作出的反应、由于西班牙人和哈布斯堡人的统治，等等，所
造成的意大利的瓦解，要记住由于在 18 世纪沉溺于商业扩张——正如
一首古老的歌所说，"当乔治和布丁时代出现时"——英国的瓦解。在
18 世纪，法国担负着理智进步这一"白人的重荷"。

　　也许，正是由于缜密思辨习惯的丧失，才使得在英国的理性活动复
兴期间冒出的各种思想路线不被人所理解。休谟的有关印象及对印象的
种种反应的流动的学说，关于每一印象便是一明显的、自足的存在的学
说，与柏拉图关于灵魂的学说大不相同。需要对人在宇宙中的地位进行
重新考虑了。"你所关注的人到底是什么呢？"作为造物极品的人相互之
间的和亲关系，再也不是道德原则的明确基础了。对于主人对奴隶的相
对地位这个问题，似乎不存在很明显的理由来说明为什么一组印象的流
变与另一组印象的流变竟然没有关系。说到底，需要对这个问题进行争

论。如果指出休谟与赫胥黎在厌恶奴隶制这一点上是一致的（赫胥黎的确厌恶奴隶制，但休谟只是可能而已），这不算是回答了问题。问题在于，除了从柏拉图的宗教传统中继承的心理学而外，他们能给出什么理由来。举例来说，在他的《人性论》第三卷第二编第一节中，休谟写道："一般说来，我们可以肯定地说，在人类的精神中，不存在那种脱离个人品质、服务及与自身关系的单纯的人类之爱。"这句话似乎与美洲的那些天主教传教士，与贵格会领袖约翰·伍尔曼以及思想自由的汤姆斯·潘恩诸人的行径相去甚远。他们确实是以某种神秘的方式"单纯把人类当作人类"来爱的。

第三节

在欧洲的中世纪，社会学理论的主调是"协调"。教会协调各种宗教思想；封建制度协调社会的内部结构；帝国——或者，教会？这儿有争论——协调各地方政府，协调伯爵、公爵、国王以及城邦共和国政府。在神学和教士组织的职权范围内，成功是巨大的。封建制度在较小的程度上实现了它自身的目的。人们不能建议采取任何其他制度，用以在那种时代、在那些情况下成功地取代封建制度。虽然那些拥有经商习艺人口的城市置身于这一制度之外，特别是在意大利。帝国是个失败，它的一些成功使它的失败得到减缓。教会，作为大规模政治组织的代理者，其成功胜过了帝国。它的人员受过更好的教育，而且——当然有例外——有更高的信念。同时，它的影响延伸到帝国从未达到的地区。但是，总的说来，大规模地把欧洲组织起来的诸种企图却是一桩失败。但丁的《帝制论》其最初的前提是人类对和平与安宁的渴想，书中对此有一种充满情感的关心。我们必须要记住当时欧洲的状态、意大利的状态以及但丁自己的生活。人的确渴想和平和安宁，但他们的这一渴想却常

38

与其他渴求相交替。中世纪总是受到古罗马帝国鬼魂的纠缠，对于它那强制人民的成功总是念念不忘。

文艺复兴者阅读古典作家，毫不犹豫地置罗马政治家的诸种理想于不顾。柏拉图倘若知道他的作品身后受到如此的重视，一定会十分高兴。但他也会惊骇于突发的个人主义。在意大利的文艺复兴者身上，柏拉图会发现锡拉丘兹的小狄奥尼西奥斯的性格特征的再现。不过那时，他们之间的不协调并来被意识到。但是，不可避免的种种问题随之而来。最后，在19世纪，在人道主义原则的胜利之中，来自柏拉图主义及基督教的社会理论的基本立场受到了置疑。那以前，它们也未曾被完全实践过。它们是行不通的。但是，作为社会理想它们以往从未遭到过置疑。

第四节

中世纪的瓦解，在某方面来说，是对协调的一种反叛。新的主调表现在"竞争"这一词中——

你不应杀戮，但传统

允许任何形式的竞争。

私人生活以它各种不同的特殊形式成为欧洲社会生活的主要内容——私人评判权、私人财产、私有商业者竞争、私人娱乐。人的每一桩行为既是私有的经验又属于公有事业，这一观念被迫再次出现了。但它随着"中世纪思想"的消失而逐渐消亡。无论往什么地方望去，每一件事物的面上无一不写有"竞争"一词。国家兴起了，人们在思考不同国家时也是以国际间的竞争为依据的。他们依据竞争（经"讨价还价"而得到缓和）的原则，来考查商业理论，来解释商业中的种种活动。他们想到自然恩赐的食物，同时又看到众多的人口竞争有限的供应。他们

39

看到自然出生的万千的生物物种，他们便以物种间的竞争来做解释。"形式"和"和谐"的概念之于柏拉图便相当于"个性"和"竞争"之于19世纪。上帝已将他的弓作为一个象征置放于天上，只要正确地认读，那一多彩的狭条可以拼读成"竞争"。人们竞争的奖品便是"生存"。不成功的竞争者死去，于是自然的供应便充足了，因而就不再构成社会问题。

显然，这儿提供了对无节制的、滥情的人道主义的十分必要的矫正。在这世界上，竞争至少同和谐一样，是一个真实的事实。如果你站在弗朗西斯·培根一边，全神贯注于有效的事业，你便会依据"竞争"来解释社会生长的主要特色。如果你站在柏拉图一边，你便专注于目标，理性上有价值的目标，你便会依据"和谐"来解释社会生长的主要特色。但是，在理解的轮廓形成、足以阐明竞争与和谐的相互渗透以前，历代的理性的推动力只好不安地摆荡于二者之间。 40

对欧洲社会特殊的诸方面，历来有许多依据竞争所作的解释：马基雅弗利（Machiavelli）的《君主论》，文艺复兴时期重要君主，诸如查理五世、菲力普二世、弗兰西斯一世、亨利八世、亨利四世（Henri Quatre）、沉默者威廉、伊丽莎白女王等人的政治政策。据说，人民发现了竞争。他们不能回避它。舰队、军队、仇恨、暗杀者的短剑、火刑柱上的烈火、起义暴动，都是现存的真实事实。要存活，无论是作为个人或是国家，便意味着采取武力和镇压竞争对手的政策。和谐暗中滋生了，它表现为冒险之乐，充分的感官之乐。但是这样的和谐是一种从属的效应，不过是为竞争镀金的罗曼司。

在中世纪及其被取代的初期，神学家手中的柏拉图—基督教传统向着其神秘的宗教方面猛烈倾斜，它任这个世界由当时邪恶的君主去摆布，而自己则专注于另一个世界以及更好的生活。柏拉图在他的《共和篇》的结尾显然考虑过这一解决方案。但是，他在此处所描述的方案，不同于为后来神学家所采用的那种。他将天上完美的共和国构想成俗世的智者能在意识中立即获得的东西。因此，对于柏拉图来说，至少当他结束《共和篇》的对话时是这样想的，天国的快乐是可以在俗世实现的：智者是快乐的。在理论上，这一学说影响了中世纪的基督教。但是，在实践中，总是存在着引诱人去将现世的直接经验作为徒劳的事业放弃的诱惑。阴影过去了——神秘宗教说道。但它们反复出现，又出现——人类的经验耳语道。别吵，它们会结束的——宗教再答道。全心全意采取这一态度的神秘宗教便是佛教。在佛教中，一种神秘的宁静把对现世的绝望与取消现世的计划结合在一起。佛教主张舍弃，基督教主张在盛衰变化的俗世中实现原始的千禧年。基督教一直在佛教的这种学说和自身不切实际的理想之间摇摆不定。基督教和佛教之间的区别在于，一个要改革，另一个要舍弃。我斗胆作个预言，那种能将体现在世俗事实中的永恒伟大让普通人理解的宗教将会得胜。

第五节

19 世纪的政治的、自由的信仰是个人主义的竞争原则与有关和谐的乐观主义原则之间的妥协。人们相信，宇宙的规律是这样的：个人间的竞争会造成和谐社会的逐渐实现。这样一来，便有可能一方面投入与所有其他个人无情的竞争，另一方面又有情感地怀抱着"四海之内皆兄弟"的信仰。在理论上，似乎可能调解这种实践与这种信仰而不致产生矛盾。不幸的是，当这一自由主义作为欧洲和美洲的一种政治力量不断取得胜利之时，它的学说的根基却在不断受到震荡。

本该成为自由主义学说的一桩胜利的新工业体系并未很好地发挥作用。它最初在英国发展，所受的待遇无一例外都是由经济自由主义所决定的。在这一点上，当处理制造业和矿业时，英国的托利党人最初和辉格党人一样保守。不幸的是，经过两代这样的工业发展之后，整个组织底层的普遍的悲惨状况——诸如在矿业、工厂、贫民窟等处的——引起了公众的同情。这一建立在个人主义和竞争之上的社会关系的基础，并无实践活动来缓和它，于是在新的工业条件下，诸如生产原料的矿业和生产成品的机械化制造业，便没有很好地发挥作用。至少，这一判断适用于一些古老的、相对拥挤的欧洲国家。英国是开路先锋，全心全意地尝试了这个新的工业体系。但它却失败了。其证据散见于从 1830—1850 二十年间的文献记载。举例来说，人们可以发现它被总结在当时沙夫茨伯里勋爵——一位伟大的慈善家——的任何生平记载中，在迪斯累里的一些早期的小说中，在 J. L. 哈蒙德和芭芭拉·哈蒙德合著的描写劳工、城镇、乡村情况的作品中。正是关于自由、个人主义和竞争的学说，使社会底层产生出一种类似工业奴隶制的东西。

只有记住这一事实，才能理解 19 世纪欧洲的工业政治。19 世纪纯粹的自由主义学说失败了。在 19 世纪 40 年代以及自那以来的期间，在英国以及每一个欧洲国家，人们提出了一系列的补救性的工业措施。那些重要的自由党领袖，诸如科布登（Cobden）、布赖特（Bright），甚至格莱斯顿（Gladstone），或则反对这些措施，或则对它们执明显的冷淡态度。他们违反了自由主义原则的纯洁性。英国政治上的自由党人的重大内部分歧并非是激进派和辉格党之间的显著分歧，而是纯自由党人和保守的自由党人之间的分歧。这些保守的自由党人在某些地方接近老式的托利党人。他们背弃了一个原子学会的自由原则。对于英国的自由政治党派来说，不幸的是，它的后来的领导者，格莱斯顿·哈丁顿爵士、阿斯奎斯都属于纯自由派别。如果坎贝尔-班纳曼当时更能干一些，或者更重要的是，如果他当时不早早去世，英国的政治史便会是另一番样子。如历史所示，阿斯奎斯领导下的英国政治自由主义，在其最后一个阶段，对于本属改革党派任务的任何改革——如妇女运动、教育、工业重组——都采取了直接反对或漠然的态度。自 1830 年以来，在其七十年的最辉煌时期，英国的自由主义未能获得一套始终一致的切实可行的理想，因而逐渐衰亡了。总的说来，从 19 世纪最后一个三分之一时期的格莱斯顿先生，到 20 世纪初期的阿斯奎斯先生，纯自由党人一直掌

43

握着英国的政治机器。

尽管那些重要的自由党代表人物不情愿，19 世纪中期以前，兴起了一全新的社会协调运动，它表现出的形式便是那些调整矿业、工厂和贫民窟地区的种种政府措施。英国的工业制度后来传到了德国，在那里，调整的需要和自由竞争的失败被同时看成是理所当然的事。自由主义工业学说的早期形式在那个国家甚至从未被尝试过，但是自由主义学说的修订版却羞羞答答地来临了；它的失败导致有人对一个旧观点进行了新的阐述。卡尔·马克思宣布了"阶级斗争"的学说。有学问的经济学家众口一词地对我们说，《资本论》一书未能表达出一种健全的科学的学说，科学的学说是经受得起与事实的比较的。对于该书的成功——因为它对我们还有影响——只能作这样的解释：工业革命的第一阶段带来了太多的弊病。

自由主义者起初相信，根据仁慈的天命的旨意，个人间的竞争与工业活动必然会一同为人类的幸福而努力。但一经尝试，这一信仰便破灭了。也许，需要对指导阶级作更深刻的启蒙训练，然后应该将调整主要引导至教育和社会学训练；也许，制约各行各业诸种条件的政府机构便是一剂矫正的良药；也许，由工人控制的国家应该是唯一的雇主。所有的这些建议都仍然是剧烈争论的题目。在某些国家，几乎每一个方案都被尝试过了。但目前没有一个人认为，单纯的个人竞争，仅仅依凭它自身，依凭它的自律的特点，而不依仗进一步的指导机构，会造就一个令人满意的社会。

不幸的是，照公众理解的马尔萨斯学说断言，根据自然的规律，芸芸众生永不可能进入高级的幸福状态。更糟糕的是，生物科学作出了这样的结论：个体的毁灭是向更高级物种进化的必然方式。这便是著名的查理·达尔文的自然选择学说，发表于 1859 年。这种只相信自然选择的观点并非是达尔文自己的理论的特色。照他看来，自然选择不过是众多作用中的一种。但是，自这一学说发表以来，直至今日，自然选择却一直支配着人们的思想，乃至它成了人们唯一认真思考的因素。这一理论一经应用到人类社会，便成为对整个人道主义运动的挑战。拉马克和达尔文二者主要理论一经相互比较，便显现出巨大区别。到此人们不再据守人类和亲关系的理论，新理论指导他们去消除不适应环境者。现代的遗传学学说，有些是来自物种的经验，有些来自从事实际工作的园艺家，有些来自弗朗西斯·高尔顿、卡尔·皮尔孙以及他们那一学派的统计研究，有些来自孟德尔发现的遗传学规律（这位奥地利神父在达尔文《物种起源》的同时代发表了他的那些不被人注意的研究成果）——所有的这些学说也削弱了斯多葛—基督教的民主和亲关系的理想。

宗教自身一直摇摆于这一理想和关于上帝与其造物主奴关系的观点之间。但是 18 世纪晚期与 19 世纪初期的民主自由主义却是斯多葛—基督教思想根源的胜利。休谟对灵魂学说的批判，作为一种实际运用体系的纯粹的竞争个人主义，马尔萨斯关于人口对生活资料造成压力的学说、关于作为进步机制的优胜劣汰的科学学说，高尔顿及孟德尔的遗传学学说，对拉马克器官多用则增强适应性学说的反对——所有的这些思想结合在一起，便使得 19 世纪早期的自由主义再也不能确保理性上的正确性了。

第六节

另外有两个理性运动可以顺带提一下。一个是杰里米·边沁的建立在"最大多数人的最大幸福"的功利主义原则上的法律改革；另一个便是奥古斯特·孔德的"人道宗教"，即实证主义。自他们的时代直至今日，凡是在道德、宗教或政治理论中行之有效的东西，大多数都从这两人中的其中一个汲取了力量。人们大多拒绝将他们的学说看作是理论基础，但作为行之有效的原则，他们的学说统治了世界。总的说来，他们的影响是民主的。它们扫除了特权阶层人物的神秘的要求，这些要求是

46

以由宗教或哲学引起的神秘主义的直觉为基础的。它们使我们想起了罗马斯多葛派的律师们，虽然它们否认斯多葛哲学的基本的形而上学说。事实上它们是斯多葛派法律运动的一种复兴，只是没有后者理性的壮观。从另一个观点看，它们依据的是对形而上学的科学反叛，这一科学反叛是17世纪由牛顿领导的。它们将这一反叛延伸到道德和政治理论。

两千年间，对于在西欧缓慢生长起来的人与人之间相互尊重、相互友好的情感——即"四海之内皆兄弟"的观念，柏拉图的哲学理论以及基督徒的直觉信念在理性上证明了其合理性。这些情感处于社会所有群体的基层。作为相对盲目的情感，诸如急于合作、帮助、喂养、抚育、共玩、表情等等情感，它们肯定弥漫于动物社会。在人类之中，这些基本情感在有限的各社会范围内发生巨大作用。但是，人类的智力——对于危险、机会这类事物的预见，对于群体间的区别以及他们不同习惯和情感的考虑——人类的这种智力使他们对滥施感情于其他种族的倒行逆施行为深表愤怒。人类以其强烈的部落感情著称，反之，它也以其广泛的恶意剥削及部落间的战争而闻名。同时，由于它的善意往往局限于同一部落的某些特殊群体，所以其部落感情也是易于变化的。

两千年间，哲学与宗教在西欧树立起了人作为人的这一理想形象，并声称其具有最高价值。正是在这一理想的催动之下，耶稣会的传教士才会去了僻远的巴塔哥尼亚，约翰·伍尔曼才谴责奴隶制，汤姆·潘恩才反对社会压迫和原罪的学说。这些耶稣会会士，这些贵格派人，以及这些自由思想者们，相互之间各有不同，但他们把人当作人看的种种情感却都是因为在哲学和宗教的共同影响下所产生的感情得到了普及。

杰里米·边沁和奥古斯特·孔德把这些普遍化了的情感作为根本的道德直觉和明确无误的事实接受下来了。他们不需要什么东西来证明其正确，不需要从根本上了解它与其余事物的关系。他们两位抛弃了形而上学。就这样，他们极大地助长了民主自由。因为他们提供了一个切实可行的改革方案，提供了切实可行的各种表达方式，这些方式有助于将根本观念毫不相同的人们结合起来。

　　不幸的是，由于科学理论的进步，这些情感与其余事物的关系不容
人忽视。在生命的进化过程中，自然是不留情的：它要进行区识别。在
产生"人道教"这一普遍善行的同时，人们也信奉对人类进行精确分类
的理论："最大多数人的最大幸福"的理论要被"人道地消灭低劣品"
的理论所取代。休谟否认有"那样一种感情……即纯粹的对人类的爱"。
现代科学提供了一个似乎有理的解释，说明何以不需要那样一种感情。　48
据说这种感情只会妨碍进化清除废物的进程。如果有人服从这种感情，
当然他们便会遵照这种感情行事。但我们提不出理由来说明我们何以应
该向他人灌输这种感情，或者我们何以应该滥用立法去帮助实现那样一
种毫无理由的感情的种种目标。我当然更同情边沁和孔德，而较少同情
这一来自休谟和现代动物学的推论。但是，即便这一推论并未证明其他
的什么，它也确实表明，边沁和孔德的错误在于：他们认为他们排除了
所有的根本的宇宙论的原则，为道德、宗教和立法找到了明确的基础。
表面上，他们所钟爱的学说正如形而上学的教条一样，易于受到怀疑论
的攻击。他们放弃了柏拉图和宗教却并未明确地得到什么。

　　需要更多的根本的理由，或者用来证明人类这一混合物中存在着种
种区别是合理的，或者用来再次证明将人当作人来尊重的学说的正确
性。只是用"生存值"来解释已经不够了，因为有一些条件，它们正好
毁灭了我们最乐于保留在幸福中的东西。

第七节

　　奥古斯特·孔德将他的实证主义建立在他那个时代的科学，即物理
及道德科学的明确结果之上。他死于 1857 年，两年后达尔文出版了他
的《物种起源》。我们业已讨论了继进化论之后出现的人道教所遇到的
一些困难。孔德所依凭的这样一个基础也许足以铸就在某个具体日子兴

趣局限于某处的一群人的一整套方法。但显然，这一基础虽然足够了，
但却并非是由于观点足够清晰。这正如很多拜神者，他们朝旭日鞠躬并
喃喃地念一些咒语，以此来获得精神安慰，但他们却完全不能清楚连贯
地讲述出使他们的这一举动获得效用的理由来，无论是形而上学的或是
实用主义的。

除了在调和物理科学与精神科学方面有这一困难而外，物理学在自
身的基本概念方面也有困难。这一窘况与柏拉图派的宗教传统有关，对
于这一传统的命运及种种特殊作用，我们一直在追溯探究。我们可以将
物理科学的研究对象按类分在四个标题之下：（1）长存着的真实而实在
的事物；（2）偶然发生的真实而实在的事物；（3）反复出现的抽象事
物；（4）自然的规律。对于第一类，我们可以一块石头为例，或者——
且超出单纯的物理科学范围——一个人的个性，恰如柏拉图所说，他的
灵魂。对于第二类，我们可以举出在街上、房间里、动物的身体里发生
的任何事情为例，或者——再次超出单纯物理学的范围——我们个人在
十分之一秒间的复杂经历。对于第三类，我们可以举一块石头的形状为
例。是否一种色调，或交响乐作品的音质成分也可看成与自然或精神相
关，这尚不可确认。但它们可重复出现，这一点则是明确的。另一方
面，对感情的某种感觉，则是一个专属事物精神方面的复现事物（re-
currence）。可为第四类例子的是引力定律，或事物的各种几何关系。

我不打算在本章的末尾投身于形而上的讨论；那是业已足够复杂的
了。但与此相关的我要指出，脱离了对我们所谈论的东西更具根本性的
一些限定，我们关于社会学理论的争论是多么肤浅。以上的四个题目同
时暗示了一堆令人窘迫的问题，这些问题一直困扰着自柏拉图以来直至
今日的思想家们。这两章里，我们追溯了三种十分不同的思想的历史：
（A）柏拉图式的宗教的观念，（B）商业社会的个人主义竞争的观念，
（C）物理科学的观念。同时，这三种不同类型思想的内部又是错综复杂
的。现在我们可能认识到，我的确认为我们应该这样认识：拧成理论的
这些思想的每一股都来自确切的直觉知识，它体现了关于不容忽视的事

物的性质的真理。这样的认识似乎很容易解决问题：每一种观念都在自己的自治范围之内。这样一来，各种争论便是由于一种思想非法地侵入了另外某一种思想的领土。举例来说，一种很流行的说法认为，宗教与科学永不会发生冲突，因为它们研究的是各不相同的问题。我相信这种解决问题的方法是完全错误的。至少在这个世界，你不能将精神和肉体分开。但是一旦你试图调整观念时，你便会发现，完全彻底地弄清楚你所谈论的东西是最重要的。毫无批判地从长存的事物摇摆到偶发的事物，从偶发的事物摇摆到复现的事物，那是注定要失败的。倘不能对长存的事物、偶发的事物以及复现的事物作形而上的清晰分辨，以此为基础的种种讨论便可以诡辩地证明任何东西。

举例来说，在对功利主义原则的阐述中我们遇到这样一个用语："最大多数人的最大幸福"。显然，这一用语有一种意义，它至少足以让我们将它看成是对行动的一种大致的指导。但当我们将这一公式用来批评其他观点时，我们便有权问一下这个用语到底是什么意思。这儿的"幸福"一语显然指的是一种复现的事物，它可分为不同的强烈度，所以就幸福而言，一件偶发的事物可以比另一件更强烈。但是，不同的偶发事物的额外的幸福量是什么意思呢？根本不存在具有这额外幸福量的偶发事物。如果有如此的一件偶发事物，至少它应该在功利主义的原则中得到说明，而这一说明将会把我们引向被废弃的柏拉图主义。再者，我们也必须懂得长存事物与偶发事物的关系以便懂得功利主义的原则。人们使用"幸福"这一用语时，通常指的是大多数的人。所以它指的是长存事物而不是偶发的事物。但是，我们真的能将三个短命的人的幸福和一个长寿的人的幸福相互联系在一起吗？更何况不同类型的幸福之间还存在着质量的区别。最后我们作出这样的结论：若要有成效地将讨论进行下去，我们必须首先弄明白长存事物、偶发事物以及复发事物这些形而上学概念。

51

第八节

我们现在进而来讨论科学，看看它是否给我们提供了任何清晰的概念，且作一次与形而上完全无关的讨论。科学建立在规律——即自然规律——的概念之上。有关规律的概念便是：世界上存在着许多事物，它们之间的相互行动便是说明固定法则的例子。这些法则显然表明随时可以发生的复发事物。然而此处令人窘迫不解的便是规律与运动着的事物之间的联系。在一个城市里——比如说纽约——在一片森林里，在亚热带的某个沙漠，在北冰洋的某个冰原，运动可以是互不相同的。再说远一点，在月亮上，在太阳的大气层，在某个稠密的恒星的内部，在星际空间，它们都是互不相同的。

这都是表面的分析。我们都知道，倘若我们将事物分析到分子的层面，那么无论在城市也好，森林也好，或者是沙漠和冰原，化学的定律都是同样的。这些化学定律表达的是相当紧密地接合在一起的分子的相互运动。但是分子是可以分析的。事物在一团紧密结合的分子中的运动大异于它们在所谓虚空（empty space）的震动之中的运动。化学定律只是关系到分子之间的相互关系。而在虚空中，我们必须要深入到控制能量消长的基本的电磁定律。到此点为止我们也只好停止追溯了，其理由仅仅因为我们的探究力已到了尽头。

但是，我们没有理由怀疑：这些定律都来自电磁事态（occasions）所发生的环境。这一追溯的整个过程都是观念的一种回归。这些定律来自运动着的事物的特点：它们便是克雷芒说起过的"社区习俗"。这一概念应该代替以往的关于一定的事物其相互运动受制于强制性定律的陈旧观点。我们对外部自然的认识，完全是依据自然中的各种事态是如何相互影响彼此的性质的。整个环境对其中每一事态的性质都施予了影响。因此，每一事态都从自己所处的环境的性质中获得自己最初的形式。同时，制约每一种环境的种种规律只是表明了组成那一环境的各种

52

事态的总特性。这便是根据事物的功能方式为其定义的学说。

　　现在我们开始接近基督教的不实用的伦理学了。人们心灵中怀抱的理想构成了他们行动的特色。社会内部的这些相互作用修正了社会规律赖以应用的事态，从而改变了社会规律。不实用的理想是为改革而设计的方案。这样的一个方案是不应受到当前可能性的批判的。修正自然的规律，以便世上的共和国符合智慧设想出的理想社会，进步便是包含在这一修正行动之中的。

53

　　这两章我们一直在思考欧洲历史上一个重要观念的曲折历险。柏拉图设想出了关于人与人之间理想关系的观念，这一观念是以对人的种种可能的内在特性的看法为基础的。我们看到这一观点以每一专门形式进入人类意识。它与产生于宗教的各种相关观念联合成一体。它根据各种不同的宗教以及与之相联系的各种怀疑主义来区分它自己的种种专门。有时，它消失了。但它总是复现。它受到批判，同时它自身又是一位批判者。武力总是与它作对的。它的胜利便是说服对武力的胜利。这里所说的武力其实便是这个世界先前所包容的东西。这个观念是一个努力实现自身的预言。

　　理想的力量正在于此。当我们考查发生着事实的这个一般世界时发现：它的一般特性，即实际上必然发生的特性，就实现内在价值而言是中性的。电磁事态与电磁规律、分子事态与分子规律，同样都是中性的。它们规定了可能会有的价值，但却不能决定价值的种种特性。当我们考查用某种特殊标准来决定价值的社会的各个专门时，诸如人类社会的一些专门方面——森林、沙漠、草原、冰原，我们便在一定的范围内发现了可塑性。柏拉图观念的历史便是它在一个局部的可塑环境里活动的历史。它具有创造力，努力去达到自身的实现。

第四章
自由面面观

第一节

　　自有文字记载以来的西方文明的文化史可以从许多方面来加以考虑。或则历史可被看成是经济的稳定进步，其中插有灾难性的倒退——这种观点强调的是技术和经济组织；或则它可被看成犹豫于尘世与彼岸的一系列行动，或贪婪与美德、真理与谬误的竞技场——这种观点强调的是宗教、道德，以及诱发出几代人思想的思考习惯。以上的每一种看法其实都如同探照灯，阐明了某些事实，对其余的则语焉不详。当然，在任何历史中，甚至局限到很狭窄的范围，诸如政治、艺术或科学，许多观点事实上都是交织在一起的，各有其不同级别的一般原则。

　　用来分析文明化活动的一种最普遍的哲学观点认为：社会生活所受的影响来自人们对个人绝对性（Individual Absoluteness）和个人相对性（Individual Relativity）的不同强调。所谓"绝对性"，此处意为在行为方式方面脱离了对社会其他成员的基本依赖；而相对性则意味着与社会其他成员的基本联系这一相反事实。这两种观点有时具体表现为自由与社会组织两种敌对的观点；有时则表现为对国家利益和个体成员利益的不同强调。一个时期的特点，诸如它的社会制度、法律制度，以及它的有关可行理想目标的观念，主要取决于到底是哪一种观念，是个人的绝对性呢抑或是个人的相对性，在主导着该时期的各种活动。没有哪一个时期是完全受制于其中某一极端的观念，使所有的行动都受制于它。抑制一方，另一方便获得自由，彼此消长平衡。军队里的纪律是铁面无情的，当兵的最后一着便是为军队献身。但是在人类活动的很多领域，士兵们却完全不受纪律与习惯的约束。对于大学的工作人员来说，他们所受的限制和所享的自由就与士兵们的十分不同。

对个人绝对性和相对性的不同强调表面上看来是随意性的，其实这当中总是有历史原因的。通常，这种重点的转移被归因于与直接过去相决裂的那种普遍倾向，即一旦发现与过去黑白相异便将二者互换。这种转移也可能出自某种判断，这种判断认为某些教条造成了以往的失败。从各种暂时情况所引起的不安中分析出这样一个判断，这应该是历史的一个功能。

不同的理智强调所表现出的社会模式内的种种变化更常常是由于权力从一个阶级或数个阶级转移到另一个阶级或另几个阶级。举例来说，一个贵族的寡头政府与一个民主政府都会强调社会的组织性，即个人与国家的相关性。但是，以满足商业阶级和职业阶级为主要目的的政府，无论在名义上是贵族的、民主的，抑或是专制的，强调的是个人自由，即个人的绝对性。后一种政府便是罗马帝国那种政府，其中中产阶级组成了帝国的机构，充当斯多葛派的律师，在其鼎盛时期，更是由中产阶级的人充当帝王；18 世纪和 19 世纪期间的英国政府也属于此类政府。

随着统治阶级的更迭，某些在某个时期处于沉寂的观点——它们即便偶被提及也犹如涟漪泛起——后来却可能重新冒头，表现于行动与文字之中。所以，每一时代的各种活动——无论是政府的、文学的、科学的、宗教的，抑或是纯社会的——不过是表达了同一社会的、在以上领域内凑巧具有居高临下影响的诸阶级的种种精神而已。伯克在一次关于美国革命的演讲中高呼："看在老天份上，一定要满足某些人。"

人们可以根据谁是政府事实上努力要满足的"某些人"，来对政府进行最好的分类。因此，18世纪前60年的英国政府，就其形式，就其人员而言，虽是贵族的，但是它所执行的政策却是努力要满足伦敦城以及布里斯托尔城里的大商人。大商人的不满情绪是危险的直接根源。罗伯特·沃波尔（Robert Walpole）爵士以及威廉·皮特（William Pitt），那位重要的下院议员，体现的便是这个阶级的那种转变的态度；他们早期厌倦战争，后来赞成帝国主义。

当传统的种种生活方式以它们的有关效率与非效率的传统标准来产生作用时，在这样一个时期，本来要充分得到满足的阶级便会相对地受到抑制。比如，18世纪英国的商人们。他们大多数人会相对归于沉寂，而像沃波尔这类的保守政治家绝不会去翻旧账引起麻烦——"Quieta non movere."（勿追念往昔不愉快的事）在贸易利益方面沃波尔是个积极的改革家，在其他方面他却是个保守主义者。

法国的相关政治家们却积极地关心宫廷的利益，它的权为是建立在官僚（法律的、行政的以及宗教的）和军队的基础上的。正如在当时的英国，整个法国组织机构的人员，无论是行政机构的或是军队机构的，都是贵族和中产阶级。法国的政治进行得比英国的顺利，但不幸的是，法国的积极政治力量较之英国的更脱离国家的主要利益，虽然这两国政府都各有其聪明与愚蠢的时期。法国人强调的是协调，而英国人则强调个人自由。在该世纪后期，英国在政治上较活跃的阶级是农村的土地所有者。举例来说，我们注意到，在其政治生活的末期，伯克居然自认为他懂农业。同时我们也注意到，伦敦市政当局在其早期是政府的一股支持力量，但到了后期——即法国革命的暴行之后——它却成了反对政府的一股力量。

在后来的日子里，兴起的工业革命耗尽了英国工业阶级的力量，在早些时候"新教继承"的口号曾激励他们参加政治活动，因为对于他们来说，这个口号便是"工业自由"的意思。此刻，即18世纪末，群众处于骚动不安的状态，同时由于他们当中的优秀分子遵照约翰·卫斯理

57

58　的指教忙于去拯救灵魂去了，因此对于决定他们利益的方式，他们仍然茫无所知。最后，经法国革命战争耽搁了一阵子后，从这一派混乱中，维多利亚时代出现了。当初解决问题的办法仅仅是暂时的。不过，甚至我们居住的这颗行星也仅仅是暂时的。

第二节

在我们为了理解社会学变化而作的努力中，我们一定不能太专注于抽象学说的效应而不顾其他；那些抽象学说是已形诸文字而且在人们的意识中被认可的。这类精心的理性努力或可发挥维护作用，或可发挥改造或毁坏作用。举例来说，不参考奥古斯丁会的有关原罪、恩典，以及天主教会因此而应有的传教使命等学说，便不可能理解欧洲史。要懂美国史也必须要具备一些关于 17 世纪英国政治学说、18 世纪法国思想等知识。人要受到他们各种思想的驱动，既要受到理智的驱动，也要受到各种无情力量的驱动，但是，社会历史主要研究的是在不同时期盛行的人类经验的方式。身体条件只是背景，它部分地控制各种方式和情绪的盛衰变化。但即便如此，我们也不能把各种不同类型的人类经验过分理性化。人类虽然位居灵长动物之首，其精神习惯却与肉体习惯有紧密联系，这一点是他避免不了的。

我们的意识并不启动我们的作用方式。我们一旦运用意识便发现我们业已处于过程之中，浸淫在满意与不满意的情绪之中，并积极地通过加强、减缓或引进新的目的等方式进行调整。这一预设在意识中的基本程序，我姑名之曰本能。它便是那种直接出自遗传冲动（个人的和环境

59　的）的经验方式。在本能以及理智的酵素发挥了作用之后，便产生了决定，这个决定定下了本能与理智结合的方式。我把这一因素名之为智慧。智慧的功能便是作为一种调节力量作用于理智的酵素，以便在已知

条件下产生自我决定的结果。因此，为了懂得各种社会制度，将人的天性粗略地一分为三是必要的：本能、理智、智慧。

但这个分类不能太严格。不管怎么说，理智的活动本身便是一个遗传的因素。我们并非依靠努力进行自我意识来启动思想。我们发现自己在思考，正如我们发现自己在呼吸，发现自己在欣赏夕照一样。人们有白日做梦的习惯，有思考问题的习惯。所以，思想的自治力是相当有限的，常常可以忽略不计，一般在意识的界限之外。一个民族的思想方式正如它的情感反应方式一样，都是本能的——也就是说，是服从常规的。但是我们大多数相信，存在一种思想的自发性，它是在常规以外的。否则，追求思想自由的道德要求便是无意义的了。这一思想的自发性，须经控制才能得以维持和产生效力。这种控制便是对整体作出判断，然后对瞬间闪现的不完整的自我决定进行增删加减。整体决定了它将成为什么，从而也调整了自发闪现的种种想法的相互重要性。这一最终决定便是其智慧，换言之，就其性质而言便是其主观目的，它受限于各种遗传因素。

智慧是与最终自我决定中有效证据的幅度成比例的。观念从本能经验的基本事实引申而出，理智的作用便在于将这些观念调整成逻辑连贯的系统。本能经验的那些基本事实——其性质的诸方面如此地协调着——在最终的自我决定中显得十分重要。当人们对基本事实进行了筛选，以便将事物的迷惑人的诸方面排除到从属地位，理智的调整便更容易成功。正因为如此，理智活动的兴旺常常是以智慧为代价的。在某种程度上，所谓理解便是不断排除理性上不连贯的背景。但是，智慧坚持追求更深的理解，它总是让理智的系统面对被它省略了的各种重要的东西。本能、理智、智慧，这三者不能分开。它们结合成一体，相互作用，并融合成混合的因素。它们的情况就是，整体显现于部分，部分显现于整体之中。在判断社会风俗习惯的兴衰时，我们必须要估量那些与自然力量协同起来发展社会的各种类型的本能、理智和智慧。智力高强的人们，头脑清楚却目光狭窄，他们的愚蠢促成了

60

许多灾难。

无论我们在有记载的历史中回溯多远，我们都处于人类的高级活动时期，远离了动物的野性。同时，要证明在那个时期之内，人类与生俱来的智力已经得到长足的提高，这也是很困难的。但是，毫无疑问，环境为思想提供的全套工具已大大扩展。这些工具可总结为以下几类：各种交流方式，物质的和精神的；著述；对各种文献的保存；各种类型的文学；批判的思想；有系统的思想；建设性思想；历史；各种语言的比较；数学符号；节省体力的先进技术。以上这个目录里的各项显然在有些方面太详，在有些方面有重叠。但是它帮助我们回忆起我们是如何利用为思想提供的种种便利和建议的。这些便利和建议远远超过二千至五千年前我们的先人所享有的。的确，最近两百年人们以某种方式丰富了这套工具。倘若人类不堕落的话，这种方式会造就一个新时代。当然，这一套工具的大部分已在二千至三千年前积累而成。正是由于那千年间精英人物绝妙地利用了他们的种种机会，我们才竟然怀疑那以后人类固有的智力是否有任何提高。

但是，总的结果却是：我们现在认识到，我们的前人在调整自身以适应传统的种种制度时头脑是简单的。在相当大的程度上，这种调整是理所当然的，简言之，它是出自本能的。在伟大的时期，前人发现了我们现在业已继承的东西。但他们对他们的发现表现出天真，表现出惊奇。本能的适应渗透各处，人们根本没有注意到它。也许当初的埃及人并不知道他们处于专制的统治之下，他们也不知道牧师们制约了王权，因为无论在事实中或想象中他们都没有比较可供选择。他们在思想上更接近在人口密集犹如蚁冢的地方流行的政治哲学。

这一事实的另一面是，在这样的社会里，人的相对性较之个人自由更受到强调。当然在更早的时期，自由几乎是个毫无意义的概念。人们的行动与情绪都出自以祖传的协调精神为基础的天性。在那样的社会里，凡不出自传统关系——它是强制要求行动协调——的东西，都不过是破坏性的混乱而已。于是，相异的群体必然是有害的群体。精力充沛的先知撒母耳碎尸亚甲①，不幸的是撒母耳精神上的后代，那些古代令人厌恶的人物存活下来了。

第三节

我们且来看一看历史上一些发现自由的事件。大约公元前 1400 年，埃及的国王阿肯纳顿（Akhmaton）显然属于一个先进群体，这个群体的人有自己的思想，而且突破了传统的宗教观念。在他们以前的数千年间，这样的具有自由思想的群体必然数次星星点点地出现过，它们之中有些成功了，但大多数都失败了。倘若没有这些群体，向文明的过渡——它有别于对风俗的自发适应——便从来不会发生了。蜜蜂和蚂蚁有不同的社会组织；但是就我们所知，这两种物种在任何意义上都不能说是文明化的。它们可能会对社会风俗习惯进行自发的适应。不管怎么说，它们的有关自由的想法是我们不能察觉的。但是实行了自由的阿肯纳顿，却显然不具有那种自由观。我们具有考古学可以提供的一切证据来证明，他曾固执地企图将他的观点强加于整个埃及民族的思想及风俗。显然他失败了，因为当时存在有反动。② 但是反动绝不可能精确地回到原地去。所以，经反动后恢复的东西和原来的很可能存在着区别，只是我们面前的证据尚不能将它们区分而已。

一个更成功的群体便是八九百年后的一群希伯莱先知。受到他们时代种种邪恶的刺激，他们实行了一种表现为道德直觉的自由，并用他们思想的成果装备了耶和华的特征。他们有功于我们的文明，其功之大非我们所能表达。他们属于那些为数不多的群体，这些群体从根本上改变

---

① 参见《圣经·撒母耳上》，15 章。——中译注
② 阿肯纳顿为古埃及第 18 朝国王，他进行宗教改革，废除阿蒙的国家主神地位，另立阿吞太阳神为国家主神。其改革遭旧势力反对，他死后改革遭旧势力废除。——中译注

63　了任何严格意义上的历史。大多数引人注目的动乱不过是以一群人取代另一群类似的人而已；所以，历史不过是一串姓名的单调变换。但是，希伯莱的先知们却真正地造成了根本的质的变化，而且尤其少见的是，是朝更好的方向变化。虽然如此，有的自由观却从未进入先知们的关于耶和华的观点之中。不宽容是道德激情中易犯的恶习。将宽容与道德激情联系起的见解见于《圣经》中有关稗子和麦子的比喻，那是几个世纪以后的事。

　　后来，在实行自由的过程中所介入的不宽容的例子，是康斯坦丁建立的基督教会以及路德和卡尔文指导下的新教徒们所提供的。在宗教改革期间，人类的认识提高了，所以评判改革者时的宽厚之心变稀薄了。但是在当时宽厚仁爱之心是与宽容有关的一种美德，所以我们务必谨慎。所有的先进的思想家，无论是怀疑派的抑或是其他派别的都有不宽容的倾向，这是古今皆然的事。总的说来，宽容的美德更常见于温和友好的正教。现代宽容精神的鼓吹者们——就迄今其存在的情况而言——有伊拉斯谟①、贵格会教徒和约翰·洛克。这些人应该在每个实验室里、每个教堂及每一个法庭受到人们的纪念。但我们必须记住，17世纪的许多政治家和思想家，包括约翰·洛克在内，当时能活下来实应归功于荷兰共和国的大度宽容。

　　当然，这些人并非他们那些令人赞赏的观念的发起者，要找出他们观念的源头，我们便必须回溯到当时的两千年以前。观念转换成风俗其过程是缓慢的。但我们首先应该留意到，以上所举的例子都与宗教有
64　关。世界上还有其他形式的行为，积极而沉思的。雅典人为我们提供了至今尚存的最初的范例，表明他们当时便公开承认了在各种社会行为中宽容的重要性。毫无疑义，在那以前的文明中，也一定能找到许多有关

---

① 伊拉斯谟（Desiderius Erasmus，1466～1536）：荷兰人文主义学者。在宗教改革的初期，他并未反对路德，但后来他为了讨好其保护人，著文反对路德，逐渐与新教疏远。——中译注

的实际例子。举例来说，我们很难相信，在巴比伦和尼尼微这样的世界性大都市中，当时竟然会有对社会行为所进行的严密监督。另一方面，埃及当时的生活方式似乎是有严密组织性的。但是首次将社会宽容作为高级文明的必要条件来进行辩护，却见于修昔底德记载的伯里克利的演讲中。其中提出了组织良好的社会如何保护其个体成员行动自由的想法。50年之后，在同一个社会群体，柏拉图提出了更深刻的观念，对自由的所有要求肯定都是从这些观念中生发出来的。他的关于宇宙间精神因素的观点强调精神因素是一切自发性的源泉，而且将它们看成是一切生命和运动最终的基础。所以人类的精神活动中，包含着这虚幻短暂世界之内的弥足珍贵的和谐之根源。人类社会的目的便是诱发出这样的精神力量。但是，自发性是灵魂的实质。这便是从柏拉图的思想方式发展到强调社会自由这一过程的梗概。

柏拉图著作的有些篇章一直为思考的自由、思考经验的自由交流作辩解。苏格拉底和柏拉图生前坚持行使这一权利，苏格拉底甚至为此而献身。柏拉图的著作中也有些不涉此题的例外篇章，但是在苏格拉底和柏拉图的大量对话中，他们自始至终都在致力于思想表达的种种方式。但很难有哪段文章可以直接转换成某种具体的行动。《共和篇》的结论只有在天国才能发挥作用。重大的例外是他的《法律篇》。对于建立当初在爱琴海地区流行的那类城邦，本篇倒不失为一个详尽可行的计划。修昔底德笔下的伯里克利强调的则是另一方面。他思考的是个体公民的活动。他的言语之所以出奇的文雅，是因为其强调一切行动的美学目的。野蛮人是以权力讲话的。他梦想有铁腕的超人。他会用卡莱尔那类的滥情主义的道德来掩饰自己的欲望。但是从根本上说，他认为最终的好事却是一人的意志强加于他人的意志之上。这是一种理智上的野蛮行为。伯里克利的理想是：行动将自身织于说服的美丽织物之中，其美类似于自然界的精美光彩。

要建立自由就不仅仅需要在理智上对其进行辩护。柏拉图比所有的人更高明，提出了这一文明所必备的更基本的成分。因为他展示了那种

65

只身便可维持一个自由社会的精神风气，而且他提出了证明这一风气正确的种种理由。他的对话中处处表现出宇宙多样性的意义，这种多样性是我们的智力所不能探究的。而且在对话的第七部分，他明确地表示，一个充分哲理性的制度是不可能的。他的著作的意义在于：所有的观点，理性上前后连贯的，且在某种意义上适用的，都有助于我们理解宇宙；同时它们也有诸多省略，因而未能包括明显事实的全部。宽容的责任便是：对未知的、不可穷尽的新颖事物的丰富性表示一定的尊重，对我们尚不能洞察的既成事实的复杂性表示一定的尊重。

66　　　所以对于那些竭力提倡自由的人来说，两种品质应该被排除。一种品质是属于那些没有信心获得真理尺度的人们，即怀疑主义者。那些认为思想十分重要的人们显然是没有这种品质的。另外，以不宽容的心理去追求真理是要自败自毙的。以密尔顿为例，尽管他在保卫自由的斗争中运用了他丰富的想象、渊博的学识以及端重典雅的文风，但他的一生恐怕既推动了又延缓了自由的事业，因为他所提倡的思想形式其实质便是不宽容。

　　古代的异教世界对于各种信条是宽容的。只要你的行动不出格，你的思想是不为人所留意的。当然，超出了纯粹本能社会关系的进步表现会引起不安，因为人们担心思辨的思想会带来破坏性的后果。信条既是思辨的产物，又是控制思辨的手段。但信条总是与思辨相关的，在思辨之前不可能有任何信条。凡有信条处便有异教徒，或则近在咫尺，或则已死于坟墓。在那些伟大的帝国里，埃及的、美索不达米亚的或赫梯人的，随着航海技术的发现，各民族之间的交流引起了尖锐的对比，这继而逐渐扩展成为思辨的思想。最初，在人类心理中这一转换肯定发展得十分缓慢。在没有预想的地方，变化只有等待机会，受人忽略它就会逐渐消亡。所幸的是，《圣经》中尚保存有关于这一过程的零星片断，表明在关节之处它是如何影响一个天才民族的。那些记载是由后来的编纂者记录下来的，他们记录时已有了他们时代的心理。所以，现代学者的任务便类似于通过研究汉姆莱特和麦克贝斯努力去恢复丹麦和苏格兰的历史。我们可以看到，最初的敌对化为了整饬混乱的思辨企图。我们可以看到撒母耳和亚甲被所罗门和示巴女王所取代；还有约伯和他朋友们的反省、先知书以及《圣经》中的智慧书卷。接着一跃六百年，一段历史便以尼西亚公会议所制订的教义而告结束。[①]　67

第四节

　　希腊文明中的那一小段独立时期的历史创造了一种新形势。思辨得到了公开的承认。人们热情地从事思辨。它的各种方式方法被发现了。说到时间的长度和效果的强烈程度，希腊人与其前人之间的关系类似于最近五十年现代工业革命的第二个时期与其第一个时期的关系；后者从15世纪开始直到19世纪末蜿蜒爬行了好几个世纪。

　　罗马帝国由于继承了希腊文化，所以在对待自由及与之相关的社会制度等问题时，比起它的前人来要小心得多。对于西欧来说，其中世纪文明的源头应该追溯到奥古斯都大帝以及圣·保罗之旅。至于拜占庭、闪米特人以及埃及地区，则要推回到亚历山大大帝之死，以及希腊—埃及学术的复兴时期。奥古斯都大帝之后的两个世纪，以意大利为中心的西欧地区变得无比地重要了。拉丁文学将希腊文化翻译成中世纪的思想方式，延长了那个时期，使之直到法国革命时才告结束。在那整个时期，文化都在向后看。卢克莱修、西赛罗、维吉尔诸人，照他们与希腊文学及思辨的关系来看，都属于中世纪人，虽然他们缺乏闪米特因素。在那第一个拉丁时期之后，对于思想的显著贡献，无论是异教的、基督教的或伊斯兰教的，都来自东方地区，只有奥古斯丁是个重要的例外。　68

---

① 公元325年，罗马帝国皇帝君士坦丁一世主持召开了第一次尼西亚公会议。该会统一了基督教教义，制定了统一的信条。——中译注

后来，由于鞑靼人和土耳其所造成的漫长影响，东方文明衰亡了，文化的中心又荡回西方。这三种联合文化，东方的、拉丁的以及稍后欧洲的，它们的调子是学术研究性质的，是向着重现于信条形式中的希腊思辨的复归，是强调人文抱负的模仿文学，是把好奇心纳入职业轨道的作法，而且——在西方——也是表现在各种社会惯例的发展中的一种新等级的智力。正是最后这一因素保全了人类的进步。

　　社会惯例形成的新时期是逐渐缓慢地展现自身的。它的重要性尚未为人所充分理解。社会哲学尚未掌握相关的原则，以至于时至今日，每一个事例只被当作一特别的事实来处理。但是自由的问题已被它转变了。其新颖性表现在刻意建立起来的社会惯例之中，体现的是特殊群体的目的，而与任何政治政府、或任何发挥政府作用的部落团体的一般目的无关。当然，任何大的帝国都是若干部落、风俗以及思想方式的联合体。但是早些时候的例子表明，每一个从属种族在错综复杂的帝国中都有自己的地位，而且它的种种传统方式是整个帝国系统的组成部分。同时也肯定有复杂的行为方式，对不同种族来说是奇特的，但却被理所当然地容忍。在像希腊城邦这样的小一些的团体之中我们发现了一种情况，在这种情况中，所有的共同行动都是国家政策的一个成分。自由纯粹是个人的事，绝不是共同的。所有的联合，宗教的或世俗的，都是社区性质或家族性质的。"让恺撒管恺撒的事，上帝管上帝的事"这一谚语是基督在提比略统治期间所说的，而不是那以前四百年的柏拉图所说。无论这一谚语最初的目的是多么局限，从中可看出上帝当时已被看成与恺撒完全无关的组织指导原则。

　　思考一下苏格拉底和保罗之死的类似性和不同性是一桩有趣的事。他们两人都是殉道者。苏格拉底之所以死，是由于他的理论观点被看成是有害于社会生活的。很难相信克劳狄的手下，或尼禄，或加尔巴，会十分关心保罗的理论观点，诸如上帝认为人应该采取什么行为方式之类的。后来，卢奇安的观点同保罗的观点一样不正统，但是他却死于自己的床上。对于保罗来说，不幸的是，他去旅行时，身后留下了组织好的

69

团体，这些团体参加一些与国家的任何目的都不一致的活动。于是帝国的人员被震惊了，便与流行的偏见取得了同情。的确，我们准确地知道大约半个世纪以后，最好的罗马帝王之一对此事是何看法。图拉真（Trajan）在给小普林尼（the Younger Pling）的信中将基督教神学视为微不足道而不予采纳。他甚至对于保罗的那些人组织成小团体的事也不理会，只要不出现公开的行动来冒犯国家与宗教一贯的结合。但是他同时意识到，基督徒们不符合任何一种现行的政治哲学，他们所表现出的共同行动已到了不能容忍的边缘。所以一旦时机使之败露，他们便将受到质问，如果可能，将遭取缔，但如其行动出格则将受到惩罚。将罗马帝国时期——从尼禄到图拉真——的基督徒与现代美国的共产主义者比较一下是一桩有趣的事。

　　图拉真是一个与初露曙光的新时代打交道的优秀政治家；当时不为 70 人所理解，甚至现在也尚不为人所理解。希腊文化造成了新的智识领域的拓展，这种风气在当时正使人类的古老组织受到影响。主要靠盲目继承、而只是在细节和诠释上受到理智影响的那些组织，后来遇到了主要建立在对私人目的——即与国家无关的目的——的理性理解基础上的其他类型的组织，便很受震惊。亨利·奥斯本·泰勒所谓的"合理的考虑"正成为人类组织中的一种重要力量。当然，柏拉图和亚里士多德在相当的程度上表现过合理的考虑。但是，一群思想家并不一定能组成一种政治力量。几个世纪之后，有时甚至几千年之后，思想才能化为行动。表现这种时间间隔的典型例子是，据传亚里士多德的手稿藏于一地下室达两百年之久。另外，甚至时至今日，柏拉图还主要被遵奉为宗教神秘主义者和高级的文学艺术家。作为这样的作用，柏拉图表现的是他所继承的世界而不是他所创造的世界。也许这些组成了他学说的最优秀部分。但是他扮演的是两个角色。

　　事实上，罗马帝国当时的形势是新颖的。伯里克利为私人行动构想出了一种自由，这是一种处于极其有限范围内的文明化类型的自由。柏拉图极力主张思想的自由，但是帝国所面临的却是人们对共同行动自由的要求。自那以来直至今日，现代政治历史便是一个全力对抗国家、国家则部分让步的错综复杂的历史。帝国一再坚持神圣帝王的学说；但同时又让步承认，斯多葛派有关自然之声的学说是法律的原则。中世纪妥
71 协于有关国王与教会的双剑学说。在近代，国家退到了最后一道壕堑作战，这道壕堑便是有关主权的法律学说。17 和 18 世纪的思想在"原始契约"的假设下将其政治哲学合理化了。这一概念经证明是十分厉害的。它助长了人们将斯图亚王朝看成是传奇故事而予以摈弃，促使人们建立了美利坚合众国，并促成了法国革命。它的确是历史上最适时的观念之一。它的弱点在于，它使得强调理性思考的时代提前到来了，而且它过高估计了理性在任何时候都具有的政治价值。与之相对抗的学说便是所谓的"国王的神圣权利"，这实际上是"神圣帝王"的鬼魂。

第五节

　　政治哲学绝不可能与有关中庸之道的学说无关。毫无限制的自由意味着丧失了任何强制性的协调。没有任何强制的人类社会依凭的便是个人情感、目的、感情和行动的和谐协调。文明只可能存在于一个大致能这样相互适应的群体之中。不幸的是，少数持相反意见的人，一旦失去控制，便足以扰乱社会。一些人在总体性格上，大多数的人在某些行动上，对于他们时代可能出现的任何社会形态都是反对的。人们不能避开这样一个明白的事实：强制是必要的，强制便是对自由的限制。

　　因此，一种融合了自由与强制的学说是必需的。无限制地要求自由
72 是肤浅哲学的结果，与只要求统一于标准的模式同样有害。对以往社会以及将来社会的所有情况都适宜的解决此问题的方案，恐怕是不存在

的。我们只能满足于目前的方式，这个方式使得这一问题正在西方文明中，即欧洲和美国的文明中得到校正。

大致说来，这一方式是否有效，主要取决于以职业资格为基础，并强制要求此种资格的社会惯例分布是否广泛。显然，将各种不同的行道规范进不同的职业是一先决条件。这里所谓的职业指的是这样一种专业（avocation），它的各种活动是服从理论分析的，同时也接受从那种分析中得出的结论的修正。这种分析重视该专业的种种目的以及为了达到那些目的各种活动所作的自我修正。要有这种批判，必须首先理解卷入那些活动中的各种事物的性质，这样便能预见行动的结果。所以，建立在理论基础上的预见，以及以理解事物性质为基础的理论，便是一项职业必不可少的条件。再则，一个职业的目的并非简单地是一大堆明确目标的总和。应有一个总的目的，比如说医学的总目的便是治病，这一总目的界定了医学。但是每一个人的身体都可以以多种方式处于生物意义上的更健康状态，或更糟糕的状态。在每一个具体情况中，都必须对目标进行选择，这一选择部分地取决于业已获得的内在价值，部分地取决于获取这一价值的方法的可行度。正是由于这一理由，实践一种职业便不可能与理解其理论无关，反之亦然。但是，我们也确实发现，进一步地进行专门研究是必要的。不只是在该职业的某一部分之内，比方说医学里的外科，同时也要对该职业的理论进行重点考虑，或大量投身于该职业当前的实践。

与职业相对的是以习惯活动为基础，并受制于个人实践的试验与错误的那样一种专业。这样的专业是一种手艺行业，或者，在个人技艺的较低水平，只能是一种对体力劳动的习惯性指导。古代文明主要由各种手艺行业组成。现代生活则在更大程度上将自身分成各种职业。所以，古代社会协调的是社会生活的本能目的所需的各种手艺行业，而现代社会协调的则是各种职业。确实，手艺行业与职业之间的区别是不分明的。在文明的各个阶段，人们不断深入从事各种行业，不时闪现出建设性的理解，而各种职业正是建立在传承的种种做法之上。从事这些职业的人在他们的生活中所表现的抽象智力越高，他们的级别就越高，这样的看法是不真实的。相反，相当一部分手艺造就了更优秀的人。以人口比例来看，15 至 17 世纪的欧洲，已表现出卓越的能力。这表明，大约就在那个时期，完美的和谐便已形成。在掌握具体事实时，抽象智力常显得无足轻重。

通过自治的机构来组织各种职业，这使得自由的问题处于一个新的角度。因为此刻是机构在要求自由同时又实施控制。在古埃及，法老作出决定，通过他的手下实施。在现代世界，很多机构都有实行的权力，而无需与国家发生直接关系。这种新型的自由是属于某些局限于有特殊目的的自治机构的，中世纪的各种行会尤具这种特色；而那个时期正是以文明化的天才纷纷涌现为特征的。当时赋予"自由团体"一词的意义——至少在英国是如此——显示了新的社会结构在旧的习惯决定形式上的投影。因为在当时"自由"一词并不意味着普遍的自主，其意是指特许一个特别的群体在某一特别的行动领域将自身组织起来。正由于这个理由，"自由"有时是人们普遍讨厌的东西。

当然，天主教会便是一种首次对抗罗马帝国随后又统治了中世纪生活的重要的"自由团体"。在其初期阶段，人们在理论上是把它同其他自治团体同等看待的。举例来说，在异教帝国中，它的法律地位似乎一直类似异教殡葬团体的地位；虽然君士坦丁时代以前该教会财产的地位尚未被学者们最终阐明。但是在中世纪，该教会的地位陡然增高，居于其他组织之上，乃至于赛过国家本身。因此，它与世俗团体以及像大学这样的其他专业机构的相似性便被其本身的重要性遮掩了。天主教会还有一个其价值无可估计的特色。也就是说，仅就欧洲范围而言，它是通行的。直到文艺复兴运动开始才有了现代意义上的欧洲国家。但是，该教却超越了一切政府的界限，一切民族的、地理的分界。对于任何形式的社会专制主义，它是一个常在的对抗力量，是一种普遍的"自由团体"。

第六节

从 16 世纪初开始，这一文明制度的最初形式，它的封建制度，它的各种行为、各种大学以及它的天主教会，处于完全衰落的状态了。新的中产阶级，无论是学者或是商人，都不能容忍这一形式。他们都是个人主义者。对于他们来说，大学是次要的；寺院、教会、封建制度、各种行会，统统都是讨厌的东西。他们需要良好的秩序，希望从事自己个人的活动而不受干扰。16、17 世纪的重要思想家都十分奇特地与大学无关系。伊拉斯谟需要的是出版者，培根、赫维、笛卡尔、伽利略、莱布尼兹需要的是政府的庇护或保护，胜过了需要大学同行，这些同行中的多数都是反动的。当路德、笛卡尔、伽利略，或莱布尼兹移居他处时，他们并非是要寻找更好的大学，而是要寻找更好的政府——某位愿意提供庇护的公爵，某位愿付钱的王公，或不会对自己发问的荷兰共和国。尽管如此，虽经变化，大学所受影响较其他组织为小。从某些方面看来，当时是大学发展的大好时机，虽然它们收缩而为国有。后来，欧洲终于组成了现代的国家组织，主权国家决定组织机构的形式，把它们看成是为实现其自身目的的从属部分。这是向人类组织更早时期的那种形式的回归，该形式在罗马帝国时期便呈现出衰落的迹象。自然，二者之间有很大的区别，因为无论什么东西都是不可能恢复原状的。事实上，逆动也是一桩失败，因为人类已经成熟，早期的简单文明形式已不再适合它了。

现代的政治哲学是一个倒退，它的基础是重提旧时古典文明的哲学家和法学家。中世纪，教会与国家的关系是简化了的，当时人们考虑的是这样一种文明，其中人们应分别忠于追求不同目的的许多相互交错的机构。在一个“四海之内皆兄弟”的观点占上风的世界——这一观点来源于观念的广泛传播以及财产的国际分布——这的确是个问题。唯国家才有统治权的这一学说所提供的解决方案，无论对新教徒和统治者如何有利，都是震惊人心、又不可实行的。在 16、17 世纪，它不过是用来鞭打罗马天主教徒的棍棒，同时借此为商人们的办公室设置了警察而已。但是，对于 18、19 世纪政治哲学中的伯克利式的个人主义，反动派虽然取得了胜利，以生气勃勃的现代理性兴趣为基础的各种组织却开始露头了。这些组织，即便属于某一国，关心的也不是一国一族的利益，而是各国共同的利益。在这几个世纪里，科学占了上风，而科学是四海通行的。因此，各种科学机构，虽然在形式上是属于某国的，却这样非正式地建立起了一个相当于天主教联盟的组织。同时，学术和自然科学的进步改变了各种职业。它使得各种职业知识化了，远远超过了其早期发展阶段。各种职业最初出现时，只是一些习惯活动，受互不相关的理论的指正。理论易出错误，故早期的某些职业的学说有严重错误，但却被人们固执地维持着。学说最初是以言之成理的推论出现的，后来则作为古人的智慧存留下来。就这样，以往的职业实践在风俗习惯中扎下了根，虽然它要转而接受理性阳光的照射。到处都有在认识上大大先于他们的同行的人们。举例来说，在加伦（Galen）和维萨里（Vesalius）之间相隔有 1400 年的距离，这期间内欧洲医学实践的标准都无法与二人中任何一人所取得的成就相比。甚至在维萨里逝世一个多世纪后，英国的查理二世在濒临死亡之时还受到医生们的折磨，他们所采用的是当时通行但无效的疗法。另外，作为设计工程师的列奥纳多·达·芬奇在沃邦（Vauban）和瓦特出现之前，一直是无人可以抗衡的。在早一些的几个世纪里，作为一种普遍的社会学事实，职业影响主要表现为杂乱无章的一簇簇智慧的火花，沉入种种习惯性的传统做法而遭淹没。这表明才智不断被天性淹没这一事实。但是，科学的高度发展使得习惯与智力在以往各专业中的作用发生了彻底的转变。由于这一翻天覆地的变化，各种职业机构获得了国际的生命。每一个这样的机构虽然是在本国活动，但它的生命之源却是全球性的。如此一来，忠心便越出了主权国家的范围。

也许，这些机构最重要的作用便是对个人职业能力的标准以及职业实践的标准进行监督。由于有这样一个目的，所以大学与更专业化的机构才有了复杂的交错关系。正是在这儿，出现了关于自由的问题，因为受到非难的并非是人的意见看法，而是人的学问和能力。所以在更重要的思想领域，人们可以自由发表意见，也可自由进行大量不同的实践活动。社会获得了客观信息，诸如个人具有多大的重要性、应该认可多大的行动自由才是不碍事的等等。无论所干者为何，人们都可以让它接受普遍职业见解的检验；职业见解是通过由各种机构组成的网络来产生作用的。更有甚者，此刻非职业人员也可得到更大的自由，因为重大的职业组织，只要其是有效率的，就应该能够指出越轨见解的危险。就这样，突然的行动尚未露端倪，理性便占据了坚不可摧的壕堑。个人的自由是独立于组织之外的，它确实具有不可或缺的作用，因为所有的组织 78都有可能衰亡，而允许外界批评则是各种职业最好的自我保护措施。

　　现代法学理论所说的主权国家也有其自身的行动领域和自身的局限。国家代表的是社会的总的智慧，它来自比各科学的主题更宽广的经验。国家充当的是这样一种角色，它对各种不同组织的活动作出总的判断。它可以判断这些组织是否看重能力，它们是否在全世界的同行组织中处于突出地位。但是，一旦它斗胆干涉属于科学或职业领域内的事，它便不是在合法地执行它的权力。

　　举例来说，在教书这个职业里，每个老师显然都不能由着自己的性子教学生。在这个意义上，要求教学上的自由是胡闹。但是无论是所教的课程，或者是教师可以偏题到何种程度，对这样的问题社会是无力作出统一的规定的。只有一个解决问题的办法，那便是听从被认可团体的实践中所表现出的一般职业性意见。人们普遍是诉诸这样一个办法。田纳西州规定，在中小学及学院里，教学的自由要受到种种限制。它这样做是并不错的。但是，当它公然蔑视某个在全世界实际上得到公认的职业意见时，它便表现出对自身作用的惊人无知。不过，甚至在此处我们也不该指责田纳西州。因为，目前关于主权的政治哲学，在道德权威的范围这类问题上是不清楚的。当然，任何人，在任何时候，只要具有有形的力量，便具有了在肉体上强制他人的力量，不管他是土匪、法官，或政治上的统治者。但是，道德权威却要受到限制，限制它的是一种能
79 力，这种能力是用来实现那些其直接价值被有识之士清楚理解的目标的。倘若在根本上无能，政治忠诚也是不顶用的。

我们对专业团体的各种作用作了详尽的思考，因为这些作用在现代社会里构成了明显的新奇特色。在古代，就有一些朦胧的预想，比方说雅典的学校，尤其是柏拉图、亚里士多德及斯多葛派建立的那些学校，还有在亚历山大的重要创建。后来，基督教教会的神学家们也组成了一个职业团体，该团体不断要求扩大自己的权威，使之超出了好意的范围。正是由于这些预想，正是由于罗马和拜占庭法律学校的法律上的发展，就自由及道德权威这一问题而言，人们认为现代世界实际上早在亚历山大和奥古斯都时代便开始萌发了。

第七节

眼下，经济组织构成了人类关系中最大的问题。它正在进入一个新阶段，呈现出模糊的轮廓。显然，某种新的东西正在生长。19 世纪的强调个人的自由主义已经衰退，大大出人意料。只要商业中产阶级作为一个要获得满足的团体占据着统治地位，自由主义的学说便是不言自明的。一旦工业主义和教育产生了大量的现代类型的工匠，自由主义的整个基础便受到广泛的挑战。另外，对于大量资金的需求，借助于合法的机巧，使得具有有限责任的商业集团公司应运而生。这样的一些假定的人在生理上是不会死的，只有当其自愿解散或遭破产才会消失。将这种
80 新型的“人”介绍入竞争的场地使得关于契约自由这一独特的自由主义学说的实际意义发生了极大的变化。把这样的自由作为人类成员的一种自然权利来要求是一回事，把它作为集团公司这样的假定人的权利来要

求则完全是另外一回事。另外，私有财产这一概念在远古时代的西奈山脚，甚至在 18 世纪，是简单明了的。在存在着原始道路、微不足道的排水管道、私家水井的时期，在尚无复杂信贷系统的时期，在付款便意味直接付金块的时期，当每一工业尚是合情合理地自给自足之时——简而言之，当世界尚不是现在这个样子时——私有财产到底意味着什么是十分清楚的，它与目前的法律假设大不相同。今天，私有财产这一概念主要是一个法律假设，除去了那样的法律规定，它的轮廓完全是不明确的。那样的法律规定可能是，不，几乎当然是组织社会的最好方式。但当我们在对付它时，"自然的声音"却是一种微弱的回响。柏拉图的《共和篇》中关于公正的模糊观念与今日关于私有财产的模糊观念有明显的类似性。现代的工匠，正如旧时的特拉西马库斯（Thrasymachus），很可能会把私有财产的定义视为"强者的意志"。

当然，这些关于财产性质的极端说法——或则简单地肯定，或则简单地否定——都是夸大之辞。具有种种绝对权利，具有规定充分明确的外部关系的契约能力的绝对个人，整个这一概念已站不住脚了，因为人在其存在的每一事态中都不能与他的环境相分离。存在事态所继承的环境内在于事态之中；反之，人的存在事态也内在于它所帮助传播的环境之中。关于社会从传统基础向契约基础转移的最受欢迎的学说，是建立在肤浅社会学的基础之上的。传统的方式是回避不了的。这一方式不过是内在于人类每一存在事态中的继承物的别名而已。传统方式总是不可避免地存在着，是一个不可回避的条件。另一方面，被继承下来的传统方式从来都不是一种充分的决定条件，总是存在着决定个别情况的自由。在高级人类社会里，传统的事实总是作为一种基本成分存在于每一契约义务的意义之中。契约无一不是以传统为先决条件的，传统也无不留下漏洞让自发的契约来弥补。正是这一真实事态赋予了英美的习惯法强大的生命力。在有经验的专家手中，这是一个工具，使他们得以用潜在的传统方式为依据来解释表面的契约。任何语言条款都不能充分说明预设事实的变化不居的背景。对于每一社会制度内的主要利益集团来

81

说，变更的只是普遍意识经验中契约因素与传统因素两者的相对重要性而已。二者之间的平衡，幸与不幸，都主要取决于该社会所提供的社会遗产的类型。但是契约是自发性的一种表达方式，否则它便是无意义的，一种无效用的意识姿态而已。

说到底，除了全面协调的继承，一切都是无效的。偶然的自发性只是一些突然闪现的想法，它们相互抵触消解。观念则需证明、梳理、传播，并与背景协调。最后，它们才变成具体的行动。现代文明的明显标志便是，那种以实践某种观念为动因的机构增加了。在古代文明中，思想主要是解释性的。它的创造性只表现在个人的行动中。但是，共同的行为先于思想。古代的诸神，无论是作为观念或是人，并未创造雷雨，它们只是解释了它。耶和华并未创造希伯莱的部落情感，他只是解释了它们。他从未制订一个开启希伯莱历史的契约；关于契约的观念只是一种解释性的。这一观念具有影响，但它是作为一种对部落历史的解释而出现的。尽管如此，它加强了一个先在的事实。《旧约》很接近古代和现代的分界线。这一分界线便是希腊文化。区别只是比例的不同，多少之不同，但比例的变化达到一定的程度便关系重大了。在古代生活的最后阶段，人们执著而模糊地认为，共同行为一定是发源于观念。所以，在他们所想象的历史中，无意识地引入了他们对过去的种种解释，这些解释与他们的现在有模糊的关系；奇妙的解释，难以置信的，适于让学者来揭秘。它不过是将来投回到过去的影子。

回过头来谈生活中的经济方面。我们可以看到在古代世界存在着部落与部落之间、国家与国家之间的经济交易，也存在着工匠、商人，以及银行家诸等人的经济活动，有社会性活动，也有个人活动。从保存下来的西塞罗给阿提库斯的信中，我们可以看到西塞罗财政方面的一些忧虑。这些信很类似吉朋给霍尔罗德（Holroyd）的信，它们表现了18世纪教养良好的欧洲的特色。当然，西塞罗的事务是足够复杂的。古代世界在经济活动方面并不短缺。为了弄清阿提库斯对西塞罗财政见解的想法，牺牲许多拉丁文学作品不读也是值得的。甚至两千年之后，要想对此题目不怀有友好的关注也是难事。也许西塞罗遭杀害之时，他刚好才停止了思考关于破产的那一大堆乱七八糟的事情。

那一古代世界之所以是现代的，既表现为那些等待着我们这些后来者的种种有形的事实，也表现为它的种种社会复杂事物所引起的阵阵焦虑的涟漪。当时，人类的智力特别发达，产生了富有观点的一代人。我们现在的一些哲学观念、宗教观念、法律观念以及现代政府组织的模型都发源于柏拉图与查士丁尼之间的时代。当小普林尼讨论家长是否应成为他所创办的语法学校的校董事时，我们便有似曾相识的感觉。阿波利那里斯（Apllinaris）就是许多新英格兰绅士——教会的或俗世的——的前身。但是在那个期间，观念的酵素并未持续发展一个相当的时期，以至得以用许多发源于明晰思想的团体组织来转换社会。尤其是大型的商业集团公司，尚须等到现代才能出现，诸如热亚那的圣乔治银行、英格兰银行以及那些与印度和东方做生意的大型贸易公司。阿提库斯是个银行家，但他却并非是一个银行集团的总裁。私人的财富存在异教的寺庙里，但寺庙却是虔诚忠于传统宗教礼仪的团体。国税是由罗马资本家的私家集团公司承包了的。这儿我们接近一些现代的概念了。但是，无论如何，所有的这些 publicani（包税者）从事的是一种直接服务于国家的工作。他们的活动是社会性质的、传统的，有一点点现代集团公司的样式。毫无疑问，现代商业组织的许多雏形都能在当时找到。那些时代属于现代世界的范围，但是它是襁褓中的现代商业。固然，这儿所引的关于现代商业活动的例子属于一个中间时期，只是到了最近，观念的影响才使得商业活动产生了充分的经济效益。但是，凡是在观念生效的地方都存在着自由。

第八节

不幸的是，自由的概念被专事描述自由的文学作品挖去了精华。文

83

84

学家、在各色图画里驰骋想象的艺术家们表达了反传统的惊人思想。有关自由的概念被狭隘地描写成沉思的人们惊世骇俗这样一幅图画。当我们想到自由时，我们很容易只局限于思想自由、出版自由、不同宗教见解的自由。于是，对于自由的种种限制便被认为是完全来自我们同类的敌意。这完全是个错误。出自肉体天性的大量习惯以及这一天性的铁的法则，决定了人类苦难的领域。生死、冷热、饥饿、分离、病痛，这些都是表明人类的目的不能实现的总的情况，它们都是限制男男女女的灵魂的因素。我们的经验与我们的希望不是同步的。柏拉图式的爱指的是灵魂战栗使自身获得生命及运动，这种爱是残缺不全的。自由的实质便是目的的可行性。人类遭受苦恼，主要是由于其普遍目的的受挫不能实现，这些目的甚至包括给它的物种定义这类的事。文学对自由的描述涉及的主要是些鸡毛蒜皮的事。比较起来，希腊神话则更中肯。普罗米修斯并未给人类带来出版自由。他设法弄到了火，火可以烧饭、供暖，这十分符合人类的目的。事实上，行动自由是人类的基本需要。在现代思想中，这一真理是以"对历史的经济阐释"这样的形式来表达的。

"经济阐释"本身便是一个新颖的思想，它出现于最近的六七十年。这一事实阐明了一个重要的社会学事实。在历史上的所有时代，文学世界都主要属于基本人性需要已得到充分满足的那一部分有幸的人。有些搞文学的人终身贫困，很多人偶尔受贫困之苦。这一事实使我们震惊。而这一事实之所以被人们记住，正是因为它是罕见的。有幸的阶级们对于这样一个事实是视而不见的：在各个时代，有大量的人们成天在担心以下的灾难——干旱、夏天的涝灾、歉收、家畜疾病、海盗袭击。但是，当种种基本需要得到经常性的满足后，它们便被人们习以为常而不再去想了。对美味的追求代替了只求一饱肚腹的兴趣。因此，那些刺激有幸的领导阶级去进行自觉活动的种种目的便有了长远的前景，并带上了美学的色彩：权力、光荣、将来的安全、统治机构的形式、奢侈品、宗教、刺激、对异己方式的憎恶、沉思的好奇心、消遣等等不一而足。人类之所以存活下来，是因为它养成了一种易于兴奋的性质，这种性质使它能迅速地适应新情况。这种易变的适应性很快地发展而成为少数人对事物的更抽象的兴趣这种简单形式。当群众的经济要求与某个简化了的理想目标吻合时，便发生了巨大的骚乱。理智和本能联系起来了，于是某种古老的社会制度便消亡了。但是人群总是存在的，他们要求至少得到最低限度的满足，虽然他们的生活标准此处或高彼处或低，有升也有降。所以，甚至当那些少数掌权时，生活中明白的经济事实必然是社会发展过程中的统治力量。尽管如此，总的说来，群众在理性方面是沉寂无声的，虽然少数人的更理想的目标，无论是好是坏，已渗入人心，根据数代人的幻想指导着各种政策。而在要求实现这些普遍目标的强烈愿望中，人们会发现对自由的基本要求。那些普遍目标是由理想和种种经济政策融合而成的，它们构成了历史要素。只要某个群体被某一普遍的渴求所支配，对于政治家来说，自由便不是一个怪异的问题。种种部落行动不可避免地会形成，而该群体便会被推动向前，或则实现其目标，或则受挫失败。

在现代国家里，存在着一个错综复杂的问题。社会上存在着不同类型的人，而自由就意味着在不损害整个社会统一目标的前提下，在每类人之内实现必要的协调是可能的。而这些统一目标的其中之一便是这些多方协调起来的、各个类型的人组成的群体，应该对总的社会生活的复杂模式作出贡献，各自贡献自己的特色。这样一来，个性从协调中获得了效力，而自由则获得了完善自身的力量。

这便是政治家的希望，是漫长的历史进程耐心地向我们展示的解决方案。但是，它并不是鼓励人们去超越人类种种局限性的那种直觉。不管怎么说，灵长目的社会，动物的社会，地球表面上任何生命的群集，都不过是无常的细枝末节。存在着一种超越具体情况的自由，它来自这样的直接的直觉：生命的基础在于它可以融于万变中的不变。这是柏拉图当时摸索的自由，是斯多葛派及基督徒们从希腊文化中获得的赠品。它是直接来自一切和谐之源的那种善德的自由，因为足够的理解便是它的唯一条件。理解有这样一种品质：无论它被如何引导，它都流入灵

86

71

魂，使自己的性质无拘无束地符合最高级的洞见。这是自由与真理的强制之间的一致。在这个意义上，囚徒可以是自由的，只要他具有那种最高级的洞见，只要他内心具有说服他走向那种和谐——即生存的制高点——的力量。

第五章
从征服到说服

第一节

　　人类公共生活中，各种说服作用的逐渐发展并不完全是因为观念的加强。就是理智活动的习惯，也是由每个地区内的、地区与地区之间的社会生活中缓慢而自然发展的相互说服交往促进的。显然，每一家庭团体的存在其中都夹杂有爱、依赖、同情、说服以及强制。在以往的任何一个时期都不可能完全没有人类关系的更温柔的模式。的确，残忍可能是后期发展起来的，那是由于自私自利之心增强了。这种品质最初出现时很可能是为了维护社会，不过它后来发展得过头了，限制了低水平生活向上发展。我们发现文明化的社会与两类强制进行着斗争。一是吃、穿、住这类的自然需要；二是协调社会活动的需要。这种协调的需要部分地来自天生的习惯，时时受到好意的维持；部分地来自社会其他成员所行使的强制；部分地产生于合理的说服。只要合理说服的领域扩大了，便会产生这样一种环境：在这个环境中更高级的脑力活动以及更微妙的感情便会为人所用，为人所喜。但是，随着理智的生长，需求的范围减少了。人们在一定程度上掌握了自然。于是，对说服的广泛依赖产生了向上进化这一回报。至少，它产生了有利于向上进化的条件。

在本章，我们要研究一些自然需求的影响，比如对吃穿的需求；也要研究一些活动的影响，比方说商业，它很自然地促进了社会内以及社会间的说服的影响。同时，我们也要研究这些说服的作用是怎样过渡成为不同种类的不安的。

我们要研究的那些活动，活跃了若干个世纪，也就是好几千年。激发了希伯莱的先知们以及希腊的哲学家们的那些理智的酵素正是以这些活动为基础的。的确，没有那些持续的生气勃勃的作用，人类的理智生命将枯萎，成为无根之木，不能为思想或目的提供任何物质内容。

第二节

本章所使用的商业这一术语将具有引申义。它包括物质商品的交换，以及为了这种交换目的而进行的生产。它也包括货币的管理。货币是一种习俗化了的商品，除了作为货币的作用而外，它可能但不一定必然具有某种自身的内在价值。最后，我们将要将这一术语的意义延伸出这些范围之外，让它超出物质事物的界限。在其最广泛的意义上，人类的商业涉及以相互说服的方式所进行的各种交换。

所有的商业价值都是心理的。换言之，这些价值要由人类群体对某些大宗物品的广泛欲求来测定。这种欲求可能与某些出自占有或剥夺的物质需要紧密联系，比如为了疗饥或以饥饿相逼。当全然没有那样的物质需要或审美事实时，占有物质的唯一的优势便在于有重新交换的机会；这时，我们主要关心的便是建立在信用基础上的货币。在人类行为的这一领域，人类的种种心理特性产生了最充分的影响。即便是关于货币，也常常是没有确定的契约的。但是，占有物质的优势在于对人类某些固定习惯——即那些不以维持生命的物质需要为基础的习惯——的信任。举例来说，金子这种通货的信誉取决于人们在习惯上高度看重对金

89

74

子的占有。这一习惯的历史颇久，且很复杂。这一历史中稍后的一个事实便是，人们有了将金子制成的硬币用作交换媒介的固定习惯。另一个事实便是，人们毫无根据地相信，金子的价值主要不在于它作为货币的用途，因为它有审美以及冶金学上的用途。再一个事实便是，人们坚信，只要人们普遍将金子用作货币，任何政府便不能任意增加其金币储量。金子的所有的这些特点都是可以改变的。在遥远的将来，化学上的新发现将会使得生产金子如同生产纸币一样的容易。那时人们对金子的迷信崇拜将会消失。世界各国政府也许更喜欢纸币，其原因可能是，他们可以按照他们的意愿任意地增加纸币的数量，就这样将社会从一种物质强制中解放出来。但是，根本的事实在于：只要人类的大多数认为金子是财富，金子便是财富；一旦这种看法消失了，金子便不过是一种普通的金属而已。 90

货币只是人类依赖习惯的一个特别的例子。所有的生产者和零售商都属于这种情况。在宗教用品的商业中，比如中非的偶像生产，某些国家为了给卡尔文派和一神教派的教士提供罩衣而进行的黑袍子的生产，人们可以发现一个这类的极端例子。但是，大多数商品都属于一种混合类型。在气候温和的地区，连衣裙是一种物质需要，但连衣裙的各种式样却取决于人的兴趣爱好，事实上是花样繁多的。就连食物这种比连衣裙更迫切的物质需要，在现代也包括大量的供人们选择的取舍对象。以上种种考虑其结论在于：商业的学说必须建立在与需求、习惯、技术和流行知识相关的种种设想的基础上。但是，习惯、技术和知识在不同的时代是不同的，甚至在同一个时代的不同群体中也是不同的。所以，任何商业理论都依赖于对相关群体的预测，同时也不能被应用于这个范围之外，除非先对更广泛的群体进行一番直接的调查。举例来说，技术上的任何重大变化事实上都要改变相关群体，因而便需要商业理论上的相应变化。这一结论为经济学说的大师们所熟知，但是，显然的，它尚未引起从事商业理论及实践、从事政治管理的大多数人的足够注意。19世纪风靡的古典政治经济学主要以对18世纪北欧和北美的中产阶级的 91

社会学观察为基础，同时也部分地参考 18 世纪以前地中海地区的商业。其他的一切，虽然在欧洲另外的群体或其他洲历历可辨，但都被当作是与纯商业实践无关的干扰而弃置不予考虑。

经济学的发展事实上要受与之密切相关的阶级的道德化倾向的影响。他们认为完善文明中的主要职业就是商业活动，这一理想导致他们去考虑应该是站得住脚的经济学规律，但却使他们忽略了本来就站住了脚的经济过程。举例来说，在 19 世纪的英国，激进的生产者们反对制定反假货法，他们这一行动的理由是这个公理：Caveat emptor（货物出门，概不退换）。在这个事例中，这些人的有关社会的个人主义的学说与他们的这一先入之见结合起来：可尊敬的男男女女们主要从事保卫他们所有细微的商业利益的活动。这使得他们忽略了普遍事实的种种问题。在研究观念时必须记住：固执地追求明晰是一种一厢情愿的、纯粹从感情出发的做法，这种固执的做法好比是一层雾霭，掩盖了事实中的种种恼人的纠结。不顾一切地追求明晰，其根源不过是迷信人类才智赖以发挥作用的方式而已。我们的推理为了获得前提抓住的是稻草，为了得出推论又在游丝上飘浮。

第三节

又一个由于判断失当而造成简单化的例子便是对马尔萨斯人口原理的利用。这一原理，只要准确严密地叙述出来，是不可否认的；除非抑制性欲、抑制生育，或抑制生存，否则人口的增长是以类似几何级的规律进行的。同时，如果不进行这些抑制，由于一个不容忽视的差，以几何级增长的人口的数量便会打破人口与生活资料的平衡。再者，生活资料——食物、衣物、住所——只要它们是一定的工具所提供的，便只能通过生产更多的这些工具来求得增长。这样的额外的生产，即使是可变

92

的，必须与一般类型的算术级数一致。但是几何级数总是超过算术级数的。所以，根据马尔萨斯的人口原理便得出这样的结论：人口的增长总是超过生活资料的增长。于是得出了进一步的推论：除开一些例外的短暂时期而外，社会的正常结构便是——少数的人，依赖遭受饥饿及其他种种不便的大量的人们的劳动，过着相对富裕的生活。

这些社会学的结论，如果确实是那么回事，对于商业来说是极其重要的。这儿所说的商业是经我们引申了其意义的那一术语。这些结论之所以重要，首先是因为，社会的正常结构已被其明确定义。社会是由少数的幸运者及多数的半贫困者组成的。所以，从长远的观点来看，生产者必须设计其生产以适应这些种类的顾客。同时，必须打消那种在工厂里人道地改善条件从而进一步改进社会制度的梦想。当然，在局部的地方，作为孤立的善行，这种梦想是可能实施的。但是，就长远而言，应该有大量的劳力，受饥受穷，愿意为那一点仅够维持生计的工资而工作。利用这些廉价劳力的工厂，将会把那些靠天真的人道主义经营的工厂挤垮。所以，社会制度的最终改善不过是海市蜃楼而已。只要医学拯救更多的生命，便会有更多的人挨饿。

马尔萨斯人口原理所得出的这些社会学的结论首先假设：所有的那些对人类增长的抑制事实上都是次要的，只有当人口增长到过剩的程度那些抑制才是最重要的。其次，这些结论假设在马尔萨斯人口原理发挥作用的那段时间里，不会出现由于技术的改进而引起的生产力的突然增长。也许那种技术的改进甚至会导致人口的额外增长。第三，这些结论假设，人口的迁徙不会严重影响相关人口的地区分布形势。事实上，存在着一个依赖诸种因素平衡的复杂局面。倘若武断地抓住一两个因素而将其余的因素贬斥为次要的干扰，那么便可能推断出任何人口原理。所以，马尔萨斯的人口原理，连同它的推论，并非是铁定的必然。它只是事实所固有的一种可能性，能够给某些人类社会，或者所有的人类社会的种种情况提供解释。

借助于观察立刻就可发现马尔萨斯学说的重要性。中国和印度这两

93

个社会都提供了例子来说明他的人口原理。这两个国家都有庞大的人口，其生活水平几乎到了仅够维持生计的危险边缘。所以我们可以得出这样的结论：对于几乎半数的人类，马尔萨斯对最近几个世纪——也许还要延续更长的时期——的一些重要历史事实提供了解释。印度和中国便是那种文明社会的例证：在近代历史中的很长一段时期，它们以有限的技术，在固定的地理位置维持生计。它们提供了确切的条件证明了马尔萨斯人口原理的价值。

我们转而看欧洲各种族，情况便更复杂了。表面的事实是，从查理94 曼至今的 11 个世纪期间，人口的持续增长一直伴随着同样持续提高的生活标准。因此，简单地应用马尔萨斯人口原理，妄将人口的密集与生活必需品的匮乏联系起来是不行的。当然，对于这一局面是有现成答案的：那些抑制，即那些被主要的马尔萨斯主义者明确承认的抑制，延缓了注定的结果。但是，欧洲，甚至西欧，也可算是一个广袤的地区；一千年的时间是以往文明历史的六分之一，不可谓不长。明确的事实是：在那一千多年间，在欧洲地区，所谓的种种抑制不过是马尔萨斯人口原理所提出的一种盖然性未曾实现，也没有价值。而且，这些抑制甚至与人口的密集也无必然联系。比如说，瘟疫就主要来源于不卫生的习惯，盖由于老鼠、昆虫，以及细菌的密集。在黑死病期间，倘有马尔萨斯分子讨论有关过高人口出生率的问题，那无异于痴人的梦呓。在那种情况下，肥皂、水、排水沟才是解决问题的关键。三十年战争使得德意志诸侯人口减半，其原因是多种多样的，有的可信，大多数则不可信。但从未有人说过，德意志人口过剩是导致其人口减半的原因之一。毋庸讳言，在中世纪，甚至在文艺复兴时期，存在着大量的悲惨现象。比如，我们读到过关于农民起义的记载。但这些悲惨现象的多少显然并不与人口密集的程度成比例。比如，16 世纪初期，人口密集的佛兰德就远比德意志的乡村地区繁华，而人口较稀的乡村地区当时却时有农民起义发生。这两者之间的不同，当然是有原因的。这些原因太明显，不值一提。但在诸多的原因中有一个明显的事实：要讨论欧洲的社会学条件，95

马尔萨斯的人口原理与这种讨论是无甚关系的。

第四节

不过，历史上颇有些这类事情是彼此相关的。比方说，孤立地讨论西欧的发展便是错误的。欧洲一直与近东相互往来，其历史受到重大影响。此所谓近东，指的是那一广大地区，包括沿海的三个大都会地区——君士坦丁堡、美索不达米亚、尼罗河三角洲；还有阿拉伯沙漠，连同它那富饶的边缘地区，以及小亚细亚的高原及山脉。旧大陆的文明史便是亚洲边缘四大地区内部发展之历史。这四大地区即：中国、印度、近东以及欧洲。不研究这四大地区之间的相互影响就不可能理解这四大地区各自的历史。举例来说，希腊时期及希腊化时期的历史就包括这样一些内容：近东的古代文明是如何促使欧洲新文明产生的，欧洲文明如何坚持摆脱曾养育过它的社会制度。比希腊文明更古老的文明随后的衰落是历史的悲剧，罗马帝国的衰亡已显其先兆，其帝国制度当时已回复到东方的理想。

中世纪欧洲与近东的相互影响可分四个标题加以讨论：马尔萨斯学说、宗教、技术、商业。但必须要记住，这段历史上的所有的重大事件都是由诸种原因综合引起。那种穷则图变的社会学理论实则是一大错。事实上，穷至难以维生之际，往往是雄心壮志消磨殆尽之时。马尔萨斯所谓的那种穷而图变的欲望实产生于有教养且意志坚强的人口。当其对人口日增而资源日减的现实稍有感觉，则生出征伐掠夺之心。历史上尚无证据可以表明，中亚诸朝廷或阿拉伯诸部落当时的征战讨伐是由于受到饥饿的威胁。也许当时生活单调乏味，使人渐生不安分之心。但鞑靼人及阿拉伯部落的暴力征伐实则是出自渴望冒险的欲念，对异国奇珍异物及宗教的梦想。马尔萨斯所谓的促使人们采取行动的压力，其第一阶

96

段，也即较危险的阶段，正表现为对豪华生活的梦想。此阶段之后，则表现出衰落。不过，他们最初不安躁动的情绪或则会披上理性的外衣，或则会假托宗教的分歧。于是，便会出现一种新的群众宗教，自称肩负着征服世界、扫除异端的使命。事实上，人口日增而威胁资源，是各大地区之间、同一社会制度中各阶级之间相互争斗的主要原因。这是历史上常见的事。总体而言，这类争斗都是对文明的摧折，会造成什么结果实难逆料。而文明却并非是原始自然的平均结果，它要依赖选择作用的长期效力。

千余年间，欧洲内部情况发展变化，使得马尔萨斯的人口原理不再具有价值。三个原因导致了这样的局面。一是商业的扩张；二是技术的发展；三是新大陆的发现。这三个原因是相互联系的。每个原因所牵涉的活动都可看成是人们追求生存的手段。但关键在于人类从中逐渐磨砺了情感和理智，使之更为敏锐。所以在幸运的社会里，经济的压力刚刚才露出端倪，便有人作出异乎寻常的反应，采取过激的物质和理智行为。于是专业始而是谋生的手段，最后却成为人们的喜好。这在欧洲导致了新奇事物的出现。于是产生了商业、科技以及地理知识。这些便使得马尔萨斯社会学说所预示的种种后果不为人所见。

导致科技发展及地理发现的中心活动是商业。我们现在所说的欧洲是自查理曼大帝起以后的时期，不含此前的六百年。倘含那六百年，则欧洲种族大迁徙也是一重要因素。但在我们谈到的那个时期，欧洲大规模的种族迁徙业已结束。斯堪的纳维亚的北方人虽仍然四处移动，但其规模已算不上是大迁徙，可视之为欧洲前所未见的最强悍的统治阶级的向外扩张。诸如克努特大帝率丹麦人征服英国，诺曼底贵族入侵法国、英国及意大利南部。不过，他们的这些行动尚不足以遮蔽马尔萨斯的人口原理。他们在所到之处都建立新秩序，而秩序则正是人口增长的条件。优良秩序必然导致人口增长，而人口增长则不能回避必然的社会后果。话说回来，列举该时代种种热门活动与本文所讨论的主旨无关。天主教会之种种活动、经院哲学之种种争论、圣罗马帝国、建筑成就、文艺复兴时期人们对艺术及文学的兴趣、宗教改革，凡此种种均与此处讨论的题旨无直接关系。我们要讨论的题旨是：如何回避马尔萨斯指出的人口过剩所引起的后果。就算是人口增长了，迄今为止历史也只为我们昭示了三条逃避其后果的道路：扩张商业、改进技术、利用未开发地区。据此，在社会学意义上我们可将文明社会基本分为两类。一类是具有此三个条件中任意一种或数种的社会，另一类则是不具备这三个条件的社会。不过，就其引申意义而言，商业其实包容了另外两个条件，是繁荣的文明必不可少的核心因素。倘若某一人口的商业停滞、技术老化而又无任何地区可供开发利用，该人口便会委顿凋残。举例而言，中国、印度虽存于世，却贫穷至极，其人民委顿衰弱；罗马帝国也由委顿而至衰亡；今日的近东，不过是昔日辉煌城市的废墟。所以核心的因素是商业，尤其是那种勇猛进取的商业。

　　查理曼大帝之后，封建制度缓慢发展，最初三百年间，人民虽艰苦劳作，也仅可勉强维持生计。这正好说明了在文明的初级阶段，马尔萨斯的学说是适用的。为了应付日益增长的人口，唯一的办法便是毁林开荒，不断增加耕地使之以算术级数增长，直至达于极限。与此同时，土地的肥力也被穷尽，所以在 18 世纪末，休耕的土地触目皆是。这正好证明了自然限制农业的铁定法则。而技术的实质便在于武装人类，使之突破不驯服的自然强加给人类的种种限制。迄今为止，轮作法、对肥料及遗传学的科学研究，已经使得食物生产不再受到以往的限制。

　　在文明的那些早期，马尔萨斯所提出的人口原理确实制约着人类的生活。他所谓的"遏制因素"确实发生了作用，故人口几乎没有增长。但随后商业缓缓发展，贸易中心得以建立，使得城市自由民及行会获得了经商的特殊便利；犹太人及朝圣者传播了新奇知识；地中海地区的商业贸易以及后来的十字军远征使欧洲人窥探了近东，大开了眼界；近东的寺庙贮藏着丰富的知识——凡此种种都逐渐消除了自然对人类求生的约束。就技术及一般商业活动而言，欧洲人的生活开始向近东及中国的标准靠拢；不过，虽然这些古老文明的技术及社会组织已具一定水准，

98

99

它们当时即将要面临诸种新问题，这些问题在限制人类方面同样是毫不留情的。

第五节

凡有一种思想流行，自然必施之以相应的铁的法则以限制其生长。虽然如此，自然却是可变可塑的。现代历史发端之时，欧洲人的理解能力已进入一个新阶段，这使得他们能够提出新的选择力量，那是以往文明未曾想象过的。那种将自然和人分别看待的学说，实在是一种错误的两分法。人是自然所包含的一种因素，这种因素最鲜明地表现了自然的可塑性，自然可塑，则可出现新奇的规律。从此观之，那种将自然视为不变的自然一致论，与有关魔鬼及圣迹的学说是同属一类的，虽然表达了部分真理，却留下了不少漏洞，不足以说明包罗万象的宇宙。可见，人阐释经验的理论会束缚人的手脚，限制他对世界所采取的行动。

何以欧洲生活避开了那些制约中国、印度及近东的种种限制？要了解其中原因，就需要再度研究各个不同时期流行的对商业的看法。我指的不是对贸易的记载，而是对制约商业关系的种种不同心理的记载。要理解一个社会，必须认识何种人在该社会中发挥何种作用，非如此不足以达到理解的目的。须知，中国及巴格达在其繁荣的顶峰时期，其生活方式在众多方面都较我们更文明。因为它们当初的确是伟大的文明。但后来，它们却停滞不前了。它们停滞不前的原因正是我们研究的要点。要达到这一目的，我们既要认识其繁荣的原因，也要认识最后阻碍其进步的樊篱。这样的一个野心当然有些荒唐。因为如果做到了这一点，则意味着社会学的主要问题获得了解决。其实，我们所能做的仅是记录不同时期不同地区广为流行的种种心理表现。

有明显证据表明，古代的中国及近东有活跃的商业活动，其时期相当于爱琴海流域的前希腊时期及希腊时期。这些地区也有规定商业问题的法典。巴比伦及尼尼微地区发掘的古代断碑残简中，也可见商人间私人往来的大量记载。三千年前，无论在美索不达米亚，抑或在中国，信贷可能为人所普遍使用过，这不算奇事；也有越出到近东境外的对外贸易。也有证据表明，印度与埃及之间曾有海上贸易，甚至中国与埃及之间也可能以锡兰为中介有过海上贸易。当时的中亚已接近其繁荣的最后阶段，随后便沦为沙漠。不过这地区似乎有一通道，使中国与近东得以进行繁荣的陆上贸易。这些伟大的文明就是如此依靠内外贸易得以维持的。此外，还有半野蛮的欧洲的整个海岸线——黑海沿岸、西地中海沿岸以及欧洲的大西洋沿岸。

与 15、16 世纪相比较，腓尼基人的航海术可谓相对落后。但是，其水手的冒险精神，其商人的进取精神，与后世相比一点也不逊色。他们的大无畏精神是后人难以超越的：且想一想当初古人的地理知识是何等贫乏！由此看出，腓尼基人在海上贸易中所表现的冒险进取精神真可算是勇气的极致了。希腊人也善航海，但是开风气之先的却是腓尼基人。后世希腊罗马人航海所到的海岸，无一不早被往昔腓尼基商人所涉足。甚至公元前 6 世纪迦太基人汉诺探险所到的非洲西海岸，在前也早为近东人探访过。待到西欧人冒险涉足该地时，大约两千年的光阴已悄然逝去！近数百年来，欧洲诸族对于近东的伟大成就已有淡忘之势。然而正是近东诸族，在无前人的榜样可借鉴参考的条件下，将人类从尚未完全直立的蛮夷状态引导至文明的顶峰，其在艺术、宗教、探险诸方面的成就至今尚无人超越。他们文明的鼎盛，靠的是商业的扩张、技术的发展以及新大陆的发现。然而除这些而外，还有一样东西未被提到，那便是人的灵魂。

欧洲最初企图进犯近东，以建立一个广泛的欧洲文明。这一企图未能奏效，近东存活下来了，而且并未丧失其活力。欧洲的这一企图体现在罗马帝国的西部，它维持了 450 年，或者 500 年。这段时期始于恺撒、奥古斯都时代，止于公元 410 年阿拉里克攻陷罗马时。这一

101

企图未能奏效，其原因并不在于帝国政治制度的衰亡，因为这样的国家制度不过是文明表面的临时措施。真正的原因在于：公元600年时的欧洲已倒退落后，其文明程度尚不如公元100年时的欧洲，即使与公元前3、4世纪的西地中海相比也落后远甚。6世纪的教皇圣·格列高利与索福克勒斯、亚里士多德、厄拉多塞、阿基米德等贤哲比较，也逊色很多。圣·格列高利的确是他那个时代的伟人，可惜文明中精妙的东西——表现在艺术、思想或人的行为中的那些东西——在当时并不受人们重视。

当时的西罗马帝国，已经全然没有向外扩张的武力。莱茵河、多瑙河之北是密林，西边是浩渺的大西洋，均无通途可寻。所以自瓦鲁斯（Varus）于公元9年丧师以来，帝国已无向外扩张的实际行为，唯征服不列颠是一个小小的例外。无论就其内部社会职能抑或是外部行为而言，它纯粹是一个自卫的国家。它的学术缺乏大胆的想象，它的探险也未曾发现过任何意义上的新大陆。不幸的是，生命要进取要前行，绝不服从自然的单调机制。自卫的政策其实是自败的政策，这正是我们讨论的要旨。本文此处分析的社会职能，指的是那种提供生命所渴求的扩张和新奇的社会作用。生命的目的就是追求环境所允许的尽善尽美，非如此不足以理解生命。但生命追求的目的常超出现成的事实。目标总是某种美化了的事物，不管该事物何等的低级鄙陋。无生物的自然，其特性在于接受事实。而在有生物的自然中，土壤虽保持不动，植物的根须却在下面蔓延滋生，追求新的生命。而西罗马帝国是没有追求的，它虽残存着躁动不安的情绪，其中一点也不含有任何超验的目标。

基督教当然是一个绝大的例外。但总的说来，它最初的作用却是破坏性的。根据启示录的预言，基督教是不关注俗世的，这未免太走极端。待到它创立几个世纪之后，它才有幸染上俗世的色彩。译介闪米特、希腊及埃及等地的东方思想至西欧，其实产生了不良的影响，使得文明的理想面过于抽象，胜过了它在其发源地的初始阶段。随着时间的推移，情况发生了变化，即使在近东本身，这种思想也产生了同样不良影响。对于早期的希伯莱人，上帝是一个实在的人物，其各种目的可在各种直接的政治及社会情况中得到表现。当时希伯莱人的宗教观念与彼岸世界极少联系。显然，当时的希腊哲学家专心致力于当时的城邦生活去了。但是在异时，尤其是在异地，这种思想及理想便染上了抽象的色彩，失去了实用的性质。于是便产生了这样一个观念：有教养及理想目标的人是繁忙现世的陌生人。的确，柏拉图当初便有这种想法，但这一观念却主宰了远在其后的奥古斯都。自奥古斯都时代起直至君士坦丁后整整一个世纪，教会都将改革现世视为它的第一任务。然而现世顽固地存活下去，使得早期基督徒的那些非俗世的方法无从施展。

然而近东的文明，包括其边缘的拜占廷，还含有活力的其他源泉，这使它避免了重蹈它西部边缘地区衰落的命运。亚历山大的真正继承人，即那些实现了他的把近东文明从底格里斯河扩张到地中海西岸的梦想的人们，属于圣·查斯丁时代及穆罕默德信徒对外扩张的时代。但是圣·查斯丁时代的成功尚不完全，它只能算是虚幻的曙色。穆罕默德的信徒们吸收了希腊文明及希伯莱文明的新奇成分，他们才代表了近东的完全胜利。希腊文化及希伯莱文化是近东的两大分支文化，它们注定是要再造文明的。故近东的文化实有两大高峰。较早的高峰以巴比伦和埃及的高度文明为代表。不过"高峰"这个比喻不贴切，因为这种早期生活方式维持了很长的时期。波斯人的来临代表了一个过渡时期。他们几乎占了穆斯林的先，幸好在当时时机并不成熟。

罗马人不同于拜占廷人和穆斯林。罗马人承接的文明即自身传播的文明。所以文明在其手中只是一凝固之物：其思想停滞不前，其文学则因循守旧。拜占廷人及穆斯林则本身便是文明，他们物质上、精神上的冒险创新精神维持着其文化中固有的活力：他们与远东贸易；他们向西扩张；他们编纂法律；他们发展新型艺术；他们发挥神学；他们改进数学；他们发展医学。在近东鼎盛的最后时期，犹太人所起的作用正如希腊人在波斯时代所起的作用。可惜近东这一文明中心最终遭到鞑靼人和土耳其人的毁灭。

104

鞑靼人越俄国以北，其挺进受阻于波兰的密林及波兰南部的群山。这对于欧洲，真是一件幸事。无论以何种意义解释文明一词，我们都不好说这些近东的征服者们是文明的。在随后的几个世纪中，土耳其人威胁欧洲，但这不过是一种更低级的文明对欧洲的威胁。这种低级文明是原始野蛮与衰落的文雅的巧妙结合。在 18、19 世纪，很多历史都被写成似乎土耳其人才是以往近东文明的真正代表。依此说，则早期希腊文明应是近东文明的对立物，而非其派生物。此说无视欧洲师法近东的漫长历史，是完全错误的。

第六节

待到黑暗时代结束，欧洲便开始再次作追求文明的努力。此时的欧洲，已具备了追求文明的三大优越条件：一是基督教的伦理学说；二是建立不拘于一方一处的法律组织的本能要求，这种要求原本发源于教会，是帝国时期的旧话重提；三是对前贤思想的广泛继承，逐渐归结为对希伯莱、希腊及罗马学术的继承。这三者造成的整体效果是，人作为人，其尊严感增强了。尊崇人类生活的意识，其发展虽缓慢而曲折，也逐渐滋生起来了。这便是人道主义精神，这种精神至此已绵延千年，如今才露出了曙色。

柏拉图曾说过，世界的创建过程便是说服战胜征服的过程。人的价值就在于他有听从说服的倾向。展示出各种好坏的选择，他便能说服人或者被人说服。文明便是对社会秩序的维持，而维持社会秩序靠的便是通过展示更佳选择去说服人。诉诸武力诚然是不可避免的事，然而这恰好表明了文明的失败。这对于整个社会是如此，对于个人也是如此。所以在一个活跃的文明中，总是存在着不安的因素。因为对于观念的敏感便意味着好奇之心、冒险之心及思变之心。文明社会之所以能生存，靠的是其优点；之所以能改进，是因为其有承认自身不足的能力。

　　无论是人际交往，或社会群体之间的交往，都要在征服与说服之间作一选择。商业活动便是以说服方式进行交往的最明显例子。战争、奴隶制、政府强制行为则是靠武力征服的例子。近东诸文明的弱点便在于，他们过分地诉诸武力，社会组织中以说服方式进行的交往活动因此而受阻。征服者压迫被征服者，主人压迫奴隶，这在近东诸文明中已成惯例，从未根除灭绝。而且这一恶习不局限于这些范围，已传染到其他领域。例如男人统治女人便仍然是近东高度文明社会中的一大固有特色。这其实是往昔原始风尚的遗风。虽然只是遗风，其败坏社会的作用却与文明俱增。男女之间不平等似乎是由于女性体力逊于男性，且又要生养子女的缘故。姑且不追究其原因，总而言之，其结果是男尊女卑。东方诸族试图依照男女不同将自身维持在两个不同的文化层面上，同时又让被征服者俯伏于第三文化层面，这种企图是注定要失败的。陶醉于权力必然丧失生活中的细微情趣。统治阶级之所以堕落，是因为他们得意忘形，沉溺于自满之中。

106

　　人类的小群体逐渐获得交通的便利之后，商业活动便开始了。这以前，整个整个的社区也曾迁移过。但是，由小群体或者甚至由个人进行的这种往返旅行的商业活动则是性质完全不同的事。这种活动或则需要空阔之地，无密林的障碍，或则需要在河流和海上航行。在这些活动中，陌生人来到了小群体，但他们决无征服之心，也不会引起惊恐之感。商业活动易形成固定不变的传统格局，这种情况在一些大的区域便曾长期存在过，结果使进步受到阻碍。

107

　　就总体而言，商业不应该是固定不变的。商业活动的实质即在于将各具不同生活方式、不同技术、不同思想方式的形形色色的人们汇集在一起。倘无商业活动，水手的罗盘及其所涉及的复杂理论永不可能到达大西洋彼岸，印刷术也不可能从北京传至开罗。

　　中世纪及现代欧洲的商业扩张得力于三大条件：继承于罗马帝国的驿道提供了陆上交通便利；航海术的改进使得犬牙交错的海岸线能够为

人所利用；天主教会及基督教伦理学说所提倡的团结精神。毋庸讳言，商业扩张过程中间杂有海盗行径、封建领主间的战争以及时而发生的骚乱。然而，商业活动毕竟使不同地区、不同种族、不同职业的各色人等汇聚在一起，以平等说服为基础进行交易。即便是封建领主的城堡，其中的驻守者虽然常怀歹徒之心，但其目的也是用于防守而非用于攻击。封建主征募的士兵作短期服役，其主要作用也在于防卫。后来这一制度的优点虽然消失干净，但在起初之时，这种武装力量却类似现代的警察，或更像是现代的军队。当然它与两者都不同。关键在于当时的封建城堡主要是一种保卫地方安全的实用设施。商业活动的好处还在于它与技术有紧密联系，因为商业活动必然带来新奇的经验，新奇的经验必然会启发人改进生产方法。

除商业外，欧洲的技术也从另一源泉获得了养分。这一源泉便是：清晰思维、批判前提、思辨假设以及演绎推理的艺术。这一重要艺术至少在胚胎状态时为希腊人所发现；后为欧洲所继承。如同其他发明一样，这一重要方法常被人大大误用。然而它对人类智能的影响，只有火、铁、钢对于大马士革及西班牙古城托来多刀剑的影响才能相比。至此，人类不仅在物质上武装起来了，而且在理智上也武装起来了。

于是好奇心大增，昔日所罗门的箴言、圣经的智慧书此刻已显得陈腐，被欧几里德的几何原理、牛顿的物理学、工业的现代时期所取代。而近东最终作出的判断却是："百川归海，普天之下无新物。"诚然，近东有过辉煌的成就，进行过许多形式的活动，但是在那些梦想破灭的官能主义者的毫无价值的批评之下，这一伟大文明终于衰落了。传说所罗门后宫养有妻妾三百，嫔妃七百；近东那些半神半人的统治者们刻意追求的理想便是这种事的变异。这真是对他们武力统治、崇尚权力的报应。变异可能向体面的方向发展，也可能向堕落的方向发展。可见，基督教逃离近东是带着伤痕而去的。

108

第七节

本章对文明的盛衰起落作了粗略的扫描。从这一扫描中我们看到，对社会群体的命运起决定性作用的有四大因素。首先是这样一个无情的法则：倘无超验的精神目标，文明化生活或则会沉溺于声色犬马的享乐，或则会因循沿袭，逐渐地褪去热情。第二，人对衣、食、住的自然需求。这便是自然对人的铁的强制。要满足这些自然需求，人唯有提高理解力以调整自然与人的关系，以缓解严峻的自然法则对人类社会生存的限制。第三，人对人的强制性统治。这种统治有正反双重意义。其正面意义在于，它保障了社会福利所必需的协调行为。然而这种统治一旦超出这个范围，便会有致命的害处。进步的社会便是那些完全信奉第四种因素的社会。这第四种因素便是说服的方式。在人类的所有活动中，有三种活动促进了人类生活中的这第四个因素。一是夫妻之爱及亲子之爱；二是导致人们乐于进行观念交流的求知欲；待大规模的社会出现后，便有了第三种活动，即商业活动。在这些特殊活动之外，出现了一种更广泛的同感。这种同感便是逐渐滋生的对那种精神力量——即致使自然蕴藏着理想目标的那种精神力量——的尊崇。由于这种精神力量，自然便造就了能主动区分这些理想目标的人。对这种精神力量的尊崇之情便是将人当作人来尊敬的基础。它因此保障了这个世界上的生命勇猛前行所需的那种思想及行动的自由。

第六章
预　察

第一节

　　我所谓的历史预察完全不同于准确的科学推导。科学关心的是一般。一般固然适用，但脱离了一定的事实基础，它们便不能决定历史的进程。在同样的规律下可能会出现殊异分歧的历史进程。如果我们对规律有足够的认识，我们便会懂得，历史从过去发展到将来的进程既是由过去所发生的具体事实所决定的，也是由制约万物生长的科学规律所决定的。不幸令人沮丧的是，我们有关科学规律的知识是有缺陷的，对古今相关事实的了解也极度贫乏。所以，就凭我们掌握的这点科学，我们无法逆料在遥远的将来太阳将于何时再次与某一星球相撞；无法逆料地球上的生命将来是什么样子；无法逆料人类的将来；无法逆料一年后历史的发展、明日国内生活的大多数详情；甚至对我们人类能生存多久一事也茫然无知。

　　以上所列举的我们的无知同时也提醒我们，我们并非处于完全无知无识的状态。我们的无知主要表现为缺乏预察能力。我们缺乏预察能力其症结则在于：对于应用科学规律所必须掌握的古今相关事实我们缺乏认识。在有些领域，情况相对简单，比如说在天文学领域，有关事实及天文学规律便足以使人作出准确的预测。至于说到预察历史，其主要的困难则在于收集整理与我们欲作的预测相关的事实。对于科学方法的讨论千回百转最后归结到科学实验。然而科学实验不过是一种烹调事实以期用实例证明规律的方法而已。不幸的是，历史的事实，即便是个人历史的事实，又何其多也！它们纷纭繁复，实在难以驾驭。

所以很显然，仅对某些确定的方法作精微的描述，并不足以完全说明历史预察这一题目。历史预察有两方面的困难，科学则只有一个方面的困难。科学只探究规律，而预察还要廓清纷繁的事实，以筛选出未来据以显现的相关事实。总结规律与廓清事实，历史预察的这两大任务相互比较起来，后者为难。也许，建立系统的预察方法是根本不可能的，但人们可以将注意力集中于人类活动的一个领域，描述在该领域进行预测所需的智力，这是办得到的。无论就世界目前的状况或本书讨论的逻辑发展而言，商业关系似乎是最合适的领域。因此我们要选此领域来阐明各种观念如何使人类进行预测，如何使人类确定目标。

为了避免误解，我必须声明我并无如此的愚见，认为没有个人从商的经验仍可为具体的商业行为提供有用的建议。第一手经验是无物可以取代的。再则，此处所谓的"商业"是最广义的商业，它包括林林总总的活动。任何有用的理论，若能立即应用于某些具体活动，致使一国或数国范围内某项生意繁荣发达，则必须以对该范围内男男女女的相关反应的直接认识为基础。在本书的讨论中，对这类具体知识我决不敢强不知以为知。

另外，还有个普遍智力水平的问题。在当今世界的条件下，普遍智力会促成商业社会的普遍成功。这种普遍类型的智力当然是很复杂的，但我们此处讨论的仅仅是其中的一个公认的成分，即预测。我们还将讨论发展和成功应用这一能力的种种条件。

有人生而头脑特殊，具有某种惊人技巧。我们或可见具有特殊计算能力的儿童，能于一刹那间作复杂的心算；有的人具有特异的预测功能；更有甚者，有的人虽然当前的观察范围狭窄，却在判断事物方面表

112

现出特别敏锐的能力。但尽管如此，银行家却宁可让他的职员学习算术，训练有素的地质学家也比扶乩占卜之徒更受欢迎。银行职员及地质学家的预测能力既是训练而成，那么同样的道理，必然有普遍的训练条件可用来培养广泛的预测力。

将人严格分类，使之分属于具有某种技巧的一类及没有某种技巧的一类，这是十分错误的。这种泾渭分明的分类至为愚蠢。大多数人生而具有某种禀赋。不过这种禀赋若不逢时机而得到诱发，则只有默然潜藏。如果某人并无这种禀赋，则任何方法也无济于事。我们姑且承认人具有这种禀赋，以便讨论训练它的方法。预测有赖于理解。在实际生活中，它是一种习惯。但是预测的习惯是由理解的习惯诱发而出。在很大程度上，理解能力可通过有意的努力获得，也可传授。可见，训练预测力必须以理解为媒介。预察其实是洞察的产物。

113

第二节

需要普遍理解的便是人类社会内部的整个运动，包括它的种种技术以及作为技术基础的生物学、物理学规律，包括以基本心理学原则为基础的人类的种种社会行为。事实上，这一普遍的题目是最广义的社会学，包括它的种种辅助科学。理解所涉及的既然是如此广泛的一个范围，当然就不是个人的能力所能及的。但是这个范围内的每一部分都不是完全与商业中的预测无关的。范围如此广泛的理解，需要多方合作。一个商业社会若主要使用这种全面理解的方法助其进行预测，它便可长期维持它的成功。

如果我们一开始便对比一下理解与常规的不同，我们便将会更好地懂得不同个人的理解。正是这些形形色色的个人理解，构成了理想商业社会中全面理解这一普遍方法。

常规在每一种社会制度中都是最受崇拜的，是商业中的第七重天，是每一个工厂成功的不可缺少的因素，是每一位政治家的理想。社会这台机器应该像时钟那样运转：犯罪者必遭逮捕，逮捕之后必继之以审讯，审讯后必量罪，量罪后必判刑，最终则要改造犯人，使之重新做人。或者可再以制造汽车为例，来同样说明常规。制造汽车始于开矿、掘煤，终于汽车制成出厂，然后公司总裁签署文件分配红利，与矿山公司再度签订合同。在这一常规活动中，无论是卑微的矿工，或是煊赫的总裁，他们所受的训练无不仅仅局限于自己的专业。矿工或总裁的每一桩行动，借用当代生理学术语来说，都是出自条件反射。若常规完善，则只需循章办事，无需理解。即使偶有创见，也仅止于处理寻常事故，诸如矿井漫水、久旱不雨、时疫流行等等。每一种制度诚然都是理解的产物，但一旦完善的常规建立起来了，就无需理解了，维持制度的是协调一致的各种条件反射。此刻，人人只需接受专业训练，无论是总裁或是矿工，都无须理解整个制度。这样一来便不会有预测了，然而在维护常规上，则会有完满的成功。

社会生活建立在常规的基础上，认识到这一点便是智慧的开始。社会若不充满常规，文明便会消失。社会学本是敏锐理智的产物，可惜很多社会学学说都无视这一基本社会学真理，因而未能立驻足。社会需要稳定，预测要以稳定为前提，而稳定则是常规的产物。但常规往往有局限。正是为了认清这些局限并采取相应行动，才需要进行预测。

完满的理解与完满的常规是两大极端，它们从未在人类社会中实现过。但两者相较，常规比理解更为重要。这儿所谓的常规指的是受到偶尔闪现的巧慧修正的常规。至于说到那种能驾驭行为的完满理解，实属一种缥缈的理想，与实际生活格格不入；而受常规制约的社会却触目皆是，数不胜数。昆虫的复杂的群集组织似乎是常规的十足典型。这样的群集组织实现的是长远的、复杂的目的：它们之中划分有明晰的等级，从管哺育的到做苦工的，从做苦工的到工作的，从工作的到打仗的，从打仗的到守门的，从守门的到王后。这样的群集组织关心的种种需要是很遥远的，如果以它们个体成员相对短暂的一生作为度量的单位来比较，情况尤其是如此。

说到生存的能力，这些昆虫群集真是惊人地成功。它们似乎已有上万年的历史，也许是上百万年的历史。如果有人认为它们借助了人类的高级智力来建造了它们的复杂群集组织，那就大错而特错了。这种错误的一个特殊例子便是这样的一个流行看法：任何一种群集的常规，只要它的目的是我们分析不清楚的，便是愚蠢的。我们可以观察到，昆虫从事复杂的常规活动，但对于这些常规活动的目的，它们却不可能是理解的。而这些常规活动，无论对于它们个体的生存或整个物种的生存，都是至关重要的。

然而所有的这些昆虫群集都有一个共同的特点，那就是：它们并不进步。正是这一特点使得它们和人类社会迥然不同。人类社会要进步的这一重要事实，无论是由坏变好或是由好变坏，当我们进入现代后，在西方文明中变得越来重要了。甚至在我的这生中，这一变化的速度都加快了。也许，在将来的时代，人类社会会陷入静止不动的状态，但那一定是遥遥无期的事，遥远得我们根本犯不着去考虑。

116

第三节

如果我们考察历史，我们会发现，社会习俗中发生的种种重大变化之间的间隔时间在近代明显缩短了。最初，这样的变化是要依赖物理原因的缓慢发展的。比如，像造山运动这样渐进的物理造形变化：这样的变化大约需要一百万年。又如气候的渐变：这大约需要五千年。某一地区人口逐渐繁多，乃至后来人们涌入了新的领土：考虑到前科学时代极高的死亡率，这样的变化大约需要五百年。至于说到一些偶然的新技术的发明，诸如雕琢燧石、火的发明、动物的驯化、冶炼术的发明：在前科学时代，这些变化所需的平均时间至少大约是五百年。如果我们将公元 100 年，即罗马帝国鼎盛时期，美索不达米亚以西诸文明的技术与该地公元 1400 年（即中世纪结束时期）的技术比较一下，我们会发现，该地的技术实际上并无进步可言。冶金术上有些收获，钟表也造得更精确了，火药发明了，但其影响却在后世；航海术有了些进步，其影响也在后世。如果将公元 1400 年与公元 1700 年作一比较，我们便会发现巨大的进步。火药、印刷术、航海术以及商业技术都产生了影响。但是，即使如此，18 世纪的生活与古罗马辉煌时代的生活却相当地类似，以致人们在拉丁文学中都能生动地感受到二者间惊人的相似处。1780—1830 年这五十年间，大量的发明蜂拥而进入实用。蒸汽能和机械时代诞生了。但是从 1830 年到 1890 年整整两代人期间，那些制约着社会结构和商业实践的技术原则却无甚变化。

经过以上这一番考查，我们可得出一个重要结论：我们的社会学理论、政治哲学、商业实践的准则以及教育学说，都是原封不动地继承从公元前 5 世纪柏拉图时代起直到上个世纪末的前贤的传统以及以往的实践。这整个传统都被以下这一有害的假设歪曲了：每一代人实际上都将在那些制约他们父辈的条件下生活，他们也将把这些条件承传下去，用同样的力量去铸造他们后辈的生活。我们正首次进入人类历史的这样一个时期，在这个时期，这个假设是错误的。

诚然，以往也曾发生过巨大的灾变，诸如瘟疫、水灾、蛮族入侵等。但是如果避开了那些灾变，就会有稳定的、众所周知的、文明生活的条件。这个假设微妙地渗透在政治经济学的前提里，致使它将注意力局限于人类本性的一种简化形式上。我们关于可靠商人的基本看法便是：这种商人掌握了技术，而且他的目光决不越过合同规定的范围。我们的政治哲学、教育理论都染上了这一看法的色彩，过分强调以往的经验。那种重复的音调支配着以往人们的智慧，而且仍然以种种形式存在着。甚至在那些地方，人们承认它在现代的应用是明显荒谬的，它也仍然存在着。关键在于，在以往，重大变化发生的间隔时间远远长于个人的生命，因此人类便习惯于让自身去适应固定的条件。

但在今天，这种间隔时间大大短于个人的生命，因此我们应训练个人，让他做好准备去面对新颖的条件。然而我们又不能为未知的事物作准备，正是在这一点上，我们便又回复到我们目前的话题：预测。我们需要对目前的种种情况作如此的理解，这种理解有助于我们多少掌握要对即刻的将来产生一定影响的那种新颖事物。与此同时，我们又不能忽视这一学说：在一个并未处于崩溃状态的社会里，常规起着支配作用。因此，对于目前常规的种种根据，在人性中的以及在成功满足目的方面的，必须理解；同时也必须将刚在社会上产生作用的种种新颖事物与旧日的常规作一番权衡比较，这样才能预测在即刻的将来所要修正的和坚持的。

第四节

现在该来阐述一下已作的结论了。且看一下我们的主要结论：我们关于社会学的、政治哲学的、指导大型商业实践的、政治经济学的诸种传统学说，都受到这样一个不明言的假设的歪曲和败坏——社会制度是固定不变的。有了这个假设，人们可以相对安全地以人性的一种简化形式为基础来进行推理。因为在人们熟知的条件下发挥作用的为人所熟知的刺激，产生为人所熟知的反应。因此做这样的假设是安全的：人性，就目前的目的而言，依据它对主要刺激的一些主要反应来描述便足够了。举例来说，我们都仍然记得我们的老朋友：经济人。

119

经济人的好处在于，我们确切地知道他所追求的是什么。无论他的需要是什么，他是知道的，他的邻居也知道。他的需要便是那些在一个明确界定的社会制度中生长出来的需要。他的父辈、祖辈曾有过同样的需要，而且以同样的方式满足过这些需要。所以，一旦出现短缺，每个人——包括经济人自身——都知道短缺的是什么，而且知道以何种方式去满足消费者。事实上，消费者也知道他要消费什么。这便是需求。生产者懂得如何去生产人们所需的物品，这便是供应。那些最先把货物送到手，而且其货物的价格又最便宜的人，便赚钱了；其余的生产者则被挤垮。这便是健康正常的竞争。这是极其简单的；经恰当的详述，也显然是符合事实的。只要有稳定、屡试不爽的条件，它也准确地表达了主要的真理。但是，当我们考虑到一个正以重大的方式变化着的社会制度时，这个被简化了的关于人类关系的概念便需要作重大的修订。

在过去的三十年或五十年间，政治经济的整个趋势完全不同于这些人为的简化提法，这当然也是常识。人们仔细研究了人口对那些与现代商业相关的刺激所作的各种实际反应后，像"经济人"、"供求关系"、"竞争"这类分明的概念便开始淡化，不如以前分明了。这正好阐明了我们的论题。从亚当·斯密起旧时的政治经济统治了大约一百年，因为它所假定的主要理论是符合当时以及数个世纪前人们的生活情况的。这些情况当时便已在开始消失。但是在当时，这样的观点仍然是占统治地位的真理：在商业关系中，对十分熟悉的刺激所作的反应是规定好了的，而人便要受这些反应的制约。

在当代，生活所提供的新颖的成分太突出了，我们在考虑种种问题时不能置它于不顾。为了要决定我们对每十年便出现的诸种新颖成分应做的反应，决定这种反应的特点和力量，便需要对人性中形形色色的东西作更深入的认识。这种可能的深入认识便包括我们目前正在讨论的预测。

在城市发展的历史中，我们可以看到关于社会行为习惯以及随之而来的商业关系、财产的变动不居的价值的又一个例子。自有文明以来直至今日，被我们称之为城市的那些人类聚居之地，一直紧随着文明的生长而生长。其之所以如此，是有许多明显的理由的，诸如用城市的高墙保卫聚集起来的财富；有利于聚集生产所需的材料；有利于聚集劳力，后来则是聚集热能；为种种商业关系提供相与交往的方便之地；有利于聚集审美的以及文化的种种机会以供人享乐；有利于聚集政府和其他领导机构，比如行政的、司法的以及军事的。

　　然而城市也有城市的不利之处。没有哪个文明是自立的，每个文明产生，发展，随后便衰落了。我们随处都可找到证据来证明，这一不祥的事实是由于拥挤的城市生活中内在的生物缺陷。于是慢慢地，开始时是朦胧的，出现了一种相反的趋势。更好的道路和更好的车辆首先诱使富有阶级住在城郊。急需保护的那种需求消失了。这一趋势现正急剧向下扩展。然而一整套新的情况却开始露头了。从 18 世纪起到 19 世纪直至当代，这一新的趋势使得人们把家置于近郊，而将生产活动、商业往来、政府以及寻欢作乐的活动集中到城市的中心。除了照顾孩子以及休息的时间，人们活跃的生活全是在城市里度过的。在某种方式上，这些活动集中的程度更甚于以往。家被推出了城市，人们宁可忍受往返的不便。但是，如果我们考察一下上一代技术发展的趋势，我们便会发现，这些活动集中于城市的理由大部分正在消失。更有甚者，选择建立城市地点的理由也在发生改变。目前机械能可以传送数百里之遥，人们可以通过电话即刻相互联系，飞机可将大组织的首脑们送往各地，电影院可在每个村庄放映，戏剧、音乐、演讲、布道均可广播。因此，与文明一道生长的城市，几乎其生长的每一条理由都已受到极度的弱化。

　　那么城市的将来，三百年以后，一百年以后，甚至三十年以后的城市，该会是什么呢？我不知道。但我冒昧地作个猜测：那些在今天的预测中有幸操胜算的人将会发财，而那些在预测中犯错的将会破产。

　　我所说的第二点，即选择建城地点的理由也遭弱化，可用我的祖国英国最近发生的变化来予以说明。18、19 世纪新工业时代造成的第一个影响便是，它使得人口集中在煤田周围。于是英格兰北部边沿的中部地区，形成了一个巨大的城市，因为它所有的各个不同的地区故而被人称为各种不同的名字。但是新奇的情况是：人口和各种制造业迁移到了英格兰南部，靠近那些朝向地中海、南大西洋以及巴拿马运河的港口。它们是最好的港口，航运最为方便，周围的陆地也不拥挤。目前，电力的输送是英国政府急需解决的主要问题之一。

　　新技术对城市地址的影响，对城市转型的影响，是所有的社会学理

121

122

论，包括预测商业关系的理论必须考虑的一个基本问题。我们不必夸张这些例子的重要性。它们只是从整个局势中选出的两个例子，而从这整个局势中我们可以分解出具有同样意义的无数例子。我想，如果所有的工业家都去考虑城市的将来，那就再荒唐不过了。我们讨论的这一问题也许与他们中大多数人将来的活动都毫不相干。同时，我也不认为他应该去研究什么政治经济。

然而，我们面临的是即将发生的一种流动的、变化不居的形势。死板的公式、单凭经验的常规以及等级森严的教条都会招致毁灭。将来的商业必然会由稍不同于以往世纪的一类人来掌握。旧的类型已在发生变化，如果指的是领导者的话，则已经变化了。目前大学里的商学院关心的是，造就新形势所需的新精神，以便输送新型人才到各地去。

第五节

我愿简单勾勒将来的商业精神以结束本章。首先，最基本的是应有一种遵守常规、监督常规、构建常规以及理解常规（既理解其内在结构又理解其外在目的）的能力。这种能力是一切实践效率的基础。但是，要获得所需的预测力，还需要某种东西。这种额外的才能只能被描述为对人类社会纷纭万状的复杂事物的哲理的理解力，举例来说，习惯于留心人们对生活的种种要求、种种严肃的目的、种种琐屑的消遣娱乐。这种本能地关怀社会各潮流彼此相关的特色的习惯是极其重要的。举例来说，各类社会行为的存活期实质上要影响政策的制订。一种流行的宗教兴趣，以及它所引起的种种行为方式，大约会盛行一百年，而一种时兴的衣服则只能存活三个月到三年的时间。农业的种种方法变化缓慢，但科学领域似乎即将在生物学方面有重大发现，因此对于农业变化缓慢的假设必须警惕地加以审视。这个关于社会行为存活期的例子是可以推而广之的。种种社会变化的量的方面对于商业关系来说是相当重要的。因此，把对社会变化质方面的观察转移到对其量方面的观察，这一习惯将是未来商业精神的一大特色。

我已尽力地表明，现代商业精神需要纪律、科学、社会学诸方面的因素。但是，重要的问题仍然未获解决：对于相关知识的细节我们仍然不能预测。所以，单单只为了成功，暂且不提什么生活的内在质量，就需要一种非专业化的天生倾向，以便善于从个别事物中推导出普遍的原则，且能在纷纭万状的具体情况中看到对普遍原则的演绎。这种深思的能力本质上是一种哲理的习惯，它是以普遍原则的立场来审视社会的。这种普遍思想的习惯，面临新奇而不惊惧，广义地说，是一种哲学的禀赋。

124

第六节

但是光有成功的动机是不够的，那会造成一个自毁其繁荣之源的短视的世界。使得世界不安的周期性的贸易萧条警告我们，商业关系遭到了短视动机这一疾病的严重感染。中世纪那些让人过路留下买路钱的贵族并未造成当时欧洲的繁荣，虽然他们中的一些人倒是显荣地寿终正寝。他们的例子对我们的文明是一种警示。另外，我们切不要陷入将商业世界与社会其余部分分开来孤立思考的谬误。商业世界不过是这个社会的一个主要部分，而这个社会才是我们研究的题材。社会的行为主要受制于商业精神。伟大的社会就是这样一个社会，其中经商的人们十分看重他们的职能。不看重自己的职能便意味着低级的行为，在一阵短暂的轰轰烈烈的广告宣传后，低级的行为便会导致生活标准的下降。社会的普遍伟大，既是量上的也是质上的伟大，乃是确保其稳定繁荣、生气勃勃、保持良好信誉的首要条件。那位为我们所有的精粹思想奠定了基础的希腊哲学家，曾以这样的见解结束他那最精彩的对话：只有哲学家作了国

王，理想的国家才会到来。今天，在这个民主时代，国王便是从事各种
活动的普通市民。只有教育普及了哲学观，才会有成功的民主社会。

哲学并非是一堆高尚的想法。太多的那样的想法弊多而利少。哲学
既是普遍的又是具体的，对于直接的直觉既是批判的又是欣赏的。它决
不是——或者说至少不应该是——怒气冲冲的教授间的激烈争论。它研
究的是各种可能性以及它们与现实的相互关系。在哲学里，事实、理
论、各种选择以及理想要一起被研究权衡。它的天赋便是洞察力与预察
力，以及一种对生活的价值感。简言之，便是那种激励一切文明化努力
的价值感。仅靠一时的原始自发的思想，人类可在低级的生活阶段繁荣
起来。但是，当文明达到顶点，如果在整个社会中没有一种协调生活的
哲学，便会出现堕落、厌烦和懈怠。

每一个时代都自有它的特点，这一特点取决于该时代的人对他们遭
遇的重大事件作如何的反应。这种反应是由他们的基本信仰所决定
的——他们的希望、恐惧以及他们判断事物价值的标准。一旦遇上机
会，他们便会崭露头角，或则创新该时代的戏剧，或则完善该时代的美
术，或则利用该时代的冒险活动，借此在精神上和物质上掌握构成该时
代的纵横交错的关系。另一方面，他们也可能面临各种烦恼一筹莫展而
崩溃。他们将如何行动，这部分地取决于他们的勇气，部分地取决于他
们的智力水平。而哲学的任务便是要阐明那些基本的信仰，那些信仰最
终要决定人们关心的重点，而这重点正是时代特点的基础。

人类现在正处于转换其世界观的少见的时刻。单纯的传统强制已失
去了力量。我们——哲学家、研究人员以及从事实际工作的人——的任
务便是重新创造以及重新设计这个世界的形象，其中包括那些没有它们
社会便会陷入混乱的令人敬畏的以及必须遵守的东西，其中充满了无畏
的理性。对世界的这种设想便是被柏拉图看作是德行的那种知识。广泛
流传着这种设想的那些时代，便是人类难以忘怀的时代。

我们的讨论不知不觉地广义化了，它已越出了商业关系这一题旨，
而涉及指导人类目的的一种适度具体的哲学的作用。

后 记

　　至此，我们已研究了在人类相互交往的行为规范文明化过程中，那一组作出最直接贡献的观念。行为规范的改进，依靠的是相互尊重、同情以及普遍的善意等感情的缓慢滋生。所有的这些感情只需最少量的理智便可以生存。它们的基础是情感的，人类通过顺应自然的、不动脑筋的活动便获得了这些情感。

　　但是精神一旦进入合作的活动中，它便对人类的选择、强调、分析造成了巨大的影响。我们研究了观念是如何来自活动，又如何反过来影响产生它们的活动的。观念始于对习俗进行解释，而终于建立起新方法新制度。在以上各章中，我们看到了它们从一种作用转换到另一种作用的种种例子。

第二部分

宇宙论的观念

第七章
自然的规律

第一节

本书的前一部分，讨论了柏拉图及基督教有关人的灵魂的学说对欧洲各种族社会行为发展的影响。在本书的第二部分，我将讨论科学观念对欧洲文化的影响，以及欧洲文化中因此而产生和含有的更普遍的宇宙论观念。

企图在这个范围内写一部科学史是不行的。因此，我将把讨论的题目限制在作为科学整个发展的基础的那些最普遍的观念上。我指的是关于思辨和学术的概念，以及关于自然规律、自然本身的各种看法。简言之，我的题目便是"古今宇宙论"，同时也研究产生它们时所采用的种种方法，思辨的及学术的。学术的特殊发展将只作为例子，用以说明在欧洲文化的变化时代一般观念如何被特殊化。

现代欧美文明来源于地中海东海岸诸族。在此前的各章中，希腊和巴勒斯坦是首先提出关于人性实质的学说的地区。当我们考查科学史时，我们还须在这两者之外加上埃及。这三个国家便是我们现代文明的直接祖先。

当然，在它们三者后面还有一段很长的文明史。美索不达米亚、克里特、腓尼基以及印度、中国也曾作过贡献。但是，任何有宗教或科学价值的东西传入现代生活，无不是以这三个国家为媒介传给我们的：埃及、希腊、巴勒斯坦。这三者中，埃及提供了成熟的技术，这来自三千年稳定的文明；巴勒斯坦提供了最终的宗教宇宙论；希腊则提供了通向哲学和科学的明晰的归纳方法。这种逻辑上的明晰风格现在依然保留在希腊的遗产中，保留在它的艺术和虚构文学作品中。每一尊希腊雕塑都表现了规则的几何形体所具有的美，每一出希腊戏剧都研究了出自自然规律的自然事件与出自道德规律的心理状态两者之间纵横交错的关系。

"你难道不能靠探究弄清上帝？"这是好的希伯莱语，却是坏的希腊语。试图弄清到底是谁执掌了宇宙间的规律，这一欲望驱动着希腊的思想家们。直至柏拉图和亚里士多德解释了那一整套后来构成西方思想不朽本源的一般观念，这一努力方才达到顶峰。该工作完成得正是时候。就在亚里士多德生前，政治和文化的屏障便已消除了，接下来在亚历山大和其他地方的希腊化运动的深入发展，就是希腊人、埃及人、闪米特人，以及叙利亚和小亚细亚的混合种族等等人的共同事业了。相信事物的深奥处是明晰的，轻松地思索一下便可弄清，这种心安理得的信念从此永远地失去了。头脑较迟钝的人们满足于有限的准确性，建立了种种特别的科学：愚钝的智力往往以这样的看法自豪——世界的基础处于不可穿透的迷雾之中。他们以他们自己的形象来构想上帝，描述上帝时他们明显地表现出对那种不按规定方法追求理解的努力的不满。撒旦具有独特的智力但却失败了，因为他企图以不正当的方式去理解他的造物主。这正是希腊衰落的原因。

第二节

人类的进步是蜿蜒曲折的。从光辉的希腊时代（它的最后时期是以雅典为中心的）到希腊化时代（它是以亚历山大为其精神首府的），这一转化过程是与建设性的天才的新方向一致的。于是，种种特别的科学建立起来了。它们的原则得到阐释，它们的方法得到确定，人们得出了恰当的演绎法。学问得到了稳定，它被各种方法论装备起来，传给了现代型的大学教授。医学博士、数学家、天文学家、语法家、神学家等人在六百多年里统治了亚历山大的学校，发行了种种教科书、论文、论战集以及武断的解说。语法取代了文学，学术的传统取代了思辨。

这些人使学术习俗化了，但是他们保护了学术。他们的成果历经两次大的宗教革命而存活下来了，一是基督教的勃兴，二是伊斯兰教的勃兴。它为这两者提供了哲理的神学理论，用异教的和传统的思想装备了它们。

在西罗马帝国，基督教会以希腊化精神为武装，攫取了取胜的蛮族以及直至北冰洋的西欧的才智。伊斯兰教的征服者们沿地中海南岸将希腊化思想经非洲直传至西班牙。这种希腊化精神已带有阿拉伯人、犹太人以及波斯人的精神色彩。从西班牙开始，伊斯兰、犹太色彩的希腊化思想与亚历山大文化的基督教色彩的希腊化思想发生了联系。这两者的融和在 13 世纪产生了基督教经院哲学的光辉顶点，在 17 世纪则产生了斯宾诺莎。

134

希腊主义的主调是快乐、沉思以及叙述性文学；而希腊化亚历山大城的主调则是专心、透彻以及对与特殊题目相关的特殊规律的调查。当初亚历山大城里的那些伟大的人物或许是对的或许是错的：欧几里德或许将他的那本几何学教科书编得逻辑前后一贯，或许并没有；托勒密关于天体的学说或许是对的或许是错的；亚大纳西是直接反对阿里乌的；西里尔是直接反对聂斯脱利的。与亚历山大城神学争论最类似的莫过于现代的数学家物理学家的关于原子的性质的争论了。他们争论的特殊题目稍有不同，但其方法以及争论者本身却是极其类似的。

如果要率直地问柏拉图是否对错，那是毫无意义的。同样地，如果要问当初那些亚历山大城里的学者是否对错，也是毫无意义的。倘若哪位杰出的学者硬派给柏拉图一套严密的体系，把他变成一位可敬的教授，我们很快就会发现，柏拉图在他那一系列的对话里写了太多的背离他自己学说的异见邪说。这好比是托勒密生出了阿利斯塔克的想法，亚大纳西说阿里乌渎神一样的荒诞不经。

我并非仅仅在暗示这一事实：人随着年龄的增长，或则随着知识的进步与老化而改变自己的观点。要点在于持有观点的方式以及强调某些特别的陈述方式的分量。圣·奥古斯丁就改变过他的观点。他不仅对后世万代公布了皈依所引起的强烈的悲怆感情，同时也致力于准确地表达自己的新学说。皈依后的他仍然是个柏拉图主义者，他对神恩学说的兴趣仍然是柏拉图式的，关心的是确切地表达人的生命融入神性的尽善是何等的有限。就在蛮族入侵之前，他在重大题目上为西欧提供了准确的定义，从而为文明作出了重大贡献。他确保了西方基督教作为一种文明化的影响而坚持下去，而不是堕落为一种阿比西尼亚类型的遗传的迷信。但是他对于自己学说的态度却很不同于柏拉图对他自己学说的态度。请看一下柏拉图对自己观念所说的一些话吧："苏格拉底，如果我们发现，我们自己在很多地方都不能使我们关于神和宇宙是如何产生的学说始终一致而准确的话，你切不要吃惊。相反，如果我们能提出比别人更接近正确的解释，我们就应该很满意了。我们必须记住，我这个说话的人，你这个听我说话的人，不过都是人罢了，求得近似的解释就该满意了。"①

还有——"也许，他们有困难。如果情况是那样的话，他们既提不出自己的看法，便可能接受我们关于本质的性质的意见。"②

我们能想象奥古斯丁温文尔雅地带着"一个有关神恩性质的建议"去见贝拉基吗？确实，我们可以从柏拉图的著作里，尤其是从《法律篇》里，摘录一些段落下来，以证明迫害那些使欧洲丢脸的无神论者是

① 《蒂迈欧篇》，据泰勒（Taylor）译文。
② 《智者篇》，据乔伊特（Jowett）译文。

正确的。但是，从以上摘录的段落中我们可以看出，对如何精确表达思辨概念这一问题，柏拉图对话集里的基调是什么。

第三节

亚里士多德和伊壁鸠鲁以多种方式预示了从希腊式的思辨向亚历山大时期的严密学术的过渡。在他们两人身上我们都能发现那种建立体系的努力，即那种陈述清晰、术语准确的体系。当然，卢克莱修才是我们所认定的伊壁鸠鲁学说的权威。

如果我们仅仅知道，进行确切科学考察的诸多重要学派出现于随后的那一代人，那么毫无疑问，现代的批判学术便会将自身的起源归功于亚里士多德的影响了。我们可以想象由此而得出的对照：一边是纯粹思辨的荒芜贫瘠，一边则是亚里士多德细致入微的观察的累累硕果。

不幸的是，无情的事实却指向了全然相反的方向。首先，亚里士多德是从柏拉图的理论活动中获得了自己思想的源泉。他是用他脑中的柏拉图思想来解剖鱼的。他把柏拉图的那一大堆看法系统化了，在这个过程中他对其进行修正，改进，同时也将其歪曲糟蹋。但是，他确实也将当时急需的、超越理论以对事物的细节进行直接观察的系统实践引入了除天文学以外的其他科学。不幸的是，这只是他生活的一个方面，它对于随后的任何时代都没有任何直接的影响。

再者，事实上，亚历山大文化是直接来自柏拉图的。它在科学和神学方面的思想是彻头彻尾柏拉图式的。但是，亚历山大城位于一片技术古老而安全的土地上，这却并非是没有原因的。当地有各种手艺行业以及要求学问的职业，数千年以来它们便有自己的一套做法。亚历山大城里的学校充满了牧师、冶金学家、制造农具及灌溉用具的工人、土地测量员诸等人的子女。难怪现代大学里研究的现代学问首次出现之时，正

136

137

是柏拉图式的思辨被转移到一块充满古老职业活动的土地上之时。

希腊精神与中世纪烦琐学问之间的鸿沟，无疑是千年来累积起来的多种影响所造成。但是，过渡时期中最大的鸿沟便是第一个鸿沟，即地中海学术首府由雅典转移到亚历山大城这件事。西方文明的文化发展的普遍类型就此便预订下来了，诸如，科学应该怎样发展，数学应该如何演进，宗教，无论是犹太教的、基督教的或是伊斯兰教的，应如何建构各自的神学。现代世界主要是亚历山大式的；只有大约一百年的短暂时期，大概就是从康斯坦茨会议到 1527 年罗马遭洗劫的这段时间，雅典精神才占了上风。也许，在奥古斯都时代的意大利，还要早一些。二者之间，即希腊精神与希腊化精神之间的区别，粗略地说来，在于前者重视思辨而后者重视学术。为了进步，二者都是必要的。但是事实上，在历史舞台上它们却易于成为敌对的双方。思辨持有可供选择的理论，表面上是怀疑的，它使得传统的偏见不安。但是它的推动力来自一种深沉的基本信仰：事物的性质是能够最终被理性穿透的。而学术，它关心的是人们普遍接受的方法，在信仰方面则表现为保守。但是它的精神调子倾向于一种基本的否定。照学者看来，世界上理性的题目都被隔离在孤立的区域里，分为这个题材或那个题材。你那位十足的学者抱怨玄虚的思辨，说它往往把自己的那一块知识与邻居的那一块知识连结在一起。他发现他的基本概念被人阐释，歪曲，修正。他不再是自己城堡中的王了，原因是，应用那些令人不快的通则所进行的思辨，打破了他思想里的那一整套语法。教皇阿德里安六世是个典型的学者，因为他说过，路德的神学著作里满是错误，甚至任谁哪个初学者也能指出它们来。

新的思想方向来自为学术领域带来新材料的那些刹那间的直觉。这些刹那间的念头开始的时候不过是一些大胆出格的想法而已。它们走运的话可以被人很快接受，否则便会引起学者间的争吵。在那样的争吵中，思辨的色彩已经消褪。教皇利奥十世当初曾把路德的那些争论描述成是僧人间的争吵，当时他曾明确说过雅典时代正在消失这样的话。

未经研究详细事实，以及研究严谨逻辑的学术规范过的纯思辨，比未经思辨调剂且丰富化的纯学术更无用。在进步学术中这二者的适当平衡既取决于该时代的特点，又取决于具体个人的能力。另外还有一个奇怪的事实，是在希腊思想中也未曾怎么见到的：尽管对于事物的相对诸成分存在着黄金分割法，但是一定的超出（excessiveness）却似乎是一切重要事物中的一个必要成分。在某个方向，我们的行动必须超出纯理性分析规定的范围。

观念的冒险史在某方面便是思辨和学术交互作用的历史，在进步的各种时期这二者之间的冲突一直存在着。这一历史揭示了成果累累的时期所取得的那种和谐的平衡，也表现了在所有的那些成就的顶峰所存在的那么一点点超出。它由此也解释了人类生活中的最高时刻何以如此悲剧性地短暂。

139

第四节

规律的概念，即关于某种程度的规则性、持续性以及复现性的概念，是推动人类走向技术、方法、学术以及思辨的欲望中一个重要的成分。撇开了事物性质中的某种稳定的东西，便谈不上任何知识、任何有用的方法以及任何理智的目的。缺少规律的成分，便只剩下一大堆乱七八糟的事实，根本就没有基础与另外同样乱七八糟的事实相比较，无论是过去的、将来的，抑或是当前的。但是要表达规律这一概念，既要有一定的准确性，又要适度考虑人的目的中预先含有的东西，却是一件极端困难的事。与所有更普遍的观念的历史相类似的是，规律的概念已在每一类专门的名义下进入了每一时代的清楚意识之中；这是由于它与流行的宇宙论中的其他组成部分的结合。

在所有的这些最普遍的观念中，困难在于：自觉的注意力并不自然地集中到任何在经验中是"当然"的事。注意力往往被钉在"消息"

（news）上，而"消息"则带有无常的味道。我们不必回复到那些无法直接证明的人类历史时期去寻求例证，人类学家就报道过这样一个几乎是全球流行的事实：部落的庆典与一年四季的更替有关，尤其与春天、收获季节以及仲冬有关。照我们现在看来，这些庆典无疑与农业有关。农业标志着人类迈向现代文明的关键性的第一步。它的出现标志着人类已进入思考事件发展过程的高级阶段。它要求对数月后自然的进程进行预测。类人猿当初肯定抓起石头砸过人或其他动物的头，他这样做时并未考虑几分钟后的自然进程。他可能注意到，作为致命的武器，一些石头比另一些更好，他甚至会将它们削凿一番，加以改进。他就这样在向文明靠拢。但是，只有当他——或者更可能的是她——将种子播入一块土地并等候收获，他才算是跨过了通向文明的那一重要的分界线。当然，季节性的庆典在农业出现的很久以前便有了。不同的季节迫使所有的生物，包括植物和动物，采取不同的行为。季节的变化造成了习惯的变化，诸如冬眠和迁徙。这必然造成一定的方式来表达情绪上的不安。待到部落举行季节性庆典的习惯已有数不清的年代，人们才开始解释这些庆典；当我们来研究这些解释的时候，农业的重要性方才显现出来。文明并不是以规定行为模式的社会契约开端的。它的最早的工作便是缓慢地提出各种观念来解释在人们的生活中业已盛行的行为模式及情感表现。毫无疑义，观念是修正实践的。但总的说来，实践却先于思想；思想主要关心的是对先在形势的证明和修正。

除农业实践而外，动物的习惯也要受到四季不断重复更替的影响，要受冷热、旱涝以及白昼黑夜等自然现象的影响。季节固定地循环重复，情感与庆典随之而变化；于是，那些头脑不寻常的人心中便可能时而生出疑问。但这不足以激发起部落对这些现象进行解释的兴趣。当时肯定有许多事例引起了注意，因为我们祖先中的一些部落生活确实改善了。但我现在想弄清的是那么一条分界线，越过了它之后文明化的思想便奇异地加速发展了。在早期阶段，方便的计时单位是十万年，后来缩短为以一万年甚至五千年、一千年、一百年为单位。

也许，加速文明进步的是许多原因的共同作用，但是在这些原因中，农业的出现却应该因为其加速进步的巨大作用而给予很高的地位。它既使人注意到天气的无常变化是与部落利益相关的一个重要因素，又使人注意到神秘的种子萌芽以及植物的生长有赖于不同的季节阶段。它迫使部落从被动地默认理所当然的事情，转而对事物的具体细节产生主动的兴趣。它导致人们去研究预防措施，而预防措施的发现是需要理解的。当然，正如我们都知道的，新奇的形势当时并未要求每一个部落都进步。再则，人类中的很多人在形成固定的习惯后也惯于停滞不前。但是当时人类生活已达到一个新阶段，在那个阶段，凡是积极探索的人们存在的地方，一些明显的问题已引起了注意。

我们继承了许多传说，它们怪诞、可怕而美丽；它们以一种奇异的、特别的方式表现了事物的规律性与事物神秘的无常性之间的交织。这是一个益害交织的问题。有时规律是有益的而无常性则是有害的；有时规律铁面无情且有害，而无常性却偏偏手下留情而有益。但是，从原始的传说到休谟的关于自然宗教的对话，中间且夹杂有约伯与他朋友的谈话，在这漫长过程中人们对此问题一直讨论不休。科学技术是以规律为基础的。人类的行为表现了受内心冲动调节的习惯。那么，我们所谓的自然规律这一概念其确切的意义到底是什么呢？

142

第五节

目前，有四种最流行的关于自然规律的学说：规律内在学说；规律外来学说；把规律看成是人们观察到的一系列的秩序的学说，换言之，便是规律即描述的学说；最后便是传统的解释即规律的学说。让我们首先从今天的立场来讨论这四种不同的学说，这样会方便些，我们会更好地理解文明思想中规律这一概念曲折多变的历史。

规律内在学说的意思是：自然的秩序表现了实在事物的特性，这些实在事物共同构成了自然中的万千存在物。一旦我们理解了这些实在物的本质，我们也就理解了它们相互之间的关系。于是，由于它们各种不同的特性中存在着共同的成分，因此在它们相互的关系里必然存在着相关的共同特性。换言之，自然物不同特性中的某种部分相同的模式，导致了它们相互关系中某种部分相同的模式。它们相互关系中模式上的这些共同特性便是规律。反之，规律可以解释构成自然的万千事物的共同特性。显然，这一学说是否定"绝对存在"的，它的前提是：事物在根本上都是相互依存的。

143 　　根据这一学说可以有一些推断。首先，据此说，科学家所追求的便是解释，而不只是简单地描述他们的观察。其次，不能指望自然精确地符合任何规律。如果所有的有关事物都具有必不可少的共同特性，那么，表现这一特性的诸事物相互关联的模式便可以被精确地阐述出来。但是，总的说来，我们只能指望大部分的事物具有必不可少的共同特性，而少部分则不具有。在这种情况下，当规律未能阐述时，这些事物的相互关系便会表现出缺失。只要我们仅仅对诸多事例的混合结果感兴趣，那么规律便可以被说成是具有统计学的特性。物理学家现在便有这样的看法：19 世纪发现的大多数物理定律都具有这个特性。

　　第三，既然自然的规律取决于构成自然的诸种事物各自的特性，那么随着这些事物的变化，规律也会跟着变化。这样，现代的关于物质世界进化的观点，就应该认为自然规律是与组成环境的事物同时进化的。所以，认为宇宙是向某一定势进化，永恒的规律在调节着一切行动，这样的看法是应该打消的。第四，现在有理由来解释我们何以应该对归纳法有一定的信任了。因为如果我们假设一个环境，它主要是由其性质为我们所部分地了解的一类存在物构成，这样我们便算是对主宰这个环境的自然规律有了一定的认识。但是，除开了这个前提，除开了规律内在学说，我们便不能认识将来，只有承认全然的无知，而不能假装知道任何可能的东西。

第五，如果我们不能构建一种貌似有理的形而上学说，根据这一学　　144
说，自然中相关事物的特性是它们相互联系的结果，而它们的相互联系
又是它们特性的结果，那么规律内在的学说便站不住脚。这牵涉到某种
关于内在关系的学说。

最后，规律内在学说完全是理性主义的学说。它可以解释理解自然
的可能性。

第六节

规律外来学说，采取的是关于作为构成自然基本成分的存在物相互
间外在关系的一种形而上学说。这些基本成分各自的特性都被看成是它
们各自独有的属性。每一个这样的基本成分可以在完全与其他基本成分
脱离联系的情况下为人所理解：基本的真理在于，它只需要自身便可存
在。但事实上，每一个这样的基本成分都被强制与其他构成自然的基本
成分发生关系。那些强加的行为模式便是自然的规律。但是，你不能通
过研究它们之间关系的规律来发现这些基本成分的性质。反之，你也不
能通过考查它们的性质来发现规律。

对于规律外来学说的解释既暗含了某种自然神论，反之，如果它持
有自然神论的信仰，那么它又是该信仰的产物。举例来说，我们从牛顿
自己所说的话中得知，自然神论的问题正是这样呈现在他面前的。他明
确地说过，太阳系内天体相互运动的方式需要上帝来将它们所必须遵守
的力学原则强加给它们。他肯定怀疑，甚至甚于怀疑，万有引力定律是
否就是对上帝所强加的原理的最终表述方式。但是他肯定认为，他在
《原理》一书中提出的太阳系观是最根本的，足以表明上帝强加规律的　　145
必要性。牛顿在这一点上肯定是对的：如果没有关于某个强加规律给万
物的上帝的相应学说，则关于规律外来的整个学说都是没有意义的。这

也是一种笛卡尔学说。

规律外来的学说很自然地来自笛卡尔的关于"实体"的概念。甚至"只需要自身便可存在"这句话就是出自他的《哲学原理》一书。笛卡尔那一整套学说，即自然神论、实体唯物主义、规律外来，以及把物理关系简化为只具有时空特色的相互运动等等，构成了关于自然的简化观念。后来伽利略、笛卡尔以及牛顿等人正是用这一观念将现代科学推向胜利之路的。如果成功是对真理的保证，那么自人类开始进行思索工作以来，还没有其他的任何一种思想体系获得过这样成功的十分之一。在三百年间，它在人类的内心思想、技术、社会行为以及抱负等诸方面改变了人类的生活。

根据自然神论——那只是笛卡尔整个学说的一部分——自然规律必须严格遵守。上帝说话肯定是算数的。他说要有光，便有了光，而不是摹拟物，也不是统计学意义上的近似物。所以统计学意义上的观念，尽管它也能解释我们混乱知觉中的一些事实，是不适用于终极的、外来规律的。

但是甚至在笛卡尔之前，便存在着对规律外来学说的隐约的信仰，后来这种信仰变得明确了。正是这种信仰构成了科学研究的动力。为什么当时受过教育的人们竟然相信存在着某种需要发现的东西呢？假设规律内在学说当初在欧洲和伊斯兰教的亚洲流行，为什么人们会假设存在着某种明确的规律，它是细致的观察也无法发现的，它潜藏在貌似混乱无常的有形琐屑事物中？世上有一些明显的始终一贯的事物：黑夜之后是白天，白天之后又回复到黑夜；高山屹立不变，生育持续不断。但是这些重要的规则都是交织在那些表面上无常的细节之中的。原始人也见到了这一切，但他们却只能战战兢兢地对邪恶的精灵顶礼膜拜。而懂得规律内在学说的文明人却作出了这样的结论：自然的构成成分所具有的共同特性，其主宰作用是很不完全的。没有理由可以解释为什么事情应该是另外的样子。急于追求详细的解释是无用的，不会得出什么结果，因为它不是建立在研究盖然性的基础上。如果当初人们相信此话，今天

146

就不会有科学了。而且即使在今天，我们对生理学所知又何其少也！另外，单个的电子也仍是稀奇古怪之物，其运动尚无法预测：我们所知的关于电子的信息主要是关于成百万的电子群的。如果我们要将对规律的掌握向微观的细节推进一步，我们有什么理由相信会成功呢？的确，科学家们在他们最近的研究中已对事物表面的无常无序作了新奇的解释。但是，这些受到实证主义学说训练的人们同时也暗示，进一步追求"规律"是无用的。除非研究精神活动的心理学仍然包含有些微的规律外来的自然神论观念，否则就是今天的科学也要因为丧失希望而停止进步。当今哲学的很大一部分都采用微妙的论证来努力回避这一明白而又无情的结论。

最后，脱离了规律外来学说的某些观点，规律内在的学说便绝对不能提供任何理由来解释为什么宇宙不会逐渐地陷入无序的混沌之中。事实上，依照规律内在的学说来理解，宇宙应该自我表现为包容了某种稳定性的现实（actuality），这种现实与其余的事物相互包容，这就确保了宇宙不可避免地要向有序发展。正因为如此，所以需要柏拉图的"说服"。

147

第七节

在前三种关于规律的理论中，还剩有关于规律的实证主义的学说。它认为，一种自然规律不过是人们在观察系列的自然事物时所观察到的一种持续模式，于是规律便不过是描述而已。这种学说倒是简明得令人产生兴趣。前两种学说引导我们去怀疑形而上学，诸如关于内在关系、关于上帝的存在及其性质的学说等。这第三种关于规律的学说却避开了所有的这些困难。

这种学说预先假设我们对一系列的事物是有直接了解的。这种了解可以分解成观察到的一系列事物。但是，我们的直接了解不仅存在于对明显系列事物的明确观察中，它同时也包括对系列观察的相对认识。因此，了解是累积而成的，是相对的。自然规律不是别的，它们不过是被人观察到的、持续存在于相对观察中的模式本身而已。所以，一条自然规律讲述的是关于人们所观察到的事物的某种情况，此外便没有别的什么了。

因此，科学的当务之急便是追求诸种简明的陈述，使之能够合力表达与观察到的复现事物有关的每一重要事物。这便是科学的全部任务，舍此便没有其他了。这便是伟大的实证主义学说，它在 19 世纪上半叶大大发展起来了，而且自那以后其影响逐渐扩大。它要我们执著于我们所观察的事物，并尽可能简单地描述它们。这便是我们能够认识的一切。规律就是对所观察的事实的描述。这种学说可回溯到伊壁鸠鲁，它体现了他对普通人的要求：远离形而上学和数学！被观察到的明晰经验的事实不是别的什么，只是可以理解的事实而已。而且所谓的"理解"，意思就是"简明的描述"。

这一实证主义的学说无疑含有关于科学方法论的一个基本真理。举例来说，请考虑一下一切科学概括中最伟大的概括吧。牛顿的万有引力定律：两物质粒子互相吸引，吸引力同两物质粒子的质量乘积成正比，而与它们之间距离的平方成反比。"吸引力"这个概念指的就是加在两粒子矢量加速度上的一个额外的成分。它也指粒子的质量这一概念。在陈述这一定律时质量的概念被明确地提到。因此在这一定律中，粒子的相互空间关系以及它们各自的质量是必不可少的。到此为止，这个定律表达的是有关粒子的假设的性质。但是这个定律的形式，即质量的乘积以及距离的反比等，却纯粹依据的是对所观察到的事实的描述。牛顿《原理》的很大部分都是在进行数学考查，以证明他的描述已足以达到他的目的；该书为一个原理收集了许多具体实例。牛顿自己很坚持这一点。他不是在进行思辨，他不是在解释。不管你的宇宙论学说是什么，行星的运动以及石头的下落，只要直接对它们进行测量，是符合他的定

148

律的。他阐明的是一个公式，这个公式表明了他所观察到的事实之间的相互关系。

毫无疑义，一切科学都是以这种程序为基础的。这是科学方法的第一规则——阐明所观察到的事实之间的相互关系。这便是伟大的培根学说，即观察、观察、再观察，直至你发现了反复出现的规律性。经院哲学家相信形而上的辩证法，那种方法给予了他们关于事物性质的可靠知识，包括物质世界的、精神世界的以及关于上帝存在的知识。他们由此推演各种规律，或则是内在的或则是外来的，它们支配着整个自然。

经院哲学与现代人的又一区别在于，对权威是持批判的态度或是持迷信的态度。但是这一区别一直被夸大了，以致引起了误解。经院哲学家事实上具有强烈的批判精神，只不过他们的批判精神表现在与现代人不同的思想领域。反之，现代科学家其实是迷信权威的，只不过他们迷信的权威与经院哲学家所迷信的不同而已。确实，后期的经院哲学家缺乏批判精神，迷信他们认定的权威亚里士多德。他们尤其迷信他的物理学，这也是最不幸的。现代科学家进一步发展了他们的批判精神。但是，经院哲学家和现代科学家同样都是亚历山大型的学者。他们都有同类的优点和同类的缺点。中世纪大学里的经院哲学博士，就等于现代大学里的科学教授。另外，经院哲学家之间观点其实也是很不相同的。早期的一群人甚至还不是亚里士多德的信徒，后期的经院哲学家也并非都是托马斯主义者。同样的，现代科学家在关于自然规律的普遍学说及细节方面，观点也是各不相同的。

在辩证辩论的领域，经院哲学家是最具批判精神的。他们信仰亚里士多德，因为他们从他那儿获得了一个条理清楚的思想体系。这是一种批判性的信仰。不幸的是他们并未意识到，亚里士多德的一些主要观念是以他对经验事实的直接了解为依据的。他们相信，他的逻辑分明的体系可以确保他基本观点的正确。于是，每当亚里士多德将表面问题与最普遍的基本原则混淆不清的时候，他们也照样接受了他的看法。他们发展自然知识的方法是一个争论不休的话题，虽诉诸观察也未获缓解。亚

149

150

里士多德的逻辑并不如他们所相信的那样，它其实是一件浅薄的武器。因此，它并未解决许多关于思想的更基本的问题，诸如人们用数学考查的量的诸种关系，以及一个体系内多重关系的种种复杂可能性等问题。所有的这些问题，以及其他一些，亚里士多德的逻辑学都未能澄清。

所幸的是，亚历山大学术时代的经院哲学时期统治欧洲长达几个世纪，对文明贡献了无价的思想财富。这是一个长足进步的时期，但却是一个在严格的限制中运行的学术时代。幸好希腊文化的复兴打破了中世纪希腊化的一统天下。柏拉图似乎从他的墓穴里走了出来。飘逸的思辨和直接的观察打破了故弄玄虚的体系。新的兴趣、新的神祇流行起来了。思想的新基础是对事实的报道，事实则是人们直接观察到的事实，直接从事的事实。当15世纪意大利的文艺复兴逐渐式微时，文化从雅典到亚历山大的转移很幸运地得到重演。欧洲逐渐地进入了一个新的学术时代。现代历史学家出现了，现代的批评文学出现了，从事科学的现代人出现了，现代技术出现了。古代埃及的冶金学家、闪米特的数学家，以及中世纪的经院哲学家总算得以雪耻。

但是，现代学术和现代科学也产生了与当初制约希腊化时代和经院哲学时代同样的局限。它们把思想和观察导入预定的范围内，这些范围都是教条地设想出来的不充足的形而上假设。现代的假设不同于以往的假设，但并非都比以往的假设好。它们把更多的存在的终极价值排斥在理性主义的思想以外。谨小慎微的职业化学术把它的研究题目转向一些琐屑的事物，诸如对纯感觉的研究，以及一些重复研究等等，它以这种方式局限了理性。然后它又固执地将经验的剩余部分归属于动物信念，或宗教的神秘主义（这些是不能理性化的），以此来逃避批判。世界又将沉入单调乏味而琐屑的理性思想中去，除非我们将一部分希腊文化所反射的阳光保留在天空上。

第八章
诸种宇宙论

第一节

在上章末，我们讨论了关于分析规律这一概念的四大相互冲突的思想学派：规律内在学说派；规律外来学说派；注意观察，即只是描述的实证主义学派；最后是传统解释的学派。我们发现，这些学派中的任何一个都可以提出坚实的理由来证实自己的学说。

没有什么别的东西比躁动不安的派别精神更能阻碍思想的进步了。温文尔雅的风度——柏拉图的这种风度，以及雅典社会中的这种风度（如果柏拉图《对话集》中所说不假）便是当时智识天才人物的一个组成部分。后来的神学家们相互持恶意的敌对态度，这一方面使他们未能去考虑他们本不该忘记去考虑的问题，另一方面也使我们无从了解他们对思想的种种贡献中所表现出的形而上的天才。

我们首先将粗略地回顾一下这些关于自然规律的学说，目的是要准确地测定它们之间的分歧点，以及它们能够调和的程度。在上章，我们引用了柏拉图为某条哲学看法所写的文雅的前言。这条哲学看法便与我们现在讨论的有关——

"我的看法便是，任何具有某种影响它物的力（power）的东西，或

153　者能被它物影响（甚至只一会儿）的东西，无论其原因是何等地微不足道，其影响是何等地微细短暂，都具有真正的存在；而且我坚持认为，存在（being）的定义就是力。"①

　　在后来进行的对话中，柏拉图表现了他作为形而上学家的高度天才。但是，为了让语言超越表达日常熟悉事物的范围，他苦苦地斗争着。研究观念史而不随时顾及新奇思想与愚钝语言之间的矛盾，那种方法会将人引入歧途。

　　另外，有趣的是我们注意到，照柏拉图的看法，哲学家与智者的明显区别在于，哲学家力图要调和各种相互冲突的学说，而每一种学说都有支持自身的坚实根据。在观念史上，关于思辨的学说至少与思辨的学说同样重要。

第二节

　　我们还是回到柏拉图的看法上来吧——"而且我坚持认为，存在的定义就是力。"

　　这一看法可以根据规律外来的学说来解释。即，存在是加于每一存在物的外来之物（external imposition），它与作用于其他同样存在物的因果作用相互联系在一起。但这种解释忽略了柏拉图确切的措词。柏拉图说的是，存在的定义便是，它施力予它物，同时又受力于他物。这便意味着，存在的实质包容在作用于其他存在的因果作用之中。这便是规律内在的学说。几个句子之后柏拉图继续说道："……作为被人认识的存在，它要受到认识的作用，所以它是处于运动中的，因为处于静态之物不可能像我们断言的那样受到作用……我们能把存在想象成没有生

①　《智者篇》，247。据乔伊特（Jowett）译文。

命、没有灵魂、处于全然无意义状态的一种永恒固定物吗?"

请注意,在这一论辩中,不受作用的便是一个固定物。柏拉图否认存在可以被设想为"处于全然无意义状态的一种永恒固定物"。所以,存在是被作用的。这与他的基本定义是一致的,即"存在"是发挥作用的,同时也是接受作用的。在这些段落中,柏拉图就这样阐明了这样一个学说:"作用和反作用"就是存在的实质,虽然需要求助于"生命和灵魂"的调节来提供活动的媒介。这个关于媒介的观点,把存在的不朽性(eternality of being)与生成的流畅性(fluency of becoming)结合起来,以多种形式出现在柏拉图的《对话》之中。很可能,不,几乎可以肯定地说,在他的《对话》中可以找到与这一学说不一致的篇章。

眼下有趣的事实则是,在这一对话的这些章节中,我们发现了对规律内在学说的清晰阐述。

闪米特一神教,犹太的和穆斯林的,这种早期天真的倾向,是接近那种把规律看成是一神的法旨的观点的。后来的思想却摇摆于这两极端之间,企图将二者调和起来。在这一点上,正如在大多数的其他事情上,西方思想史都表现为企图将本源主要是希腊精神的观念与本源主要是闪米特的观念融汇起来。现代学者,有一点思辨的味道,就是一个将他的智慧应用于他的希腊及闪族遗产的埃及人。

在这个例子中,关于规律的两种学说,或则会走向一神教学说的极端,认为本质上规律是超验的,只有偶尔才是内在的;或则会走向泛神论的极端,认为规律本质上是内在的,而绝不可能是超验的。

柏拉图在《蒂迈欧篇》中提供了一个例子,来说明在规律内在学说和外来学说之间的那种摇摆不定。首先,柏拉图的宇宙论包括一位至高的造物主,他是朦胧的,定义不清的,他把他的设计强加给宇宙。其次,内在成分的作用与反作用——照柏拉图看来——是自足的,足以解释世界的流变:"什么也不从它里面释放而出,什么也不进入它——除了它自身而外,什么也没有。"

至此,我们一直在考查现代时期出现之前统治着世界的(异教的、

154

155

基督教的以及伊斯兰教的）原初的宇宙论的基本学说。这一学说后来受
到亚里士多德、亚历山大文化时期诸学者以及经院哲学家的修正。但
是，这种融合了外来学说及内在学说的观点，虽经这样那样的调整，却
是盛行至 17 世纪初期的重要理论。

第三节

但希腊思想却提供了一种对立的宇宙论，其形式是原子论。它是由
德谟克利特提出的，经伊壁鸠鲁系统化了，后来则由卢克莱修以史诗的
形式作了解释。据卢克莱修的说法，世界就是由像雨一样的、无休止地
四射的原子颗粒组成的，这些颗粒在空间流动、偏离，相互混合，脱离
它们的轨道，又重新结合在一起。照这一学说看来，万物质量的种种差
别不过是相互混合轨道的几何图形的统计学表现而已，是原子颗粒偏离
后重新组成种种不同形式的结果而已。

柏拉图和卢克莱修都借助几何图形。柏拉图借助的是正方体，卢克
莱修则借助轨道的形状，以及原子的任意形状。在这一点上，他们的基
本看法一直得到了现代科学的证实。但是，对于伊壁鸠鲁来说，似乎有
必要以牛顿在其《原理》一书中表现的那种形而上的天真来对待空间及
运动。柏拉图在《蒂迈欧篇》中关于空间的学说，就具有一种高级的形
而上的精微性；虽然柏拉图关于"容器"的学说（他认为他所谓的"容
器"是没有固定几何形状的）与卢克莱修关于"虚空"的学说有些类
似。如果卢克莱修有能力进一步解释伊壁鸠鲁，可能他会发现有必要赋
予他的"虚空"那些几何形式，即柏拉图否认他凭空构想的"容器"所
具有的几何形式，亚里士多德否认他凭空构想的物质所具有的几何
形式。

柏拉图的宇宙论倾向于把规律外来学说与规律内在学说融合起来；

156

伊壁鸠鲁的原子论则最有助于把规律外来学说与规律即描述的学说融合起来。

这两种宇宙论之所以有这样的区别，其理由在于，对于柏拉图来说，行为（behaviour）便是事物的诸种特性的一种功能——它表现为内在灵魂的诸种理智活动，以及内在形体的诸种必然的几何形式。但是照伊壁鸠鲁看来，原子的轨道与它们的性质没有必然联系。原子共享空间关系而且是运动的，这是它们性质所固有的。但是某一具体原子的具体轨道却似乎是与其性质毫不相关的事实。现代的原子波的理论更多的是支持柏拉图，而不是德谟克利特；而牛顿的力学则是支持德谟克利特而反对柏拉图的。卢克莱修在他著作的有些地方偷偷地提出了规律内在的学说，他主要关心的是规律的支配作用，反对受迷信的蛊惑而相信鬼神的随意介入。

至于说到原子的轨道，可能有两种看法。一种理论认为它们是外加的，而这种外加理论便需要一个超验的上帝来充当施加者。这实际上是牛顿采用的宇宙论。牛顿所谓的力，不管最终表现为何种数学公式，都不过是上帝施予的外加条件而已。这种观点是 18 世纪流行的理论。上帝便这样在第一因（the First Cause）的冷冰冰的名义下出现在宗教中，并在庄严的教堂里受到体面的顶礼膜拜。

另一种关于原子轨道的理论是实证主义学派所采用的，他们把规律看成仅仅是描述。正因为如此，卢克莱修式的原子理论一直是这一思想学派最欢迎的第一宇宙原则。微细颗粒运动的轨道可归因于纯粹的偶然。它们的分布是随意的，每一轨道与其他任何轨道都完全没有联系，轨道的每一延长部分也不受早先部分的规定。

于是，如我们所知，世界对于我们混乱的知觉来说，便表现为纵横交错的轨道以及纯粹出自偶然的、交织在一起的事件（circumstances）。我们可以描述所发生的事，但一切可能的知识都仅止于这种描述。

卢克莱修是摇摆于规律外来和原子运动的偶然性这两种观点之间的。且看例子："我们也希望你理解这一点：当原子由于自身的重量在虚空中垂直下落时，在极不确定的时间和地点它们会稍稍偏离自己的轨道：你只能把这称之为偏离。如果不偏离轨道，它们便会一直降落，像雨点一样穿过深邃的虚空，那么在这些原始基体（即原子）之间，便既不会有相撞也不会有相碰——这样自然便永远不会创造出任何东西来。"[1]

158　　然而，他严格地限制了他的偶然性的说法。[2]

　　"你恐怕会认为只有生物才受这些条件的限制，为了防止你有这种看法。我要说，这一规律是制约一切事物的。"

　　同时，他也流露了对极端的实证主义的反对意见：囊括广袤星汉且跨越漫长时间的如此广泛的规则演变，不可能纯粹是偶然的产物。

　　对于这种意见，有两种回答。首先，时间和空间的量是很大的。我们讨论的是从无限到无限的整个空间，从永恒到永恒的整个时间，以及无际无涯的整个存在，这一切都不能依据有限的数来理解。在任何具有有限原子量的有限的时空领域，任何预想的原子运动的轨道，无论它是简单或复杂，也同样是不可能的；无限的可能性不允许它那样。但是我们打交道的不是一个预想的概念，我们观察的是有限领域内实际存在的情况。情况肯定会是某个样子，而我们所观察到的实际上便是情况一直所是的那个样子。这儿没有任何预想的东西，所以不存在无限不可能性的问题。的确，我们脑际有预期浮动，但这些预期不过是对实际上发生过的事情的模糊记忆，其中夹杂着对以往事实进一步的详细分析。过去的事实既非可能也非不可能，它不过是实际上发生在我们观察范围内的东西而已。

　　第二种回答采取了那种派生于规律内在学说的观点。它认为没有必要——的确一丁点理由也没有——夸大我们观察之下的这个时空领域的

---

① 见《物性论》第二卷，第 216～224 行。H. A. J. 门罗译，见于 G. Bell and Sons 出版公司出版的 Bohn 丛书。也可参见西理尔·贝利（Cyril Bailey）的译文《卢克莱修物性论》，牛津大学出版社 1929 年版。
② 见《物性论》第二卷，第 718、719 行。

秩序。对于僻远的地区以及往昔的时代，我们对其秩序只有很一般的了解。那就是我们所知的一切。在当代，我们对此了解得更详细了，但是我们的观察是粗糙的、不准确的、零星的。同样，那就是我们所知的一切。我们不应该超出我们的直接认识一步，去推导、去预想。实证主义者没有依据去进行超出直接观察的思辨。

159

第四节

实证主义的重要思想学派，其史诗是卢克莱修的那部诗，目前在科学领域占统治地位。它的目的是专注于事实，而抛弃一切思辨。不幸的是，在各种不同派别的意见中，它是最经不起与事实相面对的。它从未被实施过。它永不可能被实施，因为它不能提供一个立足点，以便让人能怀抱着目的去预言将来。

但是，在让实证主义面对人类的实践之前，我们留意到原子论已披上了现代思想的新装，这是一件十分有趣的事。认识论出现了，它的作用是要批判一切自称认识的学说。今天，"我们怎样认识"这一问题要先于"我们认识什么"这一问题。

此处，原子论的学说又出现了。不过，德谟克利特关于宇宙论科学的原子论被休谟的关于认识论科学的原子论替代了。伊壁鸠鲁提出的学说认为，物质世界的基本成分是物质的原子，它们下雨般地弥漫于空间，彼此的轨道相互交错着。休谟提出的学说则认为，人们主观假设的、存在于认识活动中的基本成分，是感觉的诸种印象，它们像雨一样流进经验的河流，彼此结合起来构成记忆，能激发起情感、反省和期望。但是照休谟看来，每一个印象都是一个明显的存在物，由于莫名的原因而出现在灵魂中。伊壁鸠鲁赖以为基础的认识论与休谟的认识论是紧密关联的。

160

　　实证主义利用了休谟的原子论，并把休谟看成它的领袖。科学的任务被解释成只是系统描述持续存在于、经常出现于经验河流中的诸种同一模式。但是，既然休谟研究的是主观经验，他便能添加一个不接受伊壁鸠鲁更客观的学说的必然结论。他添加的结论便是：我们期望我们所观察到的、在过去反复出现的事物也出现于将来。说到这点，我们不禁想起霍茨珀（Hotspur）的问题："但是当你召唤它们时，它们真的会出现吗？"对于这个问题，休谟步了格伦道尔（Glendower）的后尘，未作回答。人们期待反复出现的事物的确又出现了，这是人们在过去观察到的一个事实。但是实证主义的科学只关心观察到的事实，是不会冒险去猜测将来的。如果观察到的事实便是我们所知的一切，那么就不会有其他知识了。盖然性是与知识相关的，而在实证主义的学说中却不存在盖然性。

　　当然，大多数搞科学的人以及很多哲学家都利用了实证主义的学说，以避免去思考那些恼人的基本问题——简言之，就是回避了形而上学——另一方面他们又悄悄地乞灵于他们的形而上信仰，即"过去的确规定着将来"，以此来维护科学的价值。

　　的确，正如休谟所指出的那样，没有这一信仰，人类生活是无法继续下去的。正是因为如此，今日的实证主义学说才把某种形式的原子论作为基础，不管是客观的原子论抑或是主观的。它因而推论道：科学的唯一任务便是详尽阐述那些对观察物的简单描述。

　　有一种错误的观点认为，数学里的神奇的统计学可以以某种方式帮助实证主义避开自身固有的缺点，使之不局限于它所观察到的过去。但是，除非你假设统计的形式是永久性的，否则统计学不会告诉你任何关于将来的事。举例来说，为了用统计学来进行预言，你必须假设平均数、众数、概差以及用统计方法表达的函数关系的对称性或非对称性等等这一切都是稳定的。数学可以告诉你由你的信仰推断出的结果。举例来说，如果你的苹果是由有限的原子构成的，那么数学可以告诉你这个数是奇数或是偶数。但是你不能要求数学为你提供苹果、原子以及原子

161

具体的数目。我们不能仅仅从概率出发，正确地推导出事实。换言之，单靠数学是推导不出具体的性质的。

第五节

现在是让实证主义的学说来面对科学史的事实的时候了。我们要想发现表现在科学家实践活动中的那种意图。为了避免有人怀疑我抱着偏见选择例子，我们且以最近的这次发现为例吧。目前，在我写本章的这个当儿，这一发现成了美国各家报纸的热门话题。我指的是亚利桑那州洛威尔天文台发现一颗新行星的事。① 对这一发现的最终解释与预测无关，即使是在满足我们预言的时候自然也常会提供令人吃惊的事。以往发现海王星的事，以及发现很多双星中的微弱恒星的事，还有月亮运动公式中的著名的经验期等，都是这种事的典型。

最近这次发现的根据是：人们观察到天王星和海王星偏离了人们计算的轨道。这个计算包括了太阳系已知天体对这两颗行星运动的影响，这当然根据的是万有引力定律。但是人们观察到，它们的运动稍稍偏离了如此计算出来的轨道。要制订一个数学公式来描述这一偏离，自然不是什么难事。这一公式将具有最基本的数学特征。它将包括一些涉及三角中的正弦和余弦的术语，一些数字解释两颗行星的周期，另一些数字解释它们的倾角，还有些数字则解释它们的时期，或者，用现代流行的术语说，它们的"零时期"。总之，是一个简单得可爱的描述。这个描述一定会讨柏拉图的喜欢，因为它为柏拉图当初那些对将来数学的大胆设想提供了例子。

每一个实证主义者肯定都完全满意。一个符合所观察事物的简单描

162

---

① 指 1930 年洛威尔天文台发现冥王星的事。——中译注

述终于完成，他们又能重新抱定他们那未经解释的信条：这些公式在将来仍将继续描述天王星和海王星的运动，实证主义已经将信息传达干净，一点不剩。但是天文学家们却并不满意。他们仍记着万有引力定律。珀西·洛威尔算出了加速度矢量成分的方向和大小，最后设想出一个以椭圆轨道绕太阳转的点，其轨道甚至比海王星的还远。他成功地选择了他所假想的轨道，因而得出结论，加速度的量与海王星和那个移动的点之间的距离成平方反比。一种新的描述方法被发现了，它要求用某种复杂的数学方法把这一个点与天王星的连续位置联系起来，但同时又要符合牛顿定律的一般形式。可见人们在进行概括方面已有进步。如果你善于鉴赏各种描述，你会感到这是很令人愉快的。但是我们已忘记了我们主要关心的事了——我们只需往天上一看，朝着珀西·洛威尔所说的那个移动的点的方向看去，我们便会看到一颗新的行星。然而，我们肯定不会看到它。任何人看到的只是感光板上的一些微弱的小点，就这个还必需精良的拍摄术、高级的天文望远镜、精密的仪器设备、长时间的曝光以及天气晴朗有利于拍摄的夜晚。新的解释包含用一大堆物理定律进行思辨推理的方法，这些定律牵涉到天文望远镜、光以及摄影术，总之，是一些声称只记录观察到的事实的定律。这种新的解释牵涉到在天文台范围内的种种具体情况中思辨地运用这些定律，而这些定律从这些具体情况中尚未同时得到证实。这种纵横交织的思辨推理的结果就是把天王星和海王星偏离轨道的事与感光板上的小点联系起来。

这一叙述是按照实证主义理论最严格的要求设计的，它是对明白事实的滑稽模仿。文明世界一想到有人发现了一颗新的行星，它孤独而遥远，围着太阳转了不知多少年并对各种事态施加着它那微弱的影响，兴趣便被激发起来了。这颗星最终被人类的理性发现了；人类的理性深入到了各种事物的性质并揭示出它们相互联系的必然性。对规律进行抽象的推理，这在实证主义的理论中是没有根据的，它是对物质的持久性有着抽象的、形而上的信任所引起的结果。这些物质便是诸如望远镜呀、天文台呀、山呀、行星呀这样一些东西，它们根据宇宙的必然性（这包

括关于它们性质的种种理论）而相互发生作用。关键在于，这种超越直
接观察的抽象推理导致了对形而上学的信仰，且不论这些形而上的观点   164
在明确的思想中表现得是何等的微弱。我们的形而上的知识是少量的、
浅薄的、不完全的，因此常常会有错误发生。但是，尽管如此，形而上
的理解却指导着想象，并为目的提供依据。没有形而上的预想，就不可
能有文明。

至于说到科学的方法，则有一教训可以吸取。所有的科学进步都需
要首先制订一个公式以对观察到的事实作一个一般性的描述。洛威尔就
是以他面前的那样一个公式，即对偏离的简单数学描述，而进行研究
的。在某一个阶段，一切发现的方法都与实证主义的学说相符。毫无疑
义，在这个狭义范围内，实证主义的学说是正确的。

某些科学的分支就在这个阶段停滞不前达数个世纪之久。那个时
候，它们的信徒们接受了不严谨的实证主义学说。但是，科学家的内心
有一种不安的冲动，它促使他们不仅仅满足于简单的描述，甚至一般性
的描述。这种冲动渴求获得解释性的描述；那种描述会证明：超越观察
的实在而具体的事例而对规律进行抽象的推理是正确的。

这种追求解释性描述的冲动使得科学与形而上学之间相互产生了影
响。形而上学的学说得到了修正以便能提供解释，同时科学的解释也是
以萦绕于这些科学家想象中的流行的形而上学为依据来设计的。

从柏拉图时期到当今的这段思想史，其中一部分就是形而上学家与
实证主义者就如何解释自然规律相互所发生的争论的历史。希腊人，不
同于亚历山大文化时期的学者们，更多地被后世视为观念的发现者，而   165
不是观念的整理者。所以，柏拉图在这个问题上的态度不像在前面的引
文中所表现的态度那样明确，就不令人惊奇了。在他的一些对话中，他
的注意力集中在观念的永恒世界（那是完全对理解开放的世界）与感觉
所揭示的流变世界（它一点也不明确地享有永恒的形式）之间的区别。
在那种程度上，感觉世界对理解是封闭的，它的历史被简单地归类为单
纯的事实，而不能完全的理性化。但是，从构想山洞洞壁上影子神话的

柏拉图到休谟（即写"人性论"时的休谟）、穆勒、孔德及赫胥黎等人的成熟的实证主义学说之间，仅仅只有一步之遥。这种精神状态下的柏拉图与现代人之间的主要区别——这是很重要的一个区别——在于柏拉图强调观念永恒世界的显著的实在性，而大多数的这些现代人却用唯名论来取代它。

但是在他稍后的对话中，柏拉图的兴趣却集中到宇宙论上去了；而且，正如前面的引文所表现的，他最后的判断或者他的老年昏聩把他引向了一个介乎规律内在学说和外来学说之间的中间位置。

第六节

后来，正是在不同心境中的柏拉图提出过这样的看法，"而且我坚持认为，存在的定义就是力。"这一看法可算是给予规律内在学说的特许状。

这一学说历史上的下一个重要里程碑，是大约四百至六百年后由亚历山大学派的神学家们提供的。人们习惯于低估神学在世俗哲学思想史上的价值。这是一个错误，因为在大约一千三百年的时期内，最能干的思想家大多数都是神学家。

166　　　亚历山大学派的神学家们受过训练，相信上帝存在于宇宙之中。他们思考过这样一个普遍的问题：上帝这个原初的存在（他是致使世界不断循环变化、终归有序的源泉）是如何与世界万物分享其性质的？在某种意义上，他是一切流变事物性质中的一个成分。所以，要理解尘世事物的性质，就应懂得，上帝这个永恒存在是存在于宇宙万物中的。这一学说导致了规律外来学说与规律内在学说归于一致，因为依照这一学说，趋向有序的必然性并非是某一超验的神强加给万物的意志。它出自这样一个事实：存在于自然中的万物分享了存在于万物中的神的性质。

这一学说无论以什么清楚的形式都不是柏拉图式的，尽管它是从柏拉图的学说自然地修正而成。然而，柏拉图在《蒂迈欧篇》中提出的世界灵魂可绝对不是指的最高的造物主。柏拉图的这一观点为诺替斯教（连同他们那一整套关于流射的奇异学说）以及阿里乌教徒们铺平了道路。在《蒂迈欧篇》一书中，世界灵魂这一说法可以当作寓言来读。这样看来，它可是柏拉图关于神话的作品中最不幸的一篇文章了。世界灵魂，作为神性的流射物，是产生低级形而上学的源泉。这一概念把关于永恒的实在与流变的实在之间的关系这一基本问题弄混了：世界灵魂必然是存在于万物中的成分，而不是一个超验的流射物。

西方关于神恩的学说来自圣·奥古斯丁。这一学说十分倾向于认为：一个全然超验的神把他的偏好强加给世界。卡尔文所刻板表达出来的这同一学说暗示了摩尼教的这一观点：一个完全罪恶的物质世界听凭上帝武断的选择而部分地得到拯救。照卡尔文教的思想看来，这个世界的物质秩序，是神根据他的意志随意强加给世界的。奥古斯丁的学说也有这一思想的若干特征，因为它认为世界秩序来自一位超验的神，或者出自一位存在于宇宙万物之内的神的性质。

这一未经质疑的对秩序的信仰，其历史是一波三折——从柏拉图和伊壁鸠鲁，到诺替斯教派，然后到亚历山大学派的神学家、安提阿和摩普绥提亚（Mopsuetia）教派的唯理主义者、摩尼教派、奥古斯丁、卡尔文——最后，在19世纪，开始了它现代世界的第一阶段。它坚定地以这一认识为先决条件：自然的秩序是存在的，它的每一个细节都能被人类所理解。

这一信仰可以回溯到柏拉图和那些犹太的先知们。但是，很可能他们当中任何人也未曾清楚地将其系统阐述出来，或执著地信仰它。对于自然的秩序，卢克莱修曾对其精确的细节进行过最清楚的阐述。但是就连他也只好让万物取决于原子的偏离，而这种偏离却发生于"不固定的空间和不固定的时间"。

167

第七节

17 世纪的终止标志着宇宙生成学说又稳定了两百年。此刻，极端的实证主义学说已被消除。但是很奇怪的是，牛顿、莱布尼茨、洛克这三位雄踞当时思想界的著名人物对于柏拉图及卢克莱修的问题却给出了三种不同的解释。

牛顿的学说证明，那种当时及稍后的科学状况所需的一整套方法是正确的，因而更有用。他坚持用最单纯的形式来表达卢克莱修关于"虚空"的学说、关于物质原子的学说以及规律神定的学说。他探讨形而上学的唯一表现在于他把"虚空"和神性自然的感觉中枢联系起来的那种方法。他的宇宙论很容易理解，但却很难让人相信。在两个世纪的时间里，它的实用性得到了最好的证明。所以在同一时期里，它的真理性实际上建立起来了。牛顿的学说将作为一种清楚而独特的观念体系永存下去，而且会得到很大的应用。任何其他的宇宙论都必须要能够解释这一体系，并指出它的局限性。

莱布尼茨的单子论构成了又一种形式的宇宙原子论学说。没错，牛顿确实采用了笛卡尔物理学的一些主要主张。但是牛顿对笛卡尔思想中的一些主观偏见确实一无所知。牛顿发现自己认识了很多东西，这些东西都是以笛卡尔的方式来阐释的；他成功地提出了经他系统化了的这一认识，仍然是以笛卡尔的方式阐释的。然而笛卡尔在攻击物理学的问题之前，提出了以下的重要问题——我是怎样认识的？我如何才能消除我知识中可疑的阐释？这一系列的主观思想，经过一个世纪的哲理化之后，才由休谟的精神原子论（本章业已提到过）给出了结果。

莱布尼茨敏锐地意识到知识批判这一问题。于是他从主观方面来接近宇宙论这个问题，而卢克莱修和牛顿则是从客观观点出发来接近它的。他们含蓄地问了这样一个问题：对于研究世界的智者来说，由原子构成的这个世界看起来到底是个什么样子？对于原子构成的宇宙这一壮

168

观，如此的一位智者会说什么？这些问题的答案包含在卢克莱修的史诗以及牛顿的《原理》这些不朽的著作中。

而莱布尼茨回答了另一个问题。他解释了作为一个原子该是个什么样子。卢克莱修告诉我们他人眼中原子是个什么样子，而莱布尼茨则告诉我们原子自我感觉是个什么样子。在他的讲述中，莱布尼茨奋力与一个影响了现代宇宙论的难题搏斗着，这是一个亚里士多德、卢克莱修以及牛顿都视而不顾的难题——也许他们本来要宣布它是建立在错误的基础上的。笛卡尔则让自己在旧方式和他所创立的新方式之间保持着精确的平衡。对于新思想派别的创建者，这是常有的事。现代世界观来自亚里士多德逻辑学的缓慢影响，其经历的时间为两千年。亚里士多德的逻辑学也是始于对一句简单口头句子的分析。例如，"这水是热的"这个句子就把温度高这一特性赋予了某一具体澡盆中的具体物质——水。"是热的"这一性质是一个抽象观念。许多不同的事物都可以是热的。我们可以不想到澡盆中任何具体热的东西，而单单想到"热的"。但是，在实在的物质世界，"热的"这种性质只能作为具体热的事物的特性而出现。

我们且再来根据亚里士多德的逻辑学举例。如果我们索要一个对物质世界中某一实在具体事物的完整描述，完整的答案就要用一整套这种抽象特点来表达，这些特点组成一个具个性化的联合体，它便是该实在事物。

这个答案简单得美丽，但是它完全没有考虑到实在事物之间的相互联系。这样一来，每一实体物都被看成本身是完整的，与其他实体物没有关系。对基本原子或基本单子，或享有经验的主体作如此的描述，便把这个由实在个体组成的相互联系的世界变得难以理解了。宇宙被分割成一大堆各不相干的实体，每一实体以自己独有的方式表现自己那一套抽象的特点，这些特点在这一实在的个体中找到了它们共同的家园。但是，这样的实体不能同其他实体发生联系。这样的实体可以获得质量，可以获得信用，而实在的地产呢，绝不可能。这样一来，亚里士多德关于称谓和关于基本实体的学说就发展而为实体的诸属性相互联系而基本实体之间却相互分离的学说了。

所有的现代认识论和现代宇宙论都为此问题而大伤脑筋。照它们的学说看来，在隐蔽处存在着一种神秘的实在，其实质是不能通过直接交流认识的。而在直接经验的公开处，却存在着各种性质的作用和它们彼此间的交互作用；这些性质使得相关的孤单个体的实体性统一在表面上呈现出千姿百态。

但是每一个经验主体的一个特征便是，它都有一种神秘的冲动，欲阐释由自己的诸特性组成的那个私有的世界，以此表明并象征性地解释诸基本实在之间的那一整套交流。尽管如此，根据这些现代宇宙论学说，这样的交流是如何进行的，因何而起，则永远是超越理性的；因为理性只能辨识构成个体物质天性的那一整套性质。

这些便是亚里士多德逻辑学对于宇宙论理论漫长而缓慢的影响。莱布尼茨是第一个，也是最伟大的一个既接受现代宇宙论学说，又坦率地面对它的困难的哲学家。他大胆地把上帝排除在宇宙论学说的范围之外。上帝与每一个单个的单子是相互交流的。因此，据他的学说，单子与单子之间，以上帝为媒介，存在着间接的交流。但是每一个单子又根据自己的特性独立地发展自己的经验；它的特性是在与上帝的交流中最初被打印上的。莱布尼茨的前定和谐说所表现出的规律学说是规律外加学说的极端例子，它可以以某种方式受到上帝无所不在观念的缓解。但是他没有解释，为什么上帝这个最高级的单子不遭到其他单子都有的彼此孤离的命运。照他的学说，单子与单子之间是没有互通的窗子的，那么为什么它们都有通向上帝的窗子？为什么上帝也有通向它们的窗子呢？

考查一下古代的宇宙论者——柏拉图和卢克莱修——是如何回避这一难题的，将是一件有趣的事。

首先，必须承认，在柏拉图的《对话集》中可以发现许多有漏洞的表述以及许多系列的思想，它们本身便可能直接导致这一现代难题。以是观之，我们可以在柏拉图的学说中发现亚里士多德逻辑学的萌芽。但是，在古代的诸宇宙论中，包括在亚里士多德关于物质的学说中，也可发现另一系列思想，它实际上是一种关于真实交流的鲜明学说。柏拉图关于真实容器（υποδχη 和 χωρα）的学说，与伊壁鸠鲁关于真实虚空（το κενου）的学说在一些细节上是有区别的。但是这两种学说都明显地断言诸基本实在之间的真实交流。这一交流并非偶然，它是每一物质现实（actuality）基本天性的一部分，乃至于它本身就是规定容器特性的宇个成分，同时，容器的诸特性也进入了交流本身的天性之中。照柏拉图看来，容器无形地加入这一交流之中，从中产生了各种现实。然而，他把这一交流称之为"一切形成（becoming）的养母"。后来，在同一对话中他又称它为"一切事物的自然的子宫"。它由于包容诸种现实而获得自身的诸种形式，同时它又不能以某种方式从这些现实中抽取出来。在《蒂迈欧篇》一书中所讨论的容器说表明，柏拉图将这个物质世界的诸现实设想成是彼此包容在彼此的天性里的成分。这便是规律内在的学说，它来自现实相互包容的学说。[①]

172

　　所以我们终于能够理解，柏拉图的容器说、卢克莱修的虚空说，以及莱布尼茨的上帝说，在宇宙论理论中所起的都是同样的作用。牛顿在他所作的一般性附注中，也明确地将卢克莱修的虚空说与莱布尼茨的上帝说结合起来了，因为他把空洞的虚空称之为"上帝的感觉中枢"。这儿我们看到了各具天才的人物的惊人展示——柏拉图和亚里士多德、伊壁鸠鲁和卢克莱修、牛顿和莱布尼茨。现代宇宙论都是我们业已讨论过的那些重要宇宙论类型的详细的变体形式。它们的研究都是环绕关于规

---

① 在这个问题上，很有趣的是人们留意到，要确知笛卡尔是坚持具有多种运动样式的一个单独的物质实体的学说，或是信奉靠广延关系本质上联系起来的许多单独的物质实体的学说，这是极端困难的。在这一点上，几乎他的所有用语都是模糊的，唯有《哲学原理》第一部分的原理第60是个例外。此处他毫不含糊地说到了每一物质实体，因此——至少在此处——对此种物质的复多性作出了有利的决定。不管他坚持哪一种学说都会把他导向困难。

律的各种概念、关于实在个体相互交流的各种概念、关于获得如此的交流所需的媒介基础的种种概念。另一个来自这些普遍原则，但对人类生活又相当重要的问题便是：关于人的精神在事物系统中的地位。

173　　关于宇宙论理论的这一较特别的问题是本书上一章的主题。在上章我们已经阐明了它对人类历史进程的重要影响。但是切不要认为，宇宙论的更普遍的问题存在于实践兴趣的范围之外。各个时期对人类活动的指导，以及同一时期这些指导之间的冲突，都是解决这一宇宙论问题的不成熟以及成熟方案（它们在人群中得到推广）所造成的结果。上百万的人曾进军去进行严酷的战斗，鼓舞他们的是对意志坚定的真主所制定的规律的不动摇的信仰。那规律让每一个人享有他不可避免的命运；那规律让每一个虔诚的穆斯林或则享有胜利，或则享有死与天堂。经佛教教义的明确指示，上百万的佛教徒避开了那种狂热地信仰非个人的、无所不在规律的穆斯林情感所固有的弊病。由于基督教中的柏拉图主义，这两种学说相互有所和解，上百万的人就是根据这一和解来塑造他们的生活的。

最后，现代人不懈地追求观察的进一步准确性、解释的进一步详尽性，这也是建立在对规律的权威不容置疑的信仰之上的。没有这样的信仰，整个科学事业便会是愚蠢的、毫无希望的。

第八节

我们至今尚未讨论关于自然规律的四种学说中的最近的一种——习俗阐释的学说。这种学说显然表现了自由思辨发展而为对自然的解释的那个过程。我们引申发挥一套观念，完全脱离对事实的直接、详细的观察。举例来说，这种脱离详细观察的方法，在表面上，似乎就是柏拉图诸对话的特色。这些对话一点也没有从事实进行耐心推论的样子。它们

充满了思辨和辩证法。同时，数学也发展了，特别是最近几年。这是由 174
于对秩序类型的思辨兴趣，尽管没能够说明这些类型的具体实体。但是
后来，依据这些数学规律人们对自然进行了解释。似乎可以作出这样的
结论：自然有耐性容许我们依据碰巧使我们感兴趣的规律来解释它。

另一种考虑也支持这个观点。我们在解释物质世界的几何特性时，
所作的选择有点带随意性。数学家已经证明，凡是能够举例演示欧几里
德度量几何学的领域，也必能举例演示椭圆度量几何以及双曲度量几
何。更有甚者，如果我们以这三种类型中的任意一种开始，我们能够证
明，其他两种类型在同一内容里也分别被举例演示了。

但是倘若作如下的推论（有些数学家就如此作过）便完全是错误
的：这一数学真理与把自然规律看成是任意习俗的观点有关。因为在这
三种应用于同一内容的度量几何中，对于距离的定义是不同的。因此数
学家证明了，如果有一种欧式度量几何，那么就有一种适用于同一内容
的椭圆度量几何，它自有其关于距离、关于全等的定义。因此，在同一
内容内，便有三种不同的表示关系的系统，它们三者联系在一起，乃至
于只要一个出现，另外两个便会出现。当然，要依据另两套关系中的任
意一套来描述一套关系也是办得到的，虽然很笨拙。在这里面除了这样
一个明显事实外是不存在任何"习俗的"事情的，我们可以将注意力集 175
中在任何选定的事实上。当然，问题仍然存在：当我们说我们已步行了
三十哩，感到疲倦时，我们指的是哪一组几何关系？是三十欧几里德
哩，抑或是三十椭圆哩，抑或是三十双曲哩？这里，无论在哪一种情况
中，我们所提到的事物的标准可以是相同的，即华盛顿哥伦比亚特区里
两个固定点之间的间距。

另外，还有一个几何上的模糊问题。如坚持同一式几何——比方说
欧式几何，然而其他两式的任意一种也是同样可以的——坚持欧式几
何，便会有无数个定义距离的不同方式，以致会产生出不同体系的欧式
几何。于是，只要我们承认某一体系适用，其他无数个欧式几何的体系
便也都适用。所以当一个朋友说他开车一百哩来看我们时，我们应当弄

清楚他所采用的到底是哪一种几何度量制。如果他单单只是回答欧式几何，便仍未能解决问题。而且，那区别还不一定微小。照一种度量制所说的某两城间的一千哩，照另一种度量制可能就是两千哩。因此，每一个立法机关应尽快解决它所要采用的度量制。这个问题可与英里和公里的区别无关，也与度量制的不完善无关。那些是小得多的问题。

显而易见，除了知觉有些小小的不准确以外，我们实际上采用的都是同一度量制。三十哩对任何人来说都是一段长长的步行路程，这是天然的事实。它与习俗无关。因此，我们讨论自然规律的习俗性时，完全犯不着乞灵于几何学。

第九节

176　　但是，几何学的类比却提出了一个重要的见解。众所周知，几何学可以在不用度量的情况下得到发展——这样，表明点时就用不着提到距离长度、数字坐标。以这种方式发展而成的几何学一直被称之为"非度量投影几何"。在另外的地方①，我称它为"交叉分类科学"。亚里士多德的分类学将物分为类、种，及亚种；这是一种互不包容的分类科学。它发展了柏拉图提出的万物"分有"理念的学说。

投影几何学不过是交叉分类科学的一个例子而已。其他这样的科学未能发展起来，有部分原因是因为没有明显的应用来激励它们，另外则是因为这类科学所要求的抽象思维没有引起多数数学家的兴趣。举例来说，在《数学原理》② 第93节"关系域的归纳分析"一文就提出了那类科学的又一种。实际上，整个第一卷谈的就是创立非数学的准几何科

---

① 参见"投影几何学原理"，《剑桥数学论文集》第四卷，剑桥大学出版社1906年版，所提之处见第三部分，第一章。
② 剑桥大学出版社1910年版。

学，同时也谈到发挥这些科学的技巧。该书接下来的几部分专门论述了那些牵涉到数和量的更专门的数学科学。

我们提到《数学原理》一书，目的是要提醒我们自己：从度量得来的诸种数的关系构成了一种非常特别的数学进展的内容。如果不把揭示普通几何独立于度量和数的程度这一给人深刻印象的成就计算在内，这一进展便可算是数学中唯一真正重要的部分了。

因此，纯抽象的科学，连同它们的规律、它们的规则、它们那些复杂的定理，总之，这些数不清的纯抽象科学，都还未得到发展。我们几乎不能回避这样一个结论：自然以它自己的程序演示许多这样的科学。我们看不见这样的演示，因为我们不知道如何去寻找那类规则。在那种情况下，我们只会模糊地感觉到新奇情况中的某种熟悉的东西，而不知道对这种模糊的感觉如何作出分析。

至于说到浮现于人意识中的那些自然规律，这里面的确有一定的习俗的成分。那些规律浮现于人意识的先后顺序，则取决于文明人类实际上选择哪些抽象科学来加以发展。

但是这样的"习俗"不应该被歪曲成这样的意思：自然中的任何事实都可以被解释成是在演示我们喜欢指派给自然的规律。

第十节

这一对各种可能的自然规律类型的讨论，使人们注意到以下三者之间的区别，在进行哲理讨论时应记住这一区别，这是很重要的。它们是：1. 我们直接的直觉，这是在能用语言表达之前我们便享有的。2. 表达这些直觉的文字方式，以及从这些语言程式辩证推论出来的东西。3. 那一套纯粹演绎的科学。人们发展了这些科学，于是这些科学所研究的那一整套可能的关系便在文明化的意识中变得熟悉了。

标题 3 下的那些科学让人们注意去探索经验的幽秘处，同时也帮助
178 提供属于标题 2 的语言程式。哲学中的主要危险在于，从不充分的程式
中辩证演绎出来的东西会使人们不能明显地注意直接的直觉。事实上，
抽象科学倾向于去纠正语言的不充分所造成的恶果，去防止随之会发生
的、预先假设语言充分性的危险逻辑。

第九章
科学与哲学

第一节

从某种意义上讲，科学与哲学不过是人类同一桩伟大精神事业的不同方面而已。我们将讨论在将人性提高到超出动物一般水平的工作中，二者之间的合作。在低级的动物水平上，审美的见识、技术的成绩、社会关系的组织，以及深深的感情都有零星的闪现。夜莺、水獭、蚂蚁，它们对于后代慈爱的养育，都可证明动物世界中这一生活水平的存在。当然，只有在人类中，所有的这些行为方式才达到了无法估量的更高水平。在人类中，这些不同的行为方式表现了更为繁多的、适应特殊情况的方法。这些行为方式更为复杂，更为错综交织。但是毫无疑问，在动物之中，也存在着这些行为方式。只是它们表现得直白，能被我们观察到。

迄今为止的事实证明，在地球上的所有生物中，科学和哲学只属于人类。它们二者都注重如何将个别的事实理解成为表现普遍原则的实例。原则被抽象地理解，而事实则被理解为对原则的体现。

举例来说，动物似乎都熟悉物体下落的习惯。它们对这一现象一点也不感到惊讶，而且它们自己也常常撞倒东西。但是，我们发现，在现代欧洲科学历史的很早时期，亚里士多德便总结了这样一条定律：物体有向地心下落的倾向。几乎可以明确地说，这条定律不是亚里士多德发现的。这是希腊思想中盛行的常识，虽然它并不为全体人所接受。但是，正是在亚里士多德的著作中，这条定律被明确地提出来了，我们就犯不着离题去进一步考证了。对我们来说，这条定律似乎有些古老过时，而且事实上它也并不完全正确。它太特别了，需要有严格的限制条件，然后才能对它所陈述的事实进行准确的量化。我们将发现，这一定律那以后的历史，以及对它进行相继修改的历史，清楚地显现了科学与哲学之间的相关作用。

我们还是首先考查一下亚里士多德的这条定律吧。西方科学的历史要从米利都的泰勒斯（他生活在公元前 600 年）时算起，这条规律便是西方科学史上较早的学说之一。大致说来，它有大约两千五百年的历史。当然，在埃及、美索不达米亚、印度和中国，对此定律预先也有所察觉。但是，被人类精神中的好奇心所推动的、充满了批判精神且又摆脱了传统迷信的现代科学，确实是由希腊人发端的。在那些希腊人中，泰勒斯是我们所知的最早的一位典型人物。

照这样为科学和哲学进行一般性的定性，它们之间是没有区分的。但是，上文所用的"好奇心"一词有点分量不够，不足以表达推动人类向前的那种内在动机。"好奇心"一词，在更大的意义上（我们此处正是这样使用它的）指的是那种理性的冲动，它希望理解从经验中分离出来的事实；意思是拒绝满足于杂乱无章的事实，或者拒绝满足于单纯的常规习惯。当人们懂得了每一常规都是说明某一原则的实例，每一原则都可从它的众多具体实例中被抽象地表述出来，这时，科学和哲学就算迈出了第一步。这种好奇心是推动文明前进使之不满于旧日安稳的牛虻，它就是渴求抽象地表达这些原则的那种欲望。在这种好奇心中有一种无情的成分，它最终是使人不安的。我们或则是美国人，或则是法国人或英国人；我们喜爱我们的生活方式，喜爱它们的美好处，也喜爱它们的弱点。但是好奇心推动我们去为文明下定义。于是在这种追求一般性结论的工作中，我们很快就发现，我们失去了我们所热爱的美国、法

181

国或英国。在我们的感情眷恋某一具体对象的地方，一般原则却保持着冷冰冰的公正。

对亚里士多德地心引力定律的考查，说明了科学所固有的这一抽象过程。这一定律涉及对我们周围事物的一种分类。有特性是往下落的重物体；有其他的要素，比如火焰，其特性是往上升，虽然它们是地球表面的组成成分。这些上升的事物升向它们自己的地方，那便是天空。恒星和行星形成了第三类事物，根据它们自身的天性它们是居于天上的，它们既不可生又不可灭。依照根据物理性来划分组成成分的分类法，还有第四种成分，它的特性是独一无二的，因此它便是它那一类中的唯一成员。这一成分便是地球，宇宙的中心、宇宙间所有的其他类的存在物都要依据它来定义。

通过对具有物理性的各种成分进行分类，亚里士多德用科学和哲学对具有物理性的事实作了全面的分析。人们会注意到，分类完全是根据作用来进行的，这简直是现代的方法。从前不可解释的泥沼，瘟疫般地流行着玄谈和巫术，而今被亚里士多德改造成了庄严而协调的系统，晓畅易懂，而且是建立在我们经验中明白而常见的事实的基础上。就它的一般范围而言，它既是哲理的又是科学的，而且后来为基督教的教义提供了物质的背景。八百年后它被推翻，却同时遭到路德和罗马教会的抵制。作为一种庄严的归纳概括方法的范例，既诉诸明显的事实，又不纠缠于琐屑的细微区别，亚里士多德的普遍物质宇宙观至今仍然是无人超越的。凡是它所描述的特征，都要诉诸观察；凡是它所诉诸的观察，都要求有尽可能的无限期的重复。亚里士多德和伊壁鸠鲁使得现代文明的科学进入了幼年时期。

182

第二节

亚里士多德学说的分明的清晰性，正是柏拉图的宇宙论十分缺乏的。当然，柏拉图也好，亚里士多德也好，都没有开创自己独特的思想路线。在他们之前已有三四代的思想家，一直可追溯到泰勒斯和毕达哥拉斯这样的模糊朦胧的人物，甚至还要更远。另外，亚里士多德在柏拉图学园里工作了二十年，他从那一群活跃深思的思想家那儿汲取了思想；现代世界的思辨习惯、批判精神，它的演绎和归纳的诸种科学，以及它文明化的宗教概念都应归功于那一群思想家。他们是一条狭窄的通道，埃及、美索不达米亚、叙利亚以及希腊文明等诸种混合传统都要从那儿通过。从柏拉图学园以及它的亚里士多德的分支机构，涌现出各种各样的思想路线，这些思想路线被后来的亚历山大诸学派发展而为第一阶段的现代科学，包括自然的和人文的。毫无疑问，世界于是便失去了它的奇诡性，因为先知被教授取代了。换言之，随着科学运动深入了思想习惯，直觉信念一经批判便枯萎凋残了。但是，虽然知识受到人性的种种局限，在广袤的宇宙中它又只能茫然漫游，它却重新规定了人的生活，并使得追求理智分析方法的美德成为可能。

在二人的共同努力下，柏拉图和亚里士多德成功地表明了科学与哲学之间的重要联系。科学强调对具体情况的观察，强调归纳概括，从而根据具体事物的作用方式进行广泛分类，换言之，就是根据它们演示的自然规律来进行分类。哲学则强调一般性命题。一般性命题由于应用的范围太广，所以几乎不能分类。举例来说，所有的事物都包括在宇宙的创造进展之中，也就是说，它们都有无物能免的普遍暂时性，即便它们永远是自我同一的。因此，当人们考虑时间时，就不会像亚里士多德把重物分成四类那样，用直接的方式来对时间进行分类了。

柏拉图其实早就强调过亚里士多德式的分类观点的重要性，不过他当时用的是"分有"一词。也许的确是他发明了这一方法。如果是他，这也符合他那明晰精微的才智。在他的对话中我们可以发现对逻辑学的首次明确阐述。但是与当时自然科学的进步比较起来，他应用这一方法的能力却相当弱。亚里士多德在他一生的工作中利用了分类这一普遍观念，柏拉图则高明地分析了各级事物相互关系中固有的复杂性。同时，他也将他的理论学说应用于动物学、物理学、社会学等领域所观察收集到的大量材料之中。的确，几乎我们所有的特别科学，无论是自然科学，或是那些与人类精神活动有关的科学，都应把他视为源头。人们努力准确分析每一具体情况，这最终造就了现代欧洲科学；这种努力精神的源头也是柏拉图。从他一生的努力中，我们可以看到将哲学的直觉发展成科学方法的第一个清楚的范例。

第三节

这种从哲理的直觉方法向科学方法的过渡，事实上就是本章讨论的全部题旨。一个被看成是旨在协调所有的这种直觉知识的哲学体系，对于具体的科学鲜能有直接的作用。每一种这样的科学，在追溯它的观念的基本概念的过程中都只有半途而止。它会停留在一堆概念之中；无论是为了即刻的目的，或即刻的方法，它都没有必要对它们作进一步的分析。这些基本概念都是从构成某时代文明思想背景的哲理直觉中专门分化出来的。这些直觉，除了在科学上的用途而外，普通语言很少明确地用定义表达它们，但却习惯地将它们包含在流行的词汇和短语中。举例来说，像"桌子"、"椅子"、"岩石"这些词汇就包含了物质体（material bodies）这个科学概念。这个概念从 17 世纪到 19 世纪末，一直主宰着自然科学。

但是，甚至从特别科学的立场来看，野心勃勃地以包容一切为其目的的哲学体系，也并非是无用的。它们是人的精神借以培养其更深直觉的方法。这样的体系孤立的思想具有了生命和运动。倘若没有这些体系来努力作协调，孤立的思想只会在任意的时刻偶然闪现，启发一下某阶段的思考，然后便枯萎夭折而被人遗忘。一种直觉知识的范围，只有靠它与其他具有同样普遍性的诸概念协调的程度来界定。甚至对抗的诸哲

185

学体系之间的不相容，都是促成进步的基本因素。

欧洲思想史，甚至时至今日，一直都遭到一种致命误解的腐蚀。这种误解可称之为"教条的谬误"。这一错误在于这样一个见解：我们能够制造这样一些概念，它们可以被充分地定义，以说明为了在真实世界里演示这些概念而需要的那一套复杂的关系。仅靠调查你便能描述宇宙吗？也许，除开一些简单的算术概念而外，甚至一些我们相当熟悉的观念，虽表面上清楚明白，实际上都染有不可救药的模糊性。我们倘若要正确理解理智进步的方法，首先我们便应记住我们思想的这一特色。应用于每一系统主题中的概念，都需要来自不同立场的启发。既要把它们看成那一主题内一致的东西来加以批判，又要站在具有类似普遍性的其他主题的立场来批判它们，还要从更广泛的所谓哲理主题的立场出发来批判它们。在中世纪的欧洲，神学家们犯了严重错误，他们教条主义地相信终极真理。在中世纪的最后三个世纪里，他们的这种突出的坏习惯传给了搞科学的人。我们的任务便是去弄明白人的头脑如何才能成功地为它的习以为常的观念逐渐作出解释。这是一个循序渐进的过程，不能毕其功于一役。对于那些构成一套完整的形而上学的、定义精当的一般观念，我们无法制造出最终调整好的形式。但是，我们却可以制造出具有有限普遍性的不完整的各种体系。在任何一个这样的体系中，观念的协调都表明了该思想系统的基本概念的活动范围及其活力。同时，体系与体系间的不协调，以及每一体系作为一种不完全的启示方式的成功，都提醒我们注意樊篱我们直觉的诸多局限性。这些尚未发现的局限性便是哲学研究的课题。

研究我们最好的观念易受的诸种局限的学说，为我们刚刚提到过的"物质体"这一概念所阐释。那一概念是如此的明显，无论我们向历史回溯多远，都能发现它在语言中的痕迹。后来在 17 世纪，出自物理科学的目的，它被赋予了更精确的含义。物理科学，经这一重新规定，一连三个世纪被证明是异常成功的。它转变了人类的思想及物质活动。人类似乎终于获得了适用于一切实践目的的基本概念。而且，在这个基本

186

概念的范围之外，似乎就只有茫无目的的抽象想法在妨碍着普遍原则。但是在 20 世纪，这一被伽利略和牛顿建立起来使用的重要概念，作为物理科学基本概念的作用却完全瓦解了。在现代科学中，它只是一个局限于特殊目的的有限概念。

19 世纪教条主义的这一瓦解是一个警告，它告诫人们，特别科学要求人们头脑里多想象一些尚未用于科学解释的可能的事情。我们可以从一些动物、植物或微生物种类的历史里发现最类似的情况。这些种类作为不引人注目的自然的附产物，在某个僻静的丛林，或沼泽，或岛屿潜藏了很多年代。突然之间由于某种机遇，某个种类逃到外面世界里来了，或转变了某个文明，或毁灭了某个帝国，或损害了某个洲的森林。居于各哲学体系的诸观念，它们潜在的力量便是如此。

当然，科学与哲学之间的这种作用与反作用是相助的。哲学的任务是研究诸观念的一致性，这些观念被看成是为真实世界中的具体事实所演示。它追求的是描绘事实全部真实的那些一般概念，脱离了这些概念，任何事实都会堕落为抽象物。而科学则是制造抽象观念的，它只要理解了事实的一些本质方面就满足了，算是理解了全部的事实。科学与哲学相互批判，但又彼此为对方提供想象的材料。一个哲学体系应能详细解释科学从中抽象而出的具体事实。同样，科学也应能在具体事实中找到哲学为它们提出的原则。思想史实际上便是计算这两者共同事业中的成败得失的历史。

第四节

柏拉图对科学和哲学基本概念的贡献是在他的晚年完成的。这一贡献所具有的优点完全不同于亚里士多德贡献的优点，虽然对于思想的进步它们二者的作用都是同样的。只要将他的《泰阿泰德篇》、《智者篇》、

187

《蒂迈欧篇》，以及《法律篇》的第五卷、第十卷合起来读，然后再反复读他的早些时期的作品《会饮篇》，就会发现这一点。他从来不完全首尾一致，很少能够做到清晰、摆脱模糊。他自己感受到了这些困难，也

188 表示过他的苦恼。对于亚里士多德的分类，却没有人会感到困惑；而柏拉图则在一个零碎而不完整的体系中徘徊，像一个被自己的洞察弄得茫然不知所措的人。

他的一些主要学说却是突出的，对于科学（最广义）有着不可估价的重要性。在将这些学说组织成体系这方面，他是不固守教条的，只讲"最可能的故事"。在他的第七篇①中他就谴责了认为可用语言来表达一个终极的体系的看法。他后期的思想主要是关于如何将他的七个主要概念交织在一起。这七个概念便是：理念、物质元素、心灵、爱欲、和谐、数学关系、容器。这些概念现在对于我们仍很重要，正如它们当初在现代世界黎明来临，而老式的文明正在消亡时十分重要一样。根据这些学说，当初雅典人谴责苏格拉底有罪是正确的。当希腊思想与闪米特思想联合起来之后，旧的生活秩序是注定要消亡的。西方文明从此获得了一种新的理智性，这种理智性是被清晰化、人性化以及道德化了的。

单独考虑到理念本身时，柏拉图指出，任何选择，或则共同作为说明理念的例子因而是和谐的，或则是不和谐的。因此，诚如他所指出，定下了相容性和不相容性，思想的连贯性，以及把世界的作用理解为是俗世实现理念的场所等问题便可迎刃而解。亚里士多德的逻辑学不过是这个一般概念的特别派生物而已。

随后，柏拉图谈到了理念在创造性进步中借以获得功效的那种作用。由于他是抽象地设想理念的，所以他发现它们是静态的、凝固而没有生命的。当它们享有生动的理智时，它们才获得"生命和运动"。这样的

189 一种生动的理智，连同它"对理念的注视"，便是柏拉图所谓的"心灵"（psyche），而通常被我们译为"灵魂"的。不过，我们一定得小心摆脱

———————————

① 参见 341，C。

由于几个世纪基督教的历史致使这一英语单词增生的联想意义。柏拉图设想出一个基本的灵魂，该灵魂主动地理解理念，因而公正地规定了宇宙的整个进程。这个灵魂便是"巨匠"（The Supreme Craftsman），世界所表现出的秩序性的程度就取决于他。这个灵魂具有一种至善，柏拉图发现自己无力解释它。也存在着各种级别的有限灵魂，其中包括人的灵魂，它们通过理念固有的说服性各自发挥作用规定着自然。

但是，纯粹知识，即纯粹理解的概念，与柏拉图的思想是不相容的。当时教授的时代尚未到来。照他的看法，享有理念在本质上是与内在的骚动相联系的，那是一种主观感觉的活动，既是一种直接的享乐，又是一种融化为行动的渴求。这便是柏拉图的爱神伊洛斯（Eros），他把它升华为享受自身创造作用时的灵魂这一概念，这种享受来自灵魂对理念的拥有。伊洛斯一词意思是"爱"，在《会饮篇》中，柏拉图逐渐地引出了关于追求理想尽善的最终观点。显然，他本该写一个《会饮篇》的姐妹篇，篇名便可叫做《复仇篇》，谈的是潜藏在不尽善的现实中的恐怖。

柏拉图虽然未曾写这一缺失的对话，但却并未忽视自然中的混乱与无序。他明确地否认他的巨匠具有无限的威力。拥有理念，其影响永远是说服性的，只能产生可能的秩序。但是，在这一点上柏拉图是摇摆不定的，有时候他笔下的巨匠似乎是根据他那至高无上的意志在安排世界。

190

这一关于美德（部分被获取，部分被错过）的概念，提出了又一个问题，该问题大大地锻炼了柏拉图时代的希腊思想。这一问题会以多种特殊形式出现。美，比如说一首乐曲的美、一座塑像的美，或者像帕台农神庙那样的建筑物的美，到底在于什么？另外，还有另一种形式的美，即行为的得体。也许，以这样天真的形式，这个问题是不会有答案的。因为"善"是一种终极的性质，人们不可能依据比它更终极的事物来分析它。但是，我们可以问一个类似的问题，希腊思想对于这个问题的答案是一致的。美这一概念适用于何种事物？具体地说，要唤起美需要什么条件？希腊人对后两个问题的答案是：美属于合成的事物；当这一合成物的各部分形成了某种意义上的合适比例时，这一合成物便是美的。这便是希腊人关于和谐的学说，对此，柏拉图和亚里士多德都是坚信而不动摇的。

和谐说是希腊人作出的一个发现，该发现是思想史上的一个里程碑。他们发现，正如在几何中及度量的数字比例中存在着数学关系一样，各种突出的美的合成物内部都含有精确的数学关系。比如阿契塔（Archytas）就发现，在其他条件相同的情况下，一根绷紧的弦发出的音调取决于该弦的长度；美好动听的音乐作品与某些简单的定律，比如弦的成比例长度，是有联系的。同时他们也弄清楚了，建筑的美取决于各个不同的维所保持的匀称的比例。世间各种定性成分是依赖于数学关系，这是一项重大的发现。在数千年的日子里，证明这一发现的事实逐渐积累起来了。早期的巴比伦人就知道，具体天数的流逝决定了四季接续的性质。事实上，他们当时就制订了非常可信的历法。但是希腊人却以他们善于概括的能力，理解了定性事实与几何合成物和定量合成物相互联系的这一完整规律。他们有见新奇而不惊讶的天才。

柏拉图得出了这样的结论：了解自然世界，特别是物质元素，其关键在于研究数学。我们有充分的理由相信，柏拉图学园的大部分研究都花在数学上了。后代的数学家，事实上，那以后两百年间的数学家（止于天文学家托勒密和喜帕恰斯），都是柏拉图本人以及他的学说所造成的那个自成体系的传统的产物。当然，柏拉图学园继承了毕达哥拉斯的数学传统。

于是，一个新的时代以柏拉图和亚里士多德而发端了。科学受到了清晰的逻辑和数学的纯化。亚里士多德建立起了将事物分成种、属的重要科学分类法；柏拉图预言了将来应用数学的范围。不幸的是，柏拉图学说的明显发展无一例外地一直都是由宗教神秘主义者、研究文学的学者以及文学艺术家促成。作为数学家的柏拉图，在很长的时间里，从明显的柏拉图传统中消失了。

关于和谐和数学关系的概念不过是些特别的实例，用来说明这样一个仍较普遍的哲学概念，即事物的普遍联系性。这个概念将多的多样性

转变成了一的统一性。我们特别谈到了那个宇宙，谈到了自然，谈到了
ψυσις（可译为过程）。有一桩囊括一切的事实，那便是一个宇宙的发展
史。世界的这一区域是一切生成物的子宫，其实质是保持着联系性的过
程——这个区域便是柏拉图所谓的容器（υποδοχη）。当我们努力去猜测
柏拉图所指的意思时，我们必须记住，柏拉图说过这是一个朦胧而困难
的概念，而且，就其实质而言该容器是没有任何形状的。所以，它显然
不是自有其数学关系的普通几何空间。柏拉图称他的容器为"一切生成
物的养母"。他显然把它设想为一个这样的概念：没有它我们对于自然
的分析便是有缺陷的。忽略柏拉图的直觉是危险的。每当他提到容器
时，他都小心翼翼地变换着术语，同时暗示道，对于他所说的应按其最
抽象的意义来理解。容器将一种共有关系强加给一切发生的事，但却并
未强定那种关系该是什么。它似乎是一个比亚里士多德的"质料"更微
妙的概念，当然，亚里士多德的"质料"并非伽利略和牛顿的"物质"。
柏拉图的容器可以被设想为其中安排了历史过程的那个区域，该过程是
从一切具体历史事实中抽象出来的。我对柏拉图的容器学说予以了关
注，因为自柏拉图逝世以来，目前的物理科学是最接近这一学说的。现
代数学物理学所指的时空，是从应用于时空中诸事件的具体数学公式抽
象地构想出来的，这一时空几乎就是柏拉图所说的容器。人们注意到，
关于这些数学公式准确地说来到底是什么，数学物理学家是极无把握
的。他们也不相信单从时空的概念中可以派生出任何这种公式来。所
以，如柏拉图所宣称的，时空本身是没有形式的。

193

第五节

在前面的简述中只提出了一个偶然的概括，它是从亚里士多德一生
大量的工作中选出的一个题目。亚里士多德同时是科学家、哲学家、文

艺批评家以及政治理论学者。我们研究了对构成可见世界的事物的这一特别分类法，因为它几乎就是一个完美的科学归纳的例子，可以满足现代科学哲学所要求的一切条件。这是一个从所观察的事实中得出的概括，且能为不断的观察所证实。在它的岁月里——它的岁月延续了一千八百年——它是极其有用的；现在它已死去，彻底死去，变成了古董。一切科学概括，就它们严格的科学目的而论，都要遭逢这一命运。在它那漫长生命的末期，这一学说丧失了效用，变成了一种障碍性力量。

我们业已考虑过的那一组柏拉图的概念，绝无亚里士多德概念的优点。事实上，它们是哲学概念，并非狭义上的科学概念。它们并未提出详细的观察。人们曾指责过柏拉图，说他常常将人的兴趣引开，致使他们不去观察具体的事实。说到政治理论，尤其是法学，这一指责显然是不实事求是的；之所以这样指责柏拉图，是因为人们习惯于根据文学色彩而将兴趣集中在他的对话上。尽管如此，在物理科学方面，这一指责却无疑是正确的。但是柏拉图却给人有另一种启示。在亚里士多德高喊"观察"和"分类"的地方，柏拉图教导的寓意则是研究数学的重要性。当然，他们两人谁也不会如此愚蠢，以至于反对观察，或者否认数学的用途。也许亚里士多德认为，他那个时代的数学就是用来满足物理科学的目的的。任何进一步的进展不过是用来满足追求微妙抽象观念的、不切实际的好奇心而已。

在柏拉图的那些关于宇宙的猜想中，蕴藏着这样一个强烈的信念：关于数学关系的知识会提供解决自然中存在的种种神秘联系的答案。在某处文章中他指责了有些人猪狗般的无知[①]，他们未能研究比例的学说，因而无法表达像数的比率这样的事情。他显然感到，精微地阐释"和谐"的本性的机会正在恼人地丧失。他的那些诸如对自然进程的种种想法，都是以试探性地应用某些数学构想为基础的。就我的记忆所及，每次他都认真地进行了射击，但事实上却都未能命中目标。

———————————

① 见《法律篇》第七卷，819D。

　　虽然《蒂迈欧篇》一书有广泛影响，但在柏拉图、亚里士多德时代之后的大约一千八百年间，亚里士多德似乎被证明是对的，而柏拉图则是错的。某些数学公式与科学观念交织在一起，而亚里士多德仅仅是在熟知他当时的最新学术成果的同时也熟知这些公式而已。那些活跃的科学家的宇宙生成学说实际上是亚里士多德的，但是柏拉图的推测表明了哲学的另一重要作用：人们当时只能原始而粗略地理解自然诸种力量之间的相互作用，哲学的作用便在于激起人们对那些尚且远离他们理解力的题目的兴趣。将来的科学倘若要迅速进步，必然首先对那些尚未在自然中被观察到的种种假设的复杂联系进行预先的阐释。柏拉图的种种数学上的想法一直被那些追随意大利文艺复兴文学传统的学者们视为仅仅是神秘的玄想。事实上，这些想法是一位天才人物在焦心地思考探索神秘世界的智者的未来时，所产生出来的东西。

195

　　希腊人、埃及人、阿拉伯人、犹太人以及美索不达米亚人将数学科学发展到了柏拉图远远不能想象的程度。不幸的是，柏拉图兴趣的这一方面却是信奉基督教的各色人等所缺乏的。我相信这一点是真实的：在文艺复兴时期的科学复兴之前，没有任何基督徒对数学科学作出过独创性的贡献。教皇西尔维斯特二世——即热尔贝（Gerbert），他于公元1000 年就任教皇[1]——就研究过数学，但他并未为数学科学增添点什么。罗杰·培根强调过数学的重要性，而且提到过与他同时代的一些数学家。在 13 和 14 世纪，牛津大学重视数学。但是，这些中世纪的欧洲人中，无一人发展过该科学。有一个例外应该提一下，那便是比萨的莱奥纳多（Leonardo of Pisa），他于 13 世纪初处于极盛时期。他是第一个发展了数学科学的基督徒，该科学在其早期的历史中就表明了遵循希腊文化的希腊人与近东的文化联系。但是，由于受到这一条件的限制，16世纪的数学完全是建立在非基督教来源的基础上的。在基督徒中，数学与魔术被混为一谈了，连教皇本人也未能摆脱这一看法。我们几乎很难

————————

[1]　据《简明不列颠百科全书》载，他于 999 年 4 月 9 日就任教皇。——中译注

指望有比这更好的例子，用以说明文明各时代以及各学派的局限性。鉴于教皇对基督徒思想的那种居高临下的影响，这尤其显得有趣。

但是，柏拉图的关于和谐与种种数学关系有关的学说最终获胜，被证明是正确的。亚里士多德的建立在定性谓词基础上的分类法，若不采用数学公式，其应用范围是非常狭窄的。的确，由于亚里士多德的逻辑学忽略了数学概念，它对于科学的进步所起的作用，几乎可以说是好坏参半。以下这些问题是我们无论如何也不能回避的——多少？——以何种比例？——与他物形成何种格局？化学比例的各种精确定律造成了一切区别：一氧化碳会致使人死亡，而二氧化碳只会使人头痛。另外，二氧化碳是稀释大气中的氧的一种必要元素，但太多或太少都同样有害。三氧化二砷既可使人健康，也可致使人死亡，这要依它在不同情况中的比例而定。同样，当二氧化碳与游离态的氧构成了损害人们健康的比例后，若重新安排碳和氧量的比例，使之成为一氧化碳和游离态氧的混合物时，它便是有毒的了。在政治经济学中，收益递减律说明了要取得一定量的资本的最大效益所需的条件。事实上，人们很难问一个问题：诸如多少？以什么格局？而不被种种限制条件搪塞过去的。亚里士多德的逻辑学，虽然保卫了数学，却是谬误的温床。它所研究的是只适用于表达高度抽象观念的命题形式；那些抽象观念便是常见于流行对话中的那种——在那种对话中，预设的背景被置于不顾。

但是，甚至诉诸数学显然也太狭隘了；至少，如果数学被认为是指的那些发展至今的分支，事情就是如此。普遍的数学科学关心的是对联系模式的调查，该联系是从具体的相关联事物中以及联系的具体模式中抽象出来的。只有在数学的某些特别分支中，量和数的概念才是重要的主题。关键在于，事物的基本联系性绝不会被省略掉而不出问题。这便是彻底相对的学说，这种相对性影响了宇宙，而且使得事物的整体情况就像是一个将一切所发生的事情联系在一起的容器。

思想的进步证明了希腊人关于合成与和谐的学说是正确的。尽管如此，希腊人生动的想象却倾向于赋予宇宙间每一因素一种独立的个体性。主宰柏拉图早期思想，且不时闯入他后期对话的关于观念的自足王国便是一例。但我们却不应指责希腊人滥用个体化的方法。所有的语言都可证实这同一错误。我们习惯性地说到石头、行星以及动物，似乎每一种个体都可以脱离环境（那才是个体事物天性中的必要因素）而存在，哪怕是一短暂的瞬间。这样的抽象对思想来说是必要的，而且有秩序的环境所必需的背景就能被预设出来了。这不错。但是也可得出这样的结论：在不理解事物的最终性质，因而也就不理解预设于那种抽象陈述中的种种背景的情况下，整个科学都会染有这样的缺点：它可能把那些不声不响便预设了相互矛盾的背景的各种命题结合在一起。没有哪门科学能比它所不声不响地预设的无意识的形而上学更安全了。个体事物对于它所处的环境来说，是一种必要的限制，因而不能脱离环境来理解它。一切脱离了形而上参照的推理，都是有害的。

198

第六节

因此科学的种种确定的东西都是错觉，它们受到了种种未知条件的限制。我们对科学学说的处理，要受制于我们时代普及的形而上概念。即便这样，我们的预想还不断地犯错误。同时，每当获得了新型的观察经验，旧的学说便崩溃瓦解，化为了由种种不准确的东西组成的烟雾。

我们的协调一致的知识（按这个术语的一般意义，指的就是科学）是由两种级别的经验会合而形成的。一种级别的经验就是对具体的观察资料进行直接的、即时的分辨，另一种级别的经验则是我们构想宇宙的普遍方式。这两种不同级别的经验将被称之为观察级别和概念级别。首先要记住的是，观察级别的经验一律要依据概念级别所提供的概念来加以解释。这两者孰先孰后的问题（为了这一讨论的目的）是一个学究气的问题。我们继承了一种观察级别，即我们实际上分辨的各类事物；我们也继承了一种概念级别，即我们实际上据以进行解释的一套初具系统的观念。我们说不出这二者是在人类历史（甚至动物历史）的哪一时期开始相互发生作用的。另外，新颖的观察资料会转变概念级别，这也是确实的。但是同样的，新颖的概念也会提出种种可能的观察分辨的新方法。

如果考虑不到观察级别中的一个严重弱点，我们便不可能理解思想史。根据观察而进行的分辨并不是由无偏倚的客观事实决定的。人们在观察中进行了选择、舍弃，留下的东西则根据主观认定的轻重缓急进行了重新安排。这种在观察中所进行的重新安排，实际上是对事实的一种歪曲。所以我们必须分清什么是似是而非的事实，什么是真实的事实。我们必须从舍弃的事实中拯救出事实，必须舍弃主观确定的事物轻重缓急的顺序，它本身便是一桩观察所得的事实。我们不妨想一想在文明初级阶段人类所观察到的事实。当时人们观察到的地球是平坦的，天像穹隆笼罩其上。甚至对于教皇西尔维斯特的同时代人来说，地球上的两极也是不可设想的。众所周知，教皇西尔维斯特是相信有两极的，但这并没有给教皇原有的奇才增添什么光荣。

再则，当我们在晴朗的正午观察天空，它是蔚蓝色的，洒满了阳光。我们观察所得到的直接事实是：作为唯一光源的太阳以及空无一物的天空。让我们来想象一下伊甸园里的亚当和夏娃第一天过人的生活的神话。他们看着日落，随后星星出现了——

"啊，看哪！造物开拓了人的眼界。"

过剩的光可以揭示事实，也可掩盖事实。它歪曲了人所观察的事实。思辨的一个任务便是鼓励观察突破虚假的完整疆界，鼓励科学的各种学说不要摆出虚假的定论的样子。

现在，我们可简述一下宇宙论从中世纪转变到现代立场的这段历史的特点了。在这一转变过程中产生影响的力量有大约一千八百年的历史，它是完全脱离了物理观察的。这是一段抽象思想的历史，即数学的发展史。作为这一发展过程中动力的兴趣，便是协调诸理论概念的兴趣，便是由于这些概念的重要地位而引起的进行理论构建的兴趣。尽管如此，如果众多的现代哲学家和科学家当初能够走自己的路，他们便会劝阻希腊人、犹太人以及穆斯林放弃那些无用的研究，放弃那些纯粹抽象的观念。对于这些观念，任何一种预见也无法测算出一种应用的影子。幸亏这些科学家和哲学家们见不到他们的祖先。

200

第七节

牛顿解释自然的体系对人类所作的贡献是不可估量的。它将来自柏拉图、亚里士多德、伊壁鸠鲁的观念组成了一个前后连贯的系统，用以解释难以数计的观察到的事实。就这样，它使得人类能够更进一步地控制自然。在从前我们俯首听命的地方，如今我们却发号施令了。但是，牛顿的宇宙论最终还是崩溃了。

这一崩溃的过程延续了一百多年，因为在这一百多年间的绝大多数时期，科学家们完全没有料到，那些他们点点滴滴提出的观念，会最终形成一个思想主体，与那些一直主宰着他们的思想并规定着他们的表达方式的牛顿式观念不一致。这一过程是以光的波动理论开始，并以物质波动理论而告终结的。它最终留给我们的是这样一个哲学问题：表现波振的这一数学属性的具体事实是什么？

这个过程的详情便是现代物理学的历史，这可超出了本书讨论的范围。我们需要理解的仅仅是：分别作为牛顿物理学和现代物理学基础的那些最普遍的观念之间的区别。牛顿物理学是以每一小点物质的独立特征为基础的。每一块石头被设想为不需要参照物质的任何其他部分便可充分地被描述出来。它在宇宙中可以是孤单的，可以是均匀空间的唯一占有者。但它仍然可以是本来的那块石头。同样，充分地描述这块石头也无需参照过去和将来。它被看成是既整体地又完满而充分地被设立在

201

目前这一时刻之内。

这是完整的牛顿概念，随着现代物理学的进步，它被抛弃了，或者说解体了。它是彻头彻尾的"简单位置"和"外部关系"的学说。对于外部关系，存在着某种歧异的意见。牛顿本人则倾向于以相邻物体间的激波和应力来解释它们。但是那些离他最近的后继者们，比如罗杰·科提斯（Roger Cotes），就提出了相距的力这一新概念。但是，无论哪一种提法，它们说的都完全是当前的一桩事实，即两件物质（无论相邻或相距）之间外部关系的事实。与之相反的关于内部关系的学说一直受到歪曲，因为人们描述它时，用的是适合于牛顿类型的外部关系这一先决条件的术语。这一学说的拥护者们，比如 F. H. 布拉德利，就陷入这一泥淖。必须记住的是，正如相互关系制约相关事物的性质那样，相关事物也制约着相互关系的性质。相互关系并非是一种普遍性，而是一件具体的事实，它与相关事物一样有同样的具体性。所谓原因包容在结果之中的说法就很好地说明了这一真理。我们必须发现一种关于自然的学说，它既表明物质作用与精神作用的具体联系、过去与现在的具体联系，同时也表明相互歧异的种种物质实在（physical realities）的具体合成。

现代物理学抛弃了"简单位置"的学说。被我们称之为恒星、行星、物体、分子、电子、质子、能量等等物质的事物，每一个都被现代物理学看成是制约时空内各种条件的因素，它在自己的领域内扩展。存在着一个焦域（focal region），用寻常的话来说就是事物的所在地。但事物的影响却以有限的速度溢出自己的焦域，直穿过时空的最深处。我们说到某焦域，由于某事物居于其中而受到相应的制约，这当然是自然的事，而且为了某些目的，这样说也是完全合适的。但是如果我们照这一思路走得太远，则会出现困难。对于物理学来说，事物本身便是事物所干的事，而它所干的事便是使其影响从焦域里溢出。同时，焦域也不可能与外部的这种流动分离。事物固执地拒绝被想象为一种瞬间事实。它是一种不安的状态，所不同于所谓外部流动之处，仅在于它在焦域内

202

至高无上的主宰地位。但我们仍感困惑，无法精确地表达这些物质事物在某一明确时刻的存在。因为在每一个瞬时的事件点，无论是在焦域内或焦域外，归于这一事物的制约作用或先于或后于该事物在另一事件点所具有的制约作用。因此，倘若我们要努力去设想该物质事物存在的完整时刻，我们便不能囿于某一部分空间，或某一刻时间。该物质事物协调了诸种不同的空间和诸种不同的时间，协调了在这些不同的时空中的诸种条件。这种协调演示了某一普遍规则的例证，是可以用数学关系来表达的。这儿，我们又回到了柏拉图的一个基本学说。

　　否定了简单位置之后，我们还必须承认，在时空的任何领域中，难以数计的大量物质事物在某种意义上是重叠的。因此在每一时空领域内的物质事实便是：宇宙间众多物质实体对于该领域所具有的全部意义的总和。但是，一个完整的存在并非是数学公式（仅仅是数学公式）的合成。它是演示数学公式的诸事物的具体合成，是定性和定量诸元素的一种交织。举例来说，当一个活体吸收食物时，实际情况不可能仅仅是一个数学公式吸收了另一个数学公式。事实不可能仅仅是二加三等于五吸收了三三得九这个事实，十一这个数也不可能吸收十六这个数。这些数学公式中的任何一个都可能被演示出来，但事实却远非仅仅是演示出来的公式。

203

第八节

　　最后的问题是要来设想一个完整的（παυτελης）事实①。我们只有依据与实在的天性有关的诸基本概念才能构想出完整事实这样的概念。

————————————

① 参见《智者篇》，248E。此处 παυτελως 常被误译为"绝对的"。柏拉图提到"绝对的"和"相对的"地方，请参见《智者篇》255C。

这样我们又被抛回到哲学上来了。几个世纪以前，柏拉图预言过交织于事实中的七个主要因素——理念、物质成分、心灵、爱欲、和谐、数学关系、容器。所有的哲学体系都要力图表达这些构成成分相互是如何交织的。把我们现代的概念等同于柏拉图的这些古老思想，这当然远非是学者的态度。对我们来说，每一事物都有细微的区别。但是，对于所有的互有区别的事物，人类的思想现正在力图表达自然合成中的类似成分。它仅仅朦胧地辨识着，不准确地描述着，错误地联系着。但是前面总是有同样的灯塔在吸引着它。各种体系，科学的和哲学的，来了又去。每一种有限理解的方法都已彻底尝试过了。每一体系在其鼎盛时期，都是一种胜利的成功；在其衰落时期，则是一种令人厌恶的障碍。只有不断地发掘直觉以便为想象提供营养，才能最终获得富有成果的新的理解。最后——虽然不会有最后——人们获得的是更开阔的眼界，因而看到了更多的机会。但是机会既可通向上方，也可通向下方。在毫无思考能力的自然里，"自然选择"不过是"废置"的同义语。哲学此刻应该来发挥它最终的作用了。它应该探寻那种洞察力（虽然尚且是朦胧的），以使得其追求的价值远甚于动物享乐的物种避免彻底完蛋的命运。

204

第十章
新的改革

第一节

要提出本章的主题我们不妨留意一下一个对照。基督教新教，就其组织和教义形式而言（它以这些从路德、卡尔文以及圣公会改革团体得来的形式繁荣了三百年），正表现出径直衰败的迹象。它的教义再不能起主宰作用；它的分支不复能引起人的兴趣；它的机构再不能指导人的生活。这便是我所说的对照的一个方面。

另一方面则是：作为人的各种事务中的一个重要成分，宗教精神刚刚（1931 年 4 月）才获得了它最显著的胜利之一。在印度，暴力和对抗的各种力量，无论是统治者与人民之间的、不同种族间的、不同宗教间的，抑或是不同社会阶层间的——总之，凡是威胁要用暴力压迫大众的力量——此刻都受到两位人士的遏制。他们以宗教信仰作为行动的道德依据。这两个人便是甘地和印度总督（欧文爵士）。

他们可能会失败。两千多年前，人类的圣哲便曾宣称过，对神的信念是世界秩序的基础，但是，这种信念只能在各种野蛮力量的夹缝之间产生出它能够实现的那一丁点和谐。我认为，这便是柏拉图当初明确预言的关于恩典的学说，时间是距贝拉基和奥古斯丁时代的七百年前。

206　　　但是，甘地和印度总督对暴力的明显遏制（它要求印度、英国、欧洲以及美洲的大众有效地响应），证明了宗教动机，即我所谓的对神的信条的反应，对于人的精神和道德仍具有旧日的力量，甚至超过旧日的力量。在这一响应中，英帝国的新教信徒，更重要的是（虽然远了一些）美国的新教信徒，维护了他们的立场。我们正置身于这样一个时刻，在这个时刻，历史的进步取决于公众宗教观点中所表现出的那种冷静的明智。目前初步的胜利已经获得。

　　　存在着的便是这样一种对照，一方面是衰亡，另一方面是存活。我们必须要估计出是什么衰亡了，是什么存活了。我的观点是，一种新的改革正在全力进行。这是一种重建（refomation）；但是它的结果是幸或是不幸，这主要取决于相对而言很少的那些人的行动，而且明显取决于新教教士的领导人。

　　　我认为，在信仰的细节上取得一致是不可能的，甚至是不必要的。但是，尽管在信仰上存在着形形色色的分歧——它们是由形而上洞察中所表现的不同强调重点以及对历史事件不同的同情自觉所引起的——却可能达成一种普遍的共识。比如，我们都会在熟悉的人类经验以及一般历史中选择那些能够作为例子的成分，来说明神在宇内这一基本主题；这是我们的宇宙观所要求的一种完满。换言之，我们会在诸如宗教事实的诸质量方面，以及它们在形而上学理论的基本协调形式上，取得一致意见，而在各种不同的解释方式上各执己见。

207　　　但是，这个问题不像本章发端的那些话所表示的那样简单。我们所处理的是一个复杂而多面的问题。由于它要调和我们最深层次的各种直觉，所以它牵涉到对理解的种种表述问题。它牵涉到对不同思想表述及行为模式的情感反应，牵涉到对目的的指导以及对行为的修正。它进入了人类存在的每一个方面。说到宗教问题，简单的解决方案便是伪造的方案。有人写过，凡会跑的人便能阅读。但是人们并未说过，凡会跑的人便会写。

　　　因为宗教关系到我们对目的的种种反应，关系到我们对宇宙最高神

秘所具有的那一份直觉所造成的情感。我们不应要求简单。历史和常识
向我们证明，有系统的表述就是强调、纯化以及稳定化的潜在手段。倘
若没有地中海东部诸国及欧洲坚持至今的智识运动，基督教早就堕落成
为了一种有害的迷信。这一理性的运动，力图要提供一个准确的神学体
系。在这一理性化努力鞭长莫及的地区，该宗教确实堕落而变得老朽
无用。

第二节

　　所以，在 18、19 世纪，自由主义的教士和俗人对有系统的神学的
攻击就完全是错误的。他们这样做是在抛弃主要的防护措施，使得狂热
的迷信得以泛滥。人们在对人类历史重要时期发生重大影响的形而上直
觉进行文明而理性的批判时，会自然地滋生出一些情感，文明宗教的目
的就在于培养这类情感。诉诸历史，其实就是希图达到一种高度，在那
个高度我们便不会追求我们自身个体存在中的那种即刻的明晰了。这是
一种诉诸权威的做法。诉诸理性便是诉诸那位最高的法官，他既是面对
全体的，又是面对每一个人的。在他面前，所有的权威都得俯首致礼。
历史容许一定程度的理性解释，正是因为如此，它才具有权威。

　　所以，对系统思想的攻击，便是对文明的背叛。尽管如此，那些为
我们的现代精神奠定基础的天才人物——比方说约翰·洛克——却有理
由对传统的教条主义神学表示不满，虽然他们部分地误解了他们的态度
赖以立足的基础。他们真正的敌人是那种教条主义的终极学说，这种学
说以同样的活力曾经并正在神学、科学以及形而上学的领域活跃着。从
希腊人一直到我们的时代，理性思想的方法便一直受到这一根本错误观
点的腐蚀。这些错误并不局限于宗教思想，它们传染了所有的部门。它
们的总的影响在于：在每一个时代，它们都造成一种教条主义的终极

208

感。它们错误地强调明确性（certainty），而且同样错误地强调了教条主义的否定态度。

在批判性思想的初期，我们便发现两类有区别的题目，一类是能够被明确认识的，另一类便是那些人们对其只能有一些不明确的意见的题目。人们开始明显认识到二者的区别，那个时期便是现代精神的黎明期。它引进了批判精神。这样的一种观念几乎没有进入《圣经》的任何一章一节，既未进入耶和华的头脑，也未进入任何他的崇拜者的头脑。这一新颖的区分，其首次的影响是不幸的，因为它太简单化了，而且也误定了可以被明确认识的领域。例如，我们发现柏拉图在晚年主张宗教迫害，其理由是：该题目是重要的，而且他自己的论证是明确的。①

我认为，系统神学的发展，少不了批判性地理解语言表达方式与我们最幽深、最持久的直觉之间的关系。语言的发展是由实际行动中那些令人兴奋的事物造成的。它和突出的事实有关；所谓突出的事实就是那些人的意识想抓住进行详细考查，以便造成情感反应，导致即刻的目的行动的事实。这些突出的事实是易变的事实，诸如老虎的露面、一声雷响、一阵疼痛等等。它们是通过我们的感觉器官这一媒介进入我们的经验的。因此便有了感觉论的学说，它研究的是作为我们经验来源的资料。

但是，突出的事实是表面的事实，它们由于是表面的因而变化，由于变化因而被人有意识地区分。我们的经验中还有一些其他的成分，它们虽处于意识的边缘，但却极大地制约着我们的经验。考虑到这些其他的事实，我们可以说，正是我们的意识在闪烁不定，而不是这些事实本身。它们总是可靠地在那儿，虽然几乎不为人所辨识，但却是人所不能避开的。我们且来想一想四分之一秒前的我们如何转换成此刻的我们。此刻的我们是它的继续，是同它一样的，延续了它的感情状态，享有它的资料。虽然如此，我们仍然在修正它，偏离它，改变它的目的，改变

————————————
① 参见《法律篇》，第十卷。

它的状态，用新的成分去修改它的资料。

　　即使我们把这一过去变成远景，我们仍然把它当作实现此刻我们的基础而保留着。我们与它不同，但却仍然与它保持着个体上的同一性。这便是神秘的个人同一性，现在蕴含过去的神秘包容性、神秘的无常性。所有的我们的科学，我们的解释，都需要发源于这一转换的概念。对于这样的直觉，语言显得特别不充足。我们的分析、表达能力同我们的意识一道闪烁不定。如果说人的意识里有一个确定的地区，在它之内有着清晰的区分，在它之外则是漆黑一团，这显然是不真实的。以下的说法同样是不真实的：经验成分的重要性与它们在意识中的清晰度成正比。 210

　　诉诸历史之所以重要，正是因为人类经验中的这一复杂特点。形而上学和神学都需要它。在一个时代少数目光清晰的人的指导之下，单单进行直接的反省是不足以获得所需的根据的。如果将来遗忘的洪水竟然淹没了人的记忆，我们倒是可以通过直接反省这种方法回想起乘法九九表，但是其他更多的就不行了。在世界的每一个时代，人的行动以及他们对感情、动机、目的等的诠释显露了他们经验的幽深之处。对于生活、行动、感觉等意义的阐释，各个时代是互不相同的。要辨识这一历史上的根据，就需要一种以审美力为基础的批判，以及一种以逻辑分析和归纳概率为基础的批判。

　　批判的这两个基础，一个是审美的，一个是逻辑的，在最终的理性判断中（比如逐个地比较历史上的诸时期）结合起来了。每一时代都将自己的信息存入了事物天性的幽深处。文明只能被文明化的人理解。而且文明有这样一个特性，我们在理解中使用它们时，会揭示出关于我们自身天性的真理。有人说过，伟大的悲剧在演出时会对激情起到纯化作用。同样地，历史上的各伟大时期会起到启蒙作用。它们将我们自身展示给我们自己。 211

第三节

　　基督教广泛研究了一些历史事件的意义，这一研究奠定了它的基础。它所研究的历史事件散见于 1200 年间，从早期的希伯莱先知和历史学家起到奥古斯丁稳定西方神学为止。这一研究集中在地中海东岸各地，从先知们的巴勒斯坦到柏拉图的雅典，然后专注于加利利和耶路撒冷，后来其主要兴趣则徘徊于安条克、以弗所、埃及、罗马、君士坦丁堡以及非洲等地。奥古斯丁于 430 年死于希波时，欧洲各种族的宗教在大格局上已固定下来。它已具备容纳歧异形式的能力。罗马天主教会、东正教会、威克里夫和胡斯、路德和卡尔文、大主教克兰麦、约拿单·爱德华慈和约翰·卫斯理、伊拉斯谟、罗耀拉的圣依纳爵、索齐尼派、乔治·福克斯以及梵蒂冈会议，它们都有同样的权利求助于历史。至于求助历史后所得的结论则取决于指导你进行选择的价值判断标准，取决于支配你的关于系统神学看法的那些形而上先决条件。所谓求助，就是研究那些活动、思想、情感和制度，这些东西都是由于重要人物和重要事件而在早年地中海沿岸十分突出的。

　　向历史求助时，我们必须记住，现存的各福音书写作的时间是不同的，它们所叙述的事件在时间上也有差异。或则内容不合；或则某一传统从一种语言译成另一种语言时发生了变异；或则书中有可疑的段落。有些地方似乎简直置直接的历史证据于不顾。关于圣·保罗的记载便明显是如此；据载他退隐于阿拉伯，而照我们所想，他当时应该是向那些见过他的主的门徒们求助的。我之所以提出后面这几点（图书馆里关于这些的记载可谓汗牛充栋），是想作一个无可置疑的结论：任何现代的宗教革新都必须首先倾力于散见在整个这段时期的道德和形而上的直觉。这一结论是现代思想的常识。

　　本人对这一漫长历史时期的文献完全不在行，因此只能心怀不安地提出以下看法：即使在现在，我们仍有可能从这一历史时期得出的教训

212

中获得益处。

在本章，我将完全根据一般原则来处理问题。我个人的关于宗教重建的细节的结论，完全说不上有什么学术价值。我也同样坦率地说，我不能过分地强调那一时期内的事件，使得它们与其他地方发生的类似事件比较起来显得特别突出。但是，我坚持认为，那一时期的顶点体现了在表达道德和理智直觉方面的最大进步，那些进步标志着新近文明的生长。

这段时期作为一个整体来说是以野蛮始而以失败终。其失败表现在以下的事实中：理智理解能力中的野蛮成分和缺点未能被消除，反倒作为基本成分而保留在基督教神学（无论是正统的或是异教的）的各种形式中。以是观之，后来的新教改革可算是一场更大的失败，它完全没有改进天主教神学。贵格派或许可算是个小小的例外。但是乔治·福克斯生活在路德时代的一百年之后。这些失败的结果成了基督教的悲剧史。

213

第四节

我认为，在那整个时期有三个顶峰阶段，这三个阶段，用神学的语言来说，构成了该时期的三重启示。第一和最后一个阶段主要是理智的，有充分的道德观念背景。中间一个阶段形成了宗教的推动力，它主要展示了道德直觉生活。该阶段有充分的理智洞察，得以清晰地表达独特的美。这三个阶段起初是作为理智的发现而结合在一起的——然后作为范例结合在一起——最后是作为形而上的阐释。作为发现和作为范例在历史上是相互独立的。

第一阶段应从柏拉图发表他的最终的信念算起，至他逝世为止。[1]

————————————

① 参见《智者篇》和《蒂迈欧篇》。

他最终的信念便是：世间神性的成分应被看成是一种说服的力量，而不是一种强制的力量。这一学说应该被看成是宗教史上最伟大的理智发现之一。它是由柏拉图清晰地阐明的，虽然柏拉图未能将它与自己其余的形而上学理论协调成体系。的确，每当柏拉图试图将他的学说体系化时，他总是失败；而当他展示深邃的形而上直觉时，他却总是成功——最伟大的形而上学家！最无力构建体系的思想家！另一种时不时流行的学说却认为，诸神或一神有慑人的最终强制力量。待这种将神看成是最高强制力量的学说升华成形而上的理论时，神便被转换成了一种最高的实在，他以无上的权威处理着这个全然衍生的世界。柏拉图就在这两种观点间犹疑不定，但是，他最终还是毫无保留地阐明了神性说服的学说。正因为神性是说服的，理想在世间才是实际的，同时各种形式的秩序也得以发展。

214

以基督教宗教来看，第二个阶段可算是宗教史上的最高时刻。基督教的实质便是求助于基督的生活，它是展示上帝的性质以及他在世间的力量的。对基督生活的记载是零碎的，前后不一致且又不明确。关于如何恰当地重构最可能真实的历史事实，我无意于对此发表任何意见。我认为那样作是无用的、无价值的，而且在本书中也显得极不合适。但是，到底是这一记载中的哪些成分激起了人性中最优秀部分的回应，这却是毫无疑义的——圣母、圣子以及光秃的马槽；谦卑的人，无家可归且无私，以及他的关于和平、爱、同情的教诲；苦难、痛苦、生命衰落时温存的话语、最终的绝望；以及有根据获得最大胜利的一切。

我不必详说了。基督教的力量在于它在行动上对人的启示，对此难道会有什么怀疑？这正是柏拉图在他的理论中所预言的东西。

第三个阶段也是理智性的。基督教神学是由那些主要与亚历山大学院和安提阿学院有联系的思想学派构建的。这儿所说的第三阶段便是这一构建过程中的第一个时期。这些学派对世界思想的贡献，其独创性与价值一直被人大大低估。这部分地要怪罪于他们自己，因为他们执拗地宣称，他们只是在表述当初传递给圣徒的信条，而实际上他们是在寻求如何解释一个根本的形而上的问题，虽然这个问题是以一种非常特殊的形式呈现给他们的。

这些基督教神学家是唯一提出了比柏拉图更好的基本形而上学说的思想家。这是他们的特征。不错，这个阶段的基督教神学是柏拉图式的。但同样不错的是，柏拉图是异教的创始人，而且只是基督教最薄弱部分的创始人。当柏拉图要表达神与世界的关系，以及神与理念（以神性来思考的理念）世界的关系时，面临这样的问题，他总是仅仅根据戏剧的摹仿说来作出回答。柏拉图认为，神把理念包容在神性里，以此将运动和生命赋予理念。那以后他便转而思考世界，这时他便只能找到二等的替代物而没有找到原物了。对于柏拉图来说，存在着一个衍生的二等的世界之神，他只是一个象征，即一个影像。当他寻找理念时，他只能在世界上找到理念的摹本。因此，照柏拉图看来，这个世界只包括神的影像和他理念的摹本，而不包括神和理念本身。

柏拉图有明确的理由来解释流变的世界与神的永恒性质之间的差异。他在回避困难，虽然他仅获得了最无力的解决方案。形而上学要求一个解决方案来表现与宇宙统一性协调一致的、个体的复多性。这个方案表现的世界是要与神结合的世界，它所表现的神是要与世界结合的神。健全的学说也希望理解，神的本性中的理想是如何由于它们在神的本性中的地位而成为创造性的进步中的说服性成分的。柏拉图将这些来自神的派生物作为他意志的基础；而形而上学则要求，神与世界的诸种关系应超越意志的偶然性，它们应该以神本性以及世界本性的必然性为基础。

这些问题以非常特别的形式摆在基督教神学家们的面前。他们不得不考虑上帝的本性了。说到这点，阿里乌的解释（他有派生影像的提法）可以毫无疑义地说是正统的柏拉图主义，虽然它是异端的基督教。公认的解释认为，上帝的本性是复多的，每一组成成分无条件地都是具有神性的；这便涉及一个神性相互包容的学说。最初关于这一复多性的

215

216

设想到底正确与否，本人不敢贸然置喙。要点在于求助于一种相互包容的学说。

神学家们又不得不创建一种关于基督的位格（person）的学说，同时他们反对把人的个体与神的个体联系起来的学说，这学说牵涉到人体反应性的摹仿。他们认为上帝存在于基督一体之内。他们也认为，普遍的世界对上帝也有某种直接的包容。这便是他们关于三位一体中的圣灵的学说。我此刻并非是在对他们神学的细节，比方说三位一体的学说，作出任何评判。我的观点是：他们提出了直接的包容学说，这取代了柏拉图关于二级影像及摹本的学说。正是在这一点上，他们在形而上学方面有了新的发现。他们指出，如果柏拉图的形而上学要对上帝的说服性力量的作用作一个合理的解释，它便应该怎样发展。

可惜的是，这些神学家没有将这一形而上学的发现发展成为普遍的形而上学。这一中止，是由于有另一个不幸的预设。上帝的本性是不能用应用于俗世的个体事物的范畴来规定的。关于他的概念，是由它的野蛮本源升华而成。上帝与整个世界的关系，正如早年埃及或美索不达米亚的国王与他们的臣民的关系。同时他们的道德特点也非常类似。最终的形而上升华，使他成为了一切存在的绝对的、全能的、无所不知的来源，因为他自己的生存不需要与他自身以外的任何事物发生关系。他自身内部是完满的。这样的一个观点与柏拉图的次等衍生物的学说非常一致。经过一番犹豫之后，基督教早期时代的神学家最终坚持认为上帝是具有包容性的，这是他们努力地进行精微的形而上学想象的结果。但是，他们关于神的一般概念阻止了对神的进一步概括。他们并未尝试用他们解释上帝的那些形而上范畴去设想世界，也未尝试用他们用于世界的那些形而上范畴去设想上帝。照他们看来，上帝是十分实在的，而世界虽也是实在的，却是衍生的。上帝对于世界是必要的，而世界对于上帝却并非是必要的。他们之间存在着一条鸿沟。

关于鸿沟，最糟糕的是，很难知道对面发生的事情。这一直是传统神学中上帝的命运。只有靠玄谈一番神秘主义，我们才能在我们的俗世找到上帝存在的证据。另外，关于不受限制的无上权威，最糟糕的是它同时还伴随有对每一件发生的事的细节所负的责任。这整个题目都被休谟在他著名的《自然宗教对话录》里讨论过。

第五节

我认为，新教神学应该这样阐释宇宙，即从宇宙的多样性中理解它的统一性。它应以这样的阐释作为它的基础。这种阐释就是要把表面上的诸多不一致统一起来，但是这些不一致并非是假设的。它们毫无疑义就在历史的舞台上，要求得到阐释。按公众的看法，永恒的理想是有说服性的，这跟当初基督教创立者的体会是一样的；照公众的看法，有形的自然是有强制性的，这种强制性虽在消失却有所保留；另外，驱使社会走向联合（比如罗马帝国这种形式）的那种人们意识到的推动力也是强制性的，这种强制性在过去和现在都是梦想。自然虽在变化，却有所保留。理想宣称自己是超越时间的，然而它们却在不断流逝，犹如某种闪亮的东西，稍纵即逝。

在一个表面上以各种无情的强制冲突为基础的世界，让人们理性地理解文明的兴起以及生命本身的脆弱性，这正是哲理性神学的任务。我不打算隐瞒自己的观点：神学在很大程度上未能完成这一任务。关于绝对专制者的观点妨碍了它。关于神恩的学说贬值了，而且关于赎罪的种种学说大多数都是不成熟的。最近两百年的自由主义的神学其缺点在于，它将自己局限于用琐屑乏味的理由去解释何以人们应该以传统的方式去做礼拜。

《圣经》的最后一卷阐明了那些被保留下来的损害基督教徒感情的因素。这一卷书除了和宗教感情有联系而外，它那钦定版的译文本身便

218

是虚构文学最优秀的典范之一。同时，作为一种文献（不管它的起源是基督教的或犹太教的），在帮助人理解基督教宗教形成过程中种种流行的思想方面，它的价值是无限的。最后，这卷书仅仅表明了旧约、新约甚至福音书中流行的观点，只不过它表达得更突出、更生动而已。它被保留下来，以助于宗教感情的形成，而伯里克利的演讲（它描述了雅典式的文明理想）却一直在这方面受到人的忽视，想到这一点真是令人吃惊。在那个权威性的宗教文学的集子的最后一卷，圣徒约翰的启示录被修昔底德关于伯里克利对雅典人演讲的虚构性叙述取代了。这一转变很好地说明了我现在所宣扬的。它们二者都不是历史：圣徒约翰从未接受过那种启示，伯里克利也未曾作过那种演讲。

第六节

最后还有一个问题需要讨论。我想强调一下，在纷纭互异的对基督教的解释中，宗教思想的领袖们应该专注于基督教的传统，尤其要专注于它的历史根源，这是十分重要的。至于对那些较保守的思想派别，我的这一建议当然是不必要的，是不合适的。但是，为什么较激进的学派就不应该完全不顾过去而一心专注于当前的世界和当前的事例，这仍是个应该讨论的问题。对此简要的回答是：只要是诚心诚意诉诸传统，必然获得巨大的普遍收效。

文明是由四大因素组成的：1. 行为模式；2. 情感模式；3. 信仰模式；4. 各种技术。虽然这四大构成因素是相互作用的，但技术这一因素却与我们目前讨论的题旨不合，因此可以撇开不谈。另外，从长远的观点来看，行为模式是受情感模式和信仰模式维护和修正的。所以，宗教的主要任务便是专注于情感和信仰。

至于说到具有一种普遍特点的诸信仰，损害情感对于它们来说更易于产生情感。在调查观念的历险过程时，最令人吃惊的莫过于以下事实：新奇的普遍观念很难为自己找到具有任何强烈程度的适当情感模式。时而闪现的深邃洞见数个世纪一直未曾产生应有成效，这并非因为人们不知道它们，而是由于主导的兴趣拒绝对那类一般观念作出反应。宗教的历史是无数代人的历史，这一历史必须将自身与深邃的观念联系起来。正是由于这一理由，宗教常较它们繁荣于其中的文明更为野蛮。

普遍观念在人类的头脑里仅打上微弱的印记，这一事实还造成了另一后果：甚至敏锐的思想家也很难理解以不同的术语表述的、以不同种类的例子演示的观念之间的类似处。于是，以不同方式表达同一观念的哲学家之间发生了拼死的脑力战斗。由于这两个原因，如果你要以深邃的一般观念为基础重新解释宗教，你就必须有耐心等上一千年。宗教就像动物物种一样，它们并非来源于特别的造物。

最后，如果语言文字表达具有教义上的终极性这一观点的确是错误的话，那么，以共同的程序将类似的宗教观点维持在一起便具有极大的优越性了。它们可以相互学习，相互借鉴；它们各自会发生微妙的变化。更重要的是，它们会学会相互理解，相互爱戴。

宗教必须依旧是"仇恨"的同义语吗？社会对于宗教的理想是：它应该成为文明统一的共同基础。这样，它便证实了它的超越各野蛮力量之间暂时冲突的洞见是正确的。

本章的讨论一直集中在宗教的三个顶峰阶段：柏拉图的思想、基督的一生，以及基督教神学的第一形成时期。但是，这整个 12 个世纪的时期（其中包括传说中的先行者及现代的后继者）被认为是基督教宗教的整个历史。这一历史全部是属于不同洞见层次的诸观念相互作用的历史。宗教精神一直在被人曲解、歪曲、遗忘。尽管如此，自人类开始了通向文明的旅途，宗教精神便一直存在着。

神学的任务便在于表明世界是如何建立在某种超越瞬间事实的事物的基础上的，是如何造成某种永不消亡的事物的。俗世是有限成就的舞

221

台。我们要求神学表达消亡生命中的那一不配因素：它是不朽的，因为它表达了适于我们有限天性的至善。就这样，我们便将理解生命何以会包括一种比悲喜更深的满足方式。

第三部分

哲学的观念

第十一章
客体与主体

第一节

引言。

——当笛卡尔、洛克及休谟从事经验分析时，他们都使用了他们自身经验中的那些清楚而分明、适于理性论说的成分。人们（柏拉图除外）心照不宣地认为：越是基础的因素便越有助于清晰的区分。这一设想在此处受到了径直的挑战。

第二节

经验的结构。

——没有哪一个题目像哲学家们叙述的经验的主—客体结构那样更受到他们这一倾向的影响。起初，这一结构被等同于仅仅是知者与被知者的关系。主体是知者，客体是被知者。于是照这种解释，客体—主体关系便是被知者—知者关系。由此可以推出，这一关系中的任何事例，越是突出易于区分，用来解释经验在大千世界中的地位便越是可靠。正因为如此，笛卡尔才呼吁清晰和分明。

这一推论的先决条件是：主—客体关系是经验的基本结构模式。我同意这一先决条件，但是却并不认为主—客体关系等同于知者—被知者关系。我认为，单纯知识的概念是一个高度抽象的概念；有意区分本身是一个固定因素，它仅存在于经验事态的更详尽事例中。经验的基础是情感性的。说得更直白一点，基本的事实在于，出现了一个感情调子（affectivetone），它发源于关系已确定的诸种事物。

226

第三节

术语。

——所以贵格派的用语"关心"一词——它是摈弃了任何知识的意味的——更宜于表达这一基本结构。作为主体的事态对客体有一种"关心"。这一"关心"便立即把客体作为一种构成成分置入主体的经验之中。它这样做时是带着感情的，这感情来自客体并指向客体。照这样的解释，主—客体关系便是经验的基本结构。

贵格派这种使用语言的方法并不广泛流行，而且每一术语都要导致一大堆误解。主—客体的关系可被设想成接受者和引发者的关系，其中，被引发的事实是一种感情调子，这种感情是关于引发者在被引发的经验中的地位的。同时，整个被引发的事态就是一个包括许多如此引发事例的整体。这一术语也是令人遗憾的，因为"接受者"一词暗示着被动性，而被动性则是错误的。

第四节

把握。

——一种更正式的解释如下：一个经验事态就是一个活动，它可分解成不同方式的诸作用，它们一起构成了这一事态的生成过程。每一种方式又可分解成作为活动主体的完整经验，以及与该特殊活动有关的事物或客体。这一事物便是一件资料，也就是说，可以在不提及它在那一事态中的参与而对它进行描述。凡引起某事态的某特殊活动的资料，就是客体。因此，主体与客体是相对的术语。一个事态之所以是主体，是因为它那与某一客体有关的特殊活动；至于某物之所以是客体，则在于它在某一主体中引起某种特殊的活动。这种方式的活动便可名之曰"把握"。因此，一种把握牵涉到三个因素：一是经验的事态，把握正是其中的一个活动细节；第二便是资料，它的关联性引起了这一把握的萌生，这一资料便是被把握的客体；第三便是主体的形式，即感情的调子，它决定把握在经验的那一事态中的效应。经验如何构成自身取决于经验中的诸种主体形式的错综构成。

227

第五节

个体。

——一个事态的个体当前性就是主体形式的最终统一，它便是作为绝对实在的事态。这一当前性便是事态的纯粹个体的时刻，被本质的相对性维系在主客的任意一方。事态产生于相关的客体，然后消亡而成为另外事态的客体身份。但是，它享有它那作为情感统一的绝对自我完成的那一决定时刻。此处所用的"个体"一词与"原子"有相同的意义，它们都适用于复合事物，因为它们具有其他成分所缺乏的那种绝对的实在性。当一个现实实有仅仅突出自身且又在感情上欣赏自身时，它必处于自我完成的当前；此时这两个词便十分适合这一实体。"单子"这一术语也表达了处于决定性时刻（即从生到死这一阶段）的这一本质统一性。世界的创造力便在于：过去将自身掷进一个新的超验事实时的那种搏动的情感。这是一只飞镖（卢克莱修说起过它的），它被掷出了世界的范围之外。

第六节

知识。

——所有的知识都是意识对所经验的客体的分辨。但是这一意识的分辨，即知识，不过是主体与客体交互作用时主体形式中的一个额外因素而已。这一交互作用就是那种材料，那种材料构成了那些单一的事物，而宇宙的唯一实在就是由这些单一事物构成的。这些单一事物便是经验的诸单一事态，即现实实有。

但是，我们不是那么容易摆脱知识的。不管怎么说，哲学家们追求的便是知识。而且，所有的知识都来自直接的直觉观察并为它所验证。我接受以这个一般形式所表达出的经验论的原则。随之而来的问题是：以上勾勒的经验的结构是如何被直接观察到的？要回答这一挑战，我想起了那个古老的意见：最能对付批判性考查的学说便是那些在最长时期内未曾受到过质疑的学说。

228

第七节

感官知觉。

——我头脑中的那一组特别的、有一代人之久的学说便是：（1）所有的知觉都要通过身体感觉器官的媒介，诸如眼睛、腭、鼻子、耳朵，以及其他构成触觉、痛觉和其他身体感觉的身体的延伸组织；（2）只要是处于直接的现在，所有知觉的对象就是感觉的对象，它们以一定的模式联系着；（3）我们关于一个社会性世界的经验是一种解释性的反应，完全衍生自这一知觉；（4）我们的情感的及目的的经验是一种反射性的反应，它衍生自这一原始的知觉，并与解释性的反应交错在一起，同时部分地铸就它。因此，这两种反应便是同一过程的不同方面，包括了解释性的、情感性的以及目的性的诸因素。当然，我们都明白，有些强有力的哲学派别明显地反对这一学说。尽管如此，我还是不能说服自己，认为这些学派的作者们的反对是当真的。当有关被知觉的事物的直接问题出现时，在我看来，其回答总是依据被知觉的感觉材料作出的。

229

第八节

知觉的诸功能。

——在考查感觉主义者的学说时，要问的第一个问题就是关于我们称之为"知觉"的经验的那些诸功能的普遍定义。如果把它们解释成那些经验的功能，它们直接来自对各身体感官的刺激，就不会有什么争论了。那样一来，传统的学说便成了对"知觉"一词用法的单纯定义。考虑到它的长期用法，我的确倾向于赞同这样的观点：对于哲学家来说，将"知觉"一词的意义局限于这一有限范围也许不失为一桩明智之举。但是我所坚持的要点在于：这一意义是有局限的；关于该词还有更广泛的意义，其中它的有限意义得到了心照不宣的认同。

第九节

客体。

——经验的过程便是将实体接收进复合事实（即过程本身）之中的过程；而实体的存在则是先于该过程的。这些被当作因素而接收进经验过程中的先在的实体，被称之为那一经验事态的"客体"。于是"客体"这一术语基本上表达了如此表示出的实体与经验的一个或若干事态的关系。一个实体要在经验的过程中充当客体，必须要完成两个条件：（1）该实体必须是先在的，而且（2）该实体必须是凭借它的先在而被经验到；它必须是已知的。所以，一个客体必须是一件被接收的事物，而不应该是一个接收的过程，或产生于该事态的事物。因此，经验的过程便是将客体接收进该复合事态（即过程本身）的统一体中的过程。过程创造了它自己，但是它却并不创造被它当作因素而接收进自己天性之中的客体。

一个事态的"客体"也可称之为该事态的"资料"。选择何种术语完全取决于你喜欢哪个比喻。一个字面上有"卧于……道上"之意，另一个字面上则有"被给予……"的意思。但两者都有一个缺点，因为它们都含有这样一个意思：一个经验事态出自一种被动的形势，该形势只是由乱七八糟的资料组成。

230

第十节

创造力。

——情况恰好相反。最初的形势包括一个活动的因素，它便是产生那个经验事态的理由。这一活动的因素便是我所谓的"创造力"。含有创造力的最初形势可以被称之为新事态的起始阶段。它同样可以被很恰当地称之为与那事态相关的"实际世界"。它有自己的某种统一性，可以表现它的为新事态提供所需客体的能力，也可表现它的联合活动，因为这一联合活动，它成为新事态的最初阶段。所以它可以被称之为一种"真正的潜力"。所谓的"潜力"指的是那种被动的能力，"真正的"这一术语则指的是创造的活动，即柏拉图在《智者篇》中对"真正的"一语的定义。这一基本形势，这一实际世界，这一起始阶段，这一真正的潜力——无论你如何描述其特点——作为一个整体，由于它内在的创造力而十分活跃，但它的细部却是些被动的客体，这些客体从整体的创造力那儿获得了活动。创造力便是潜力的实现，而实现的过程便是一个经验的事态。如此抽象地看来，客体便是被动的，但联系起来看，它们则负载着推动世界的创造力。创造的过程便是宇宙统一体的形式。

231

第十一节

知觉。

——前面的诸节解释了我们是如何发现客体是经验中的因素的。该讨论是依据一种本体论来措词的，而该本体论则是超越当前的目的的，假若没有某种那样的解释客体在经验中的作用的本体论，客体的地位便不能被理解。所谓解释客体在经验中的作用，就是解释为什么一个经验的事态由于它的天性而需要客体。

客体是经验中的因素，它们的作用是表明：那个事态由于包括了一个由它物构成的超验宇宙而诞生了。因此每一个经验的事态都有这一本质：它与一种超越自身的他者（otherness）有关。事态是其他事态中的一个，同时它又包括它在其中的其他诸事态。意识强调对这些客体进行选择。因此知觉便是这样一种意识：它是根据为这一强调所选择的客体而被分析的。意识是强调的极致。

显然，知觉的这一定义要比以感官知觉、感觉材料以及身体的感官为基础的狭隘定义更广泛些。

第十二节

非感官的知觉。

——这一关于知觉的更广义的定义是没有什么价值的，除非我们能察觉表现了落入这一广义范围的功能方式的诸经验事态。如果我们发现了非感官知觉的例证，那么将知觉默认为感官知觉便是一种致命的错误，它阻碍了系统的形而上学的发展。

我们的第一步应该是清楚地承认，感官知觉的内部存在着局限性。这一特殊的功能方式根本上是把知觉材料表现为是此地的、此刻的、直接的和离散的。感觉的每一印象都是明白的存在，这是休谟宣称的；而且怀疑这一学说是没有理由的。但是，甚至休谟也为每一印象穿上了力和活泼的衣服。必须要清楚地懂得，没有哪一种把握，甚至是对单纯感觉材料的把握，可以摆脱它的感情的调子，即贵格派所说的"关心"这一特点。关心是知觉的本质特征。

注视一块红斑。它本身是一个客体，与关心的其他因素无关，所

232

以，这一块红斑，作为知觉那一现时行动的客体，对于过去或将来都是静止的。它是如何起源的，将如何消失，甚至它真的是否有过去，真的是否会有将来，这些都不是它的天性所揭示的。感觉对象本身并不提供材料来解释它们自己，因为它们处于僵硬的、单纯的、现时的及直接的状态。我们确实解释它们，但解释的这一功绩却并不能归功于它们。最近两百年的经验论毫无批判地使用现行的语言形式，以此暗中引进异样的想法。诸种简单文字形式的大量使用会产生一种读起来悦目、易于理解却又谬误的哲学。尽管如此，语言的种种用法却又证明，我们对于这些贫乏感觉对象的习惯性解释主要是在满足常识，虽然在特殊的事例中这些解释易于犯错。但是，这些解释赖以立足的证据却完全是来自非感官知觉的广阔背景和前景。感官知觉正是与非感官知觉的背景和前景融合在一起的，如果没有后者，感官知觉也不可能存在。我们无法分辨出一个完全与当前的事实相关的、明晰的感官知觉。

在人的经验中，给人印象最深刻的关于非感官知觉的例子，莫过于我们对于我们自己直接过去的认识了。我所指的并非是我们对一天前，或一小时前，或一分钟前的过去的记忆。那样的记忆往往为我们个人生活中的事态所干扰而变得模糊且混乱。我所指的直接的过去是那样一个事态，或一组事态，它进入经验而在它与眼前的事实之间却没有任何可感知的媒介插入。大致说来，它便是介于十分之一秒和二分之一秒以前的那一段过去。它虽已过去，但仍在此地。它无可置疑的是我们自身，是我们现时存在的基础。但现时的事态在宣称自我同一性时，在自己一切生动的活动中分享过去那一事态的性质时，总是在从事着对过去那一事态的修正，总是在调整它，使之适应其他的影响，总是在用其他的价值完善它，总是在歪曲它，使之适应其他的目的。现在的时刻便是由另一时刻流入那个自我同一性而形成的。该自我同一性便是直接过去在现时的延续生命。

第十三节

举例说明。

——且设想一位说话相当快的人发专有名词"United States"（美国）这个音。该专用名词共有四个音节。当读到第三个音节时，第一个音节很可能便处于直接的过去；当然在读"states"这个词的期间，第一个音节便处于现时刻之外了。且想一想该说话人存在的诸事态。每一事态都为他赢得了对声音的直接感觉表现，早些的音节在早些的事态中，"states"一词则处于最终的事态。说到单纯的感官知觉，休谟作如是说是对的："unites"这个声音，作为单纯的感觉对象，其性质与"states"这个声音是毫不相干的。然而说话人却从"united"说到"states"，这两个词便一同处于现时了。这是因为，过去的那一事态宣称自己是存在于现时的一个活物，因而自身得到了加强。直接过去，作为一种残存物让人在现时重新经历，这便是非感官知觉的最佳例子。

休谟的解释涉及"观念的联想"，对于现在这个题目是有价值的。但是对于这个例子来说，它未能涉及要点。此处的说话者是个美国公民，因此对那一短语异常熟悉。他可能发出的音是"联合水果公司"（United Fruit Company）——此公司尽管重要，他却是在半分钟前才听说过它。在他的经验中，这一短语的后部分和前部分的关系完全与以上所说的"United States"相同。在后一例中，值得注意的是，当联想会把他引导向"States"时，直接过去的加强却迫使他把"Fruit"一词结合在现时里。他在发出"United"这个词时，对于拥有"Fruit"这一感觉对象的直接将来便有一种非感官的预期。然后，他发出"Fruit"这个词，对于拥有"United"这一感觉对象的直接过去又有一种非感官的知觉。但是，由于他不熟悉联合水果公司，他便不能靠联想来将这一短语中的各词联系在一起；当这位说话者是个爱国主义者时，他便有最强的联想来将"United"和"States"两词联系起来。当然也许他是联合水

234

果公司的创办人，该公司名字也是他取的。他于是就成了英语语言史上第一个读出"联合水果公司"的人。不可能有任何联想的痕迹可以助他。促使他的身体器官发出"公司"一词的他的经验的最终事态，只能解释为他对先前那些事态的关心；那些事态拥有企图发出该完整短语的主观形式。同时，只要有意识，就有对于过去的直接观察，目的是在当前的事实中达到对过去的完成。这是一个直接的直觉观察的例子，它不能归纳为感觉主义的公式。这类观察没有感官知觉的那种条理分明的精确性，但是对于它们却不可能有什么怀疑。举例来说，如果该说话者发出"United Fruit"两词后被打断了，他可能会以这样的话重新开始："我的意思是还要加上 Company 这个词。"因此，在被打断的期间，由于过去有了一个未完成的企图，因而在说话人的经验中得到加强。

235

第十四节

感情的相符。

——在这一解释中出现了又一论点，即关于自然扩续性的学说。这一学说抵消和限制了关于每一经验事态都是绝对个体的学说。在直接过去事态的主观形式与该事态把握新生事态时的主观形式之间，存在着一种扩续。在许多这样的基本把握合成的过程中，出现了诸多修正。但是，直接过去的主观形式是与现时的主观形式一道扩续的。我将把这一关于扩续性的学说称之为感情相符的学说。

假设在一段时间内，某人生活中的某种情况惹得他生气。他现在何以知道四分之一秒前他是生气的？当然，他记得那事；对此，我们都明白。但我现在就是要研究记忆这一奇怪的事实，而且选择了一个最生动的例子。光是"记忆"这个词是什么也不能解释的。直接的新事态的第一个阶段就是感情相符的那个阶段。过去事态所享有的感情作为被感受

236

到的资料而出现于新事态中，它的主观形式与该资料的主观形式是相符的。例如，如果 A 是过去的事态，D 是 A（其主观形式可描述为 A 生气）所感受到的资料，于是这一感情——即 A 以主观形式"生气"感受 D——最初就被新事态 B 以同样的主观形式"生气"感受到。"生气"在相继的经验事态中扩续。主观形式的这一扩续便是 B 对于 A 最初的同情。这便是自然扩续的基础。

我们且来详细研究一下那个生气的人。他的气愤就是他感受某件资料 D 时的主观形式。四分之一秒之后，无论是有意或无意，他把他的过去作为当前的一件资料来体现，把来自过去的资料"生气"维持在当前。只要该感情落入意识的光照之内，他便对过去的情感享有了一种非感官的知觉。他既是客观地享有这一情感，因为它属于过去，又是正规地享有它，因为它扩续到了当前。这一扩续就是自然的扩续性。我详细地阐明了这一论点，因为传统的学说是否认它的。

所以，非感官知觉是自然扩续性的一个方面。

第十五节

休谟关于习惯的学说。

——休谟的一种学说认为，力和生动性是感觉印象中的基本因素。这一学说不过是主观形式学说的一种特殊情况。他同时也认为，一个经验事态的力和生动性会进入后继事态的特性之中。整个关于"习惯"的学说都是建立在这一假设之上的。如果诚如休谟主张的那样，诸事态是全然分离的，特性的这一过渡在事物的性质中便没有任何基础了。休谟诉诸记忆，其实是诉诸被观察到的过去内在于将来的性质，它牵涉到主观形式的扩续性。

加上这一点，休谟《人性论》第三部分中的每一论点才能被接受。

237

但是接着有了这样一个结论：在那些事态之间存在着一种被观察到的因果关系。这一关系的一般特点既解释了记忆，也解释了个人的特性。它们都是经验事态内在学说的不同方面。还可以得出这样一个结论：只要我们把因果关系的概念应用来理解自然中的事件，我们就必须认为这些事件属于可用于经验事态的一般概念，因为我们只能依据我们对这些事态的观察来理解因果关系。此处之所以求助于休谟，唯一的目的便是要阐明当前的这一论题照常识来看是清楚明了的。

第十六节

能的流动。

——一个包括了人的某种精神的经验事态，极端地说来，是构成自然的那些事件中的一个极端例子。迄今为止，我们的这一讨论便是专注于这一极端的。但是任何学说，只要它不愿将人的经验置于自然之外，在它描述人的经验时，必然会发现一些也参与了描述不十分特殊的自然事件的因素。如果没有这些因素，那么那种把人的经验作为自然中的一桩事实来研究的学说便只能是粗率的，是建立在模糊的术语之上的，这些术语的唯一优点便是使人有一种舒服的亲切感。我们要么就承认二元论，至少把它看成是一种暂时性的学说，要么就指出那些将人的经验与物理科学联系起来的相同诸元素。

物理科学将自然事态设想为能量的所在地。无论事态可能是什么别的东西，它总是一桩怀有那种能量的单一事实。电子、质子、光子、波状运动、速率、硬辐射、软辐射、化学元素、物质、虚空、温度、能量的衰变，这些术语都说明这样一个事实：物理科学依据每一事态享有能量的方式承认事态之间存在着质量的区别。

这些区别完全是能量的流动造成的。所谓能量的流动，换言之，指

238

的就是该事态如何从自然的过去继承能量，又如何准备将该能量传送给将来的那种方式。对坡印廷能流理论的讨论是电子力学中最吸引人的章节。四十七年前，当我还是个年轻的研究生时，我第一次从 J. J. 汤姆逊爵士①的一次讲座中听到了这一理论。当时，那是坡印廷（Poynting）才发表的新发现。但是该理论的创建者却是伟大的克拉克·麦克斯韦，他发展了所有的必要的原则。我们所关心的唯一结论是：能量在时空中有可辨的轨道。能从某一特定的事态通向另一特定事态。在每一点上都存在着能的流动，它的流动有一定的量，也有一个明确的方向。

这是一种以扩续性为依据的关于物理性质的观点。事实上，在克拉克·麦克斯韦的思想中，扩续性的概念是占主要地位的。但是，在更近代的物理学中，与之相对的，关于可区分的个体的概念又变得重要起来。电子、质子和光子都是单位电荷，也存在着能流的量。扩续性和原子性，自然的这两个相对方面，在欧洲思想中有很长的历史了，可以一直回溯到科学在希腊人中的发源时期。更可能的结论是：它们两者都不能省却，我们看到的只是与科学的现阶段有关的该对比的现代时期。

第十七节

精神与自然的比较。

——我以上简述的关于人的经验的学说保留了（也为了其自身的目的）一种关于可区分个体的学说，这些个体就是诸分离的经验事态；再就是关于扩续性的学说，它指的是主体形式的同一性从一个事态到又一个事态一致地继承而来。物理性的流动表现就是每一经验事态的基础所

---

① Sir Joseph John Thomson（1856～1940）：英国物理学家，剑桥大学三一学院教授，电子的发现者。——中译注

发生的这种同形的继承。这一继承尽管是主体形式的延续，却是一种对明确的个体事态的继承。因此，如果类似性有道理，那么，在说明将过去与现在联系起来的诸多关系的一般体系时，我们就该指望有一种关于定量的学说，照此学说，事态的诸个体是相互关联的；还需要一种关于扩续性的学说来说明主体形式的同形转移是一个最重要的事实。

关于物质的能的概念（它是物理学的基础）于是就必须被设想为来自复合能的一个抽象概念，它是有情感的、有目的的，内在于最终合成的主体形式中；在该合成中，每一事态完成了自身。能便是经验的每一活动的全部精力。"物理科学是一种抽象"，单是这句话便承认了哲学的失败。描述衍生那一抽象的更具体的事实，即是理性思想的任务。

第十八节

个性。

——在讲述人的经验时，我们将人的个性淡化为人的经验事态之间的一种遗传关系。但是，个性的统一却是一个不能回避的事实。柏拉图及基督教关于灵魂的学说，伊壁鸠鲁关于精微原子构成复合体的学说，笛卡尔关于思维实体的学说、关于人权的人道主义学说、关于文明人类普遍常识的学说——这些学说一直在西方思想中占主导地位。显然，有一桩事实需要解释。任何一种哲学都必须要提供某种关于个人同一性的学说。在某种意义上，在每个人的生活中，从生到死，都存在着一种统一。坚持反对自我同一的灵魂实体这一概念的两位现代哲学家是休谟和威廉·詹姆斯。但是，要充分解释这一毋庸置疑的个人统一性，对他们来说，仍然是个问题，正如对有机论哲学来说这仍然是个问题一样。此问题仍处于混乱的局面中。

240

第十九节

柏拉图的容器说。

——在数学研究中，凡有问题需要解决，合理的方法是进行归纳，剔除与解法无关的细节。我们且照此来对个人的统一性作一番一般性的描述，抛开人性中的无关紧要的细枝末节。要达到此目的，引用柏拉图对话中的一段文章是最好不过的了。在概述它时，我插入了一些术语，诸如"个人的统一性"、"事件"、"经验"，以及"个人同一性"，以代替它本有的两三个术语——"除了关于杂乱事件的概念以及关于事件所表示的诸形式的概念而外，我们还需要第三个概念，即个人的统一性。这是一个纠缠不清而又模糊的概念。我们应当把它设想为我们经验事态生成的容器，或者如我所说，把它设想为养母。这个个人同一性是一种接收人的存在的所有事态的东西。对于生活所有的变迁来说，它犹如一个自然的子宫。它被进入它之内的事物所改变，被它们赋予不同的特色。所以，在不同期间它的特点是不同的。既然它把经验的所有方式接收进它的自身的统一体，它便肯定是没有任何形式的。如果我们把它描述为不可见的、无形式的，以及接收一切的，我们也不会错得很远。它是一个持续的地点，为所有的经验事态提供地方。在它之中所发生的事既要受到它的过去的强制性的制约，又要受到它内在诸理想的说服性的规定。"

你会发现，以上这番话改写自柏拉图的《蒂迈欧篇》①，其中有些小小的变动。但是，这不是柏拉图对灵魂的描述。这是他的关于容器（νποδοχη）或地点（χωεα）的学说。这一学说的唯一作用便是把一种统一强加给自然的诸事件。这些事件因处于所在地的同一地区，所以是在一起的，而且，由于它们处于这一地区，所以它们获得了它们的实

241

---

① 我用的是 A. E. 泰勒的译文，对措词有些压缩和修改。

在性。

第二十节

内在性。

——这既是关于自然统一的学说，又是关于每一人类生命统一的学说。随之而来的结论便是：自我同一性弥漫于由事态组成的我们的生命线，我们对这一自我同一性的意识，不过就是对自然的普遍统一体中的那一股特殊统一的认识。它是整体中的一个地点，因为自身的特异性而显得突出，但在另一方面却表现了指导整体构成的普遍原则。这一普遍原则就是经验的客体—主体结构。另外，它也可以被表达为自然的矢量结构；或者，它也可被构想为关于过去强化于现在的内在学说。

内在学说实际上就是埃及那些希腊化基督教神学家所勾勒的那种学说。但是，他们将此学说仅应用于上帝与世界的关系，而不是应用于所有的现实。

第二十一节

空间和时间。

——空间和时间的概念表现了柏拉图基本的容器说（它不强加任何形式）与现实世界（它强加它的各种形式）之间的妥协。要强加形式就必须要消除看法，这是感情调子的不相容性所需要的。几何学是关于中介物位置的学说，这些中介物在继承过程中强加看法。在几何学中，这一学说仅限于流行于宇宙的这一时期的几何学的协调通则。这些通则只

242

关心持续地被演示在事件的联系中的连续关系的复合体。

我们对宇宙的这一几何秩序的知觉含有否认把继承局限于个体秩序的意思，因为个体秩序意味着单维的连续秩序，而空间则是多维的。空间性牵涉到由于中间事态的多样性而形成的分离，也牵涉到由于现在衍生于过去的这一内在性而形成的联系。所以，能量在物质自然中从某一事态转移到另一事态，以及感情的调子（连同它的情感能量一道）在任何人的个性中从一个事态转移到另一个事态，这二者之间存在着一种类似性。这种从某一具体事态转移到另一具体事态的矢量关系，在物质自然中繁衍出人类经验的客体—主体结构。希腊人在分析繁衍时把它设想成仅仅是新奇抽象形式的到来，这是他们的不足之处。古人的这种分析未能理解在创造的过程中，先行的个别如何将自己强加于新的个别。所以，作为例证表现在事实中的几何就与它们对事实繁衍的解释分离了。

第二十二节

人的身体。

243
——但是，物质自然与人的经验的这种类似性却是有限的，因为任何个性中的人的事态都是成线性连续的，而在物质空间和时间里，事态却是多维连续的。

为了要证明二者间的差异仅仅是表面的，则需要讨论直接继承的人类经验是否与空间的多维特点有类似性。如果人的经验事态主要是以单维的个人次序继承的，那么在人的事态与物质自然的事态之间就存在着鸿沟。

但是，人类身体的奇特地位立即表示反对这一描述人类继承的严格个人次序的概念。我们的主要继承物直接来自过去的事态，其中，闯入了来自其他渠道的无数的其他继承物。敏感的神经、内脏的各种作用、我们血液构成中的紊乱，如此等等都闯入了继承的主线。就这样，出现了情感、希望、恐惧、抑制以及各种感官知觉；这些都被生理学家归于身体功能。这种身体的继承如此明显且为人所熟悉，乃至在普通谈话中，人的身体与人的个体（person）是没有区分的。灵魂与肉体混为一体了。这一普遍的混同甚至在生理学家的科学研究之后存活下来；生理学家在人身上更多地看到的是肉体，而不是灵魂。

但是，人的肉体无疑是众多事态的复合体，这些事态又都是空间自然的部分。这是一整套事态，奇迹般地协调在一起，以将它的遗传倾注到大脑的各个地区。因此有充分的理由相信，我们对肉体的统一感与我们对个体经验的直接过去的统一感都有一个同样的本源。这是非感官知觉的又一种情况，只是现在没有严格的个体秩序。 244

但是，生理学家与物理学家都同意，肉体依据物理规律从物质环境继承物质条件。因此在人类经验和物质事态之间，存在着一种普遍的持续性。哲学的一个最明显的任务，便是阐述这一持续性。

第二十三节

二元论。

——本章的讨论一直试图让读者注意一个复杂的论点。我将让读者注意一个相关的普遍问题，以此结束此讨论。

这一讨论会被看做是《反对二元论?》的又一例子吗？我们大家都以高度欣赏的心情读过洛夫乔伊教授批判对二元论持反对态度的精彩著作。此处，在表面上，我提出的见解确实是他所批判的反对二元论的一个例子。但是在另一种意义上，我却是在努力捍卫二元论，一种以不同方式阐释的二元论。柏拉图、笛卡尔、洛克为休谟铺平了道路；康德追随了休谟。本讨论的要点在于指出另一条思想路线，它绕开了哲学传统上休谟的推论，同时又保留了来自休谟的三位伟大先行者的普遍思想倾向。柏拉图后期对话中的关于所谓"灵魂"和"物质的"自然的二元论、笛卡尔的关于"思维实体"和所谓"延伸实体"的二元论、洛克的关于"人类理解"以及伽利略和牛顿为他描述的"外在事物"的二元论——所有的这些类似的二元论，此处我们发现它们都处于每一个现实事态之中。每一个事态都有它的物质遗产，以及驱使它走向自我完成的精神反应。这个世界并非仅仅是物质的，也并非仅仅是精神的；并非仅仅是有着很多从属阶段的一，也并非仅仅是个完满的事实，其本质是静止的，有着变化的幻觉。凡是出现错误的二元论的地方，那一定是因为错把某样抽象的东西当作一件终极的具体事实了。

245

宇宙之所以是二元的，这完全是因为它既是暂时的，又是永恒的；宇宙是二元的，因为每一个终极的现实既是物质的，又是精神的；宇宙是二元的，因为每一个现实都需要抽象的特点；宇宙是二元的，因为每一个事态都将它的形式的直接性与客观的他者联合起来了。宇宙是多，因为它可以整体地、完全地被分析成许多终极的现实——或者用笛卡尔的话来说，分析成许多 resverae（实在物）。宇宙是一，因为宇宙的内在性。所以，在一和繁多的这一对比中存在着一种二元论。在整个宇宙中，充盈着对立物的联合，这是二元论的基础。

第十二章
过去　现在　将来

第一节

关于过去事态内在于（与之相关的）将来事态的学说，在上一章已充分讨论过了。过去客观地存在于现在，而现在又超越自身存在于将来。但是，依据关于经验的主客体结构的理论，将来可以被说成是内在于它以前的诸事态，以及现在的诸事态相互内在于彼此，这些意义还不是那样清楚。我们先来讨论一下将来与现在的关系，这要简单一些。显然，将来对于现在来说肯定是重要的。人类的最熟悉的习惯便可证明这一事实。现在在其自身已实现的构成中怀有超越自身的与将来的关系，要不是这样一个事实，那么法律合同、各种类型的社会理解、抱负、焦虑、火车时刻表等等都成了意识的无效表现了。割断了将来，现在便崩溃了，失去了自身的内容。当前的存在要求将来插入现在的裂缝之中。

书本训练使人养成了以批判的思想远远地前瞻和后顾的习惯，此处这些习惯又显示出对哲学的不幸影响。我们想到的将来往往是几世纪后，或几十年后，或几年后，或几天后。我们批判地思索那些被称之为历史的传说故事。结果我们仅仅依靠纯粹的抽象想象便认为自己与过去或将来有联系了，完全没有对具体事实的直接观察。如果我们承认这一结论，那么就不存在真正的论据可以证明曾经有过过去，或者以后将有将来。我们对这一点是完全无知的。我们能够观察到的一切只是当前概念的信念而已。这便是研究遥远的将来和久远往昔的书本习惯所造成的结果。文献保存了人类的智慧，但是这种方式却削弱了对第一手直觉知识的强调。考虑我们对过去或将来的直接观察时，我们应该将自己局限在一秒甚至几分之一秒这样的时间范围。

第二节

如果我们专注于这种短时的直觉知识，将来便肯定不会是无意义的了。它生动地生活在它以前的世界里。每一刻的经验都承认自己是两个世界（即直接的过去和直接的将来）间的过渡。这便是共有感觉（common-sense）的持续传递。同时这一直接将来是以一定的结构意义内在于当前的。困难在于根据经验的主—客体结构来解释这一内在性。在当前，将来的事态，作为绝对完整的个体实在来说，是非存在的。所以，将来肯定是以某种与过去个体事态的客观不朽性有关的意义而内在于当前的。在当前并不存在着属于将来的个体事态。当前包含着那种被意识到的个体的最远的边缘。整个关于将来的学说，应该根据对每一现实事态的自我完成过程的解释来理解。

248　　这一过程的特点可以简略地描述为好比是从再现到预期的一个通道。这一过渡的中间阶段是由对新内容的获得构成的，这一获得是直接主体单独的贡献，目的是为了把再现这一它的初级阶段重新构建成预期这一它的最终阶段。这一最终阶段也可被称之为"满足"，因为这标志着那一个体的创造冲动已经穷尽。这一新内容由主动的概念把握组成，也就是说，由概念的感情组成。这些概念的感情逐渐与对前在事态的有形把握结合在一起，于是产生了与过去有关的命题。这些命题又相互且与概念的感情结合结合再结合，又产生出其他的命题。

最后，与直接主体的构造有关的命题出现了。它属于这一主体的本质，因而它进入了客观的不朽。于是它开始了自我构造，它自己在自我形成中的活动变成了它者形成的活动。正是由于当前主体的构造，将来便会体现当前的主体，并再现它的活动模式。但是，将来的个体事态是非存在的。唯一的直接现实便是当前主体的构造，它体现了它自身获得客观不朽的必要性，这种不朽是超越它自我形成的直接性的。这一客观不朽性对于将来来说是一个顽固的事实，包含有它的透视性再现的模式。

预期的最终阶段便是在命题上实现当前主体的实质，因为只要和谐共存允许，它就需要将来体现它，再现它。于是，一个经验事态的自我享有是由对活动在它自身里的过去的享有发动的，也是由对作为活动在将来的自我的享有而结束的。这就解释了宇宙的创造冲动是如何在每一个单独的事态中发挥作用的。在这个意义上，将来便内在于每一个当前的事态中，它与当前的诸具体关系以不同等级的优势固定下来了。但是，没有一个将来的个体事态是存在的。全部先行诸命题关心的是当前事态的构造以及它固有的必然性。这一构造要求必须有一个将来，必须有一定份额的贡献以便在将来诸事态的初期阶段能够再现当前。

关键是要记住：每一个个体的事态被创造的冲动超越了，这一事实是属于每一个这样的事态的基本结构的。这并非是一个与任何一个那样的事态的完满结构无关的偶然事件。

在每一现实事态构成的过程中，从再现到预期的摆动是因为精神插入的影响。无论新颖的概念把握如此引进的诸观念是新还是旧，它们都具有这一决定性的结果：事态作为面对它过去的一种结果而出现，然后作为面对它的将来的一种原因而结束。在二者之间存在着宇宙的目的论。

如果精神活动不能引进理想的新颖性，概念感情的资料就只是业已在再现的起始阶段便被演示的永恒客体。在那种情况下，与起始阶段的

249

重组就只是将最初相符的接纳转变成预期，即预期保存那些业已在继承中居主要地位的各类秩序以及不同模式的感情。默许在此占上风。就这样，这种事态的地区呈现出向外加的自然规律被动地屈服的面貌。但是，当有新颖的概念时，该概念又由于不断地重申，由于在一系列的相互协调的事态中得到不断的强调而变得有效。此时我们看到的便是一个有持续目的的持久个体，该目的源于该个体，并在该个体的环境中被弄得有效。于是，在这种情况下，对于与将来关系的预期便呈现出一种欲把概念转变成事实的样子。不管是两者中的哪一种情况，不管有无新颖的概念，概念把握的主体形式构成了宇宙的推动力，借助此推动力，每一事态便冲入了将来。

第三节

现在便可能确定将来内在于现在的意义了。将来之所以内在于现在，其原因是：现在的实质中负载有它以后与将来的关系。因此，它的实质中包括有将来必须与之一致的必然性。将来就在现在之中，这是属于事物本性的一个普遍事实。由于居于具体现在的本性之中，它因而也具有了相应的普遍定性来施加给它所必须要跟随的具体将来。这一切都属于现在的实质，且构成将来。如此定性后，它便是现在的主体直接性中的一个供把握的客体。就这样，每一个当前的事态都把握宇宙的普遍形而上特点，同时依此而把握在那一特点中属于它自己的份额。因此，将来对于现在即是客体对于主体。将来在现在中有其客观存在，但是，将来在现在中的客观存在不同于过去在现在中的客观存在。过去的各种具体事态存在着，并作为现在的把握客体而各自发挥作用。过去的现实事态的这种个体客观存在（它们各自在不同的现在事态中发挥作用），构成了动因因果关系。但是此刻尚不存在组建好了的将来的现实事态，因此便没有将来的现实事态在现在发挥动因的作用。现在之中的客观的东西便是现实事态将来的必然性，而且这些将来事态，它们与现在事态的实质所固有的诸条件必然相符。将来属于现在事态的本质，而且只具有现在事态的现实性，但是，它与现在事态的具体关系已在现在事态的天性中实现了。

第四节

共时事件的定义便是：它们发生时相互之间是没有因果关系的。因此，两个共时事态是这样的，它们两者都不属于彼此的过去。该两个事态不处于任何直接的动因关系之中。共时事态在因果关系上的相互远远的独立，维护了它们在宇宙中的活动余地。这一独立性给每一个现实提供了可喜的不需负责任的环境。"我是我兄弟的看护人吗？"自然意识的最早表示之一便是如此表达的。我们对自由的要求是根植于我们与自己现时所处环境的关系之中的。自然的确为诸独立活动提供了一个领域。我们若要理解宇宙，就必须在设想动因、有目的的自我创造、共时的独立等的各种不同作用时，考虑到它们相互所固有的关系。这一适当的看法也需理解远景排除（perspective elimination）和各种流行于漫长时期的规律，以及次要的持久物，这些持久物自有其自身额外的规律方式，这使得它们所在的每一个更漫长时期显得花样繁多。

共时事态的相互独立，严格地限于它们有目的的自我创造的领域。这些事态来源于共同的过去，而且它们的客观不朽性在一个共同的将来发挥作用。因此，间接地，通过过去的内在性及将来的内在性，诸事态联系起来了。但是，说到诸共时事态，自我创造的直接活动却是分离的和私有的。

因此，共时事态彼此间有某种间接的内在性。如果 A 与 B 是共时

252

的，而 C 居于它们二者的过去，那么在某种意义上 A 和 B 分别内在于 C，其内在的方式就是将来可以内在于它的过去的那种方式。但是 C 在 AB 二者之中，客观上是不朽的。于是，在这种间接的意义上，A 内在于 B，B 也内在于 A，但是 A 的客观不朽性并不在 B 中起作用，B 的客观不朽性同样也不在 A 中起作用。作为单独的完整现实，A 隔离于 B，B 也隔离于 A。说两个共时事态 A 和 B 享有一个共同的过去，此话并非完全正确。首先，即使 A 的过去的诸事态与 B 的过去的诸事态相同，由于 A 和 B 地位的区别，它们也是以不同的远景排除来享有那一过去的。因此，居于 A 中的过去客观不朽性，不同于居于 B 中的同一过去的客观不朽性。所以，两个共时事态，彼此相距遥远，实际上衍生自不同的过去。

另外，根据现代物理学发展出的关于时间的概念，如果 A 与 B 是共时的，而且 P 又与 A 同时，据此说 P 与 B 共时则并不一定真实。有可能 P 早于 B，或者迟于 B。因此，甚至居于 A 过去的诸事态并不完全与居于 B 过去的诸事态相同。当 A 与 B 相邻时它们二者的过去之间的区别可以忽略不计。但当它们相距遥远时，二者的区别便十分重要了。

253

从这一讨论我们可以得出如下的结论：只要相关的环境是由任何一种统一类型的协调关系所主宰，任何事态经验的过去都将犹如"预想"那类型的秩序超越了那一过去而延伸进了将来。但是，这个将来包括该事态及与它同时的环境。这样，与它同时的世界便间接地内在于那个事态。这并非就它的特殊的个体事态而言，而是就那一秩序关系的一般基础而言。这类秩序既把现今世界的各部分相互联系起来，又把它们与该事态联系起来。但是，同时世界的这些部分只是作为这类秩序的关系对象时才属于该事态的经验。这便是对于何以应该将同时世界理解为统一空间关系的场这一问题的一般解释。它并未解释何以任何特别体系的诸种关系竟然主宰了这个时期。但是，这一解释确实给出了理由来说明为何某种体系的统一关系会主宰我们对同时世界的看法。内在的活动也业已丧失。同时世界作为诸关系和诸质量的被动的主体进入了经验。

第五节

宇宙的诸现实是经验的诸过程，每一过程便是一个单独的事实。整个宇宙便是这些过程组成的一个向前迈进的集合。一切作用都局限于现实之中，亚里士多德的这一学说被接受了。存在的真正意义便在于"在作用中充当一个因素"，换言之，在于"造成一种区别"，柏拉图的这一名言同样被接受了。因此，"要成为某物"就是作为某现实分解中的一个因素能被发现的意思。随之而来的结论是，在某种意义上，天下万物都是"实在"的，这是就它自身存在的范畴而言的。在这个意义上，"实在"一词便只能是这样的意思：某个声音或记号是一个有意义的词。但是，"实现"这一术语指的是那些现实实体将该现实作为一个积极的因素包容在自身的结构之中。所以，尽管万物都是实在的，但却不一定实现于某一整套具体的现实事态之中。但是，它必须是能被发现的，能被实现于某个现实的实体之中。没有任何东西在某种意义上不能被实现，无论是有形地被实现，或是在概念上被实现。"实在"这一术语也可标明由有形实现与概念实现之间的比较所造成的诸种区别。

第六节

任何一组现实事态都是由事态的相互内在性联系起来的，一个在另一个之中。它们根据相互联系的程度而相互施行强制。显然，一对事态的这种相互内在和相互强制一般说来并非是对称的，因为一旦脱离了与它同时的事态，一个事态便将居于另一个事态的将来。因此，早些的那个事态便会根据动因关系的方式内在于晚些的那个，而晚些的那个事态则会根据预想的方式内在于早些的那个。这是上文业已解释了的。被设

254

想为如此联合成一个统一体的任何一组事态，都将被称之为一个系列（nexus）。如果各种不同的事态四散于宇宙，彼此的地位各自远不相同，那么一个系列的这种统一体便是不足道的。当该系列的统一十分重要时，不同类型的系列便出现了，它们可分别用以下术语来表达：地区、团体、个体、持久的客体、个体质料、活的有机体、事件，以及其他类似的、足以表现自然各种不同复杂性的术语。在下章我们将有足够的篇幅来表述一些这样的特别类型的系列。

255

第七节

我们考虑强制和自由时，依据的是参照它们二者所实现的价值，也依据它们二者间的对比。但是，还有又一种思考它们的方式。我们可以问，事物的物理性质中有什么东西导致在物质上实现了自由或强制，或实现了表现为某一恰当模式的二者间的和谐组合。

事实上，我们的确习惯地依据自由和强制来解释历史。排除了物质事件中这一对比的实现，文明人类的历史就只是毫无意义的一串事件，其中包括与概念相联系的情感的作用，那些概念则是与物质事实全然不相关的。

共时诸事态因果关系上的独立性是宇宙内自由的基础。面临当今世界的诸新颖事物被共时诸事态单独地解决了，于是便有了完全的当今的自由。凡事一旦发生，它立即便成为加于其余所有事物的一个条件，这种看法是不对的。这样一种完全相互决定的观点是对宇宙一致性的夸大。关于"零星偶然事件"及关于"相互关联性"的观点对于事物的本性真正是适用的。另外，主体形式的种种不和谐所造成的看法也以又一种方式为自由作了准备。前在的环境在决定从它之中产生的事态的起始阶段时，并非是完全灵验的。在该环境中有一些因素，它们作为在新创

造中明显事实的任何作用都被剥夺了。奔涌的流或者纯化自己，或者失 256
去在更好的情况中本可保留的某种美德。每一新事态的起始阶段都表现
了在过去之内的一种斗争的结果，这是过去追求超越自身的客观存在的
斗争。该斗争的决定因素便是那最高级的爱欲（Eros），这种爱欲体现
为新的现实过程中单个主体目的的第一阶段。所以，在宇宙间的任何两
个事态中，存在着与彼此构成不相关的元素。忘记这一学说便会导致认
识事物性质时的过分道德化倾向。幸亏有那么多无关紧要的事物，使得
我们无妨随意对待它们。与之相对立的观点便是养成狂热的盲信，这给
历史染上了野蛮的色彩。

第八节

　　若要依据此处提出的这类形而上学来理解宇宙，便需要把以下事物
的不同作用置于它们相互的不同关系中来考虑：动因因果关系、目的论
的自我创造、远景排除、同时独立性、流行于漫长时期的规律、每一时
期之内的次要持久物。也可用以下术语来总结性地表达这类理解：强制
和自由、存活与毁灭、深入感觉及浮浅感觉、概念的实现及物质的实
现、现象与实在。任何对观念冒险史的叙述，都要涉及观念是如何在以
上这些术语所表达的各种选择中蜿蜒前行的。

　　当我们考查我们所在的宇宙时期的结构时，这一结构表现出各类秩
序的相继层面，每一层面都在某个有限的地区提出了某种额外类型的秩
序。这个有限地区分有了某一更大环境之内的更普遍的一类秩序，而这 257
一更大环境又是我们所知的普遍创造时期中的一个特殊化的地区。每一
个这样的地区（它自有其很重要的一套秩序关系）或则可以看成是由它
的各部分彼此组成的诸种相互关系，或则可以看成是影响某一外部知觉
活动经验的一个整体。还有第三种考虑方式，即把以上所说的两种方式

结合起来。该知觉活动可能是该地区内的一个事态，也可能把该地区作为一个整体来理解。该整体包括该知觉活动本身，它是其中的一个成员。

一个地区，最初被分析后，便可被看成是受制于某些自然规律的；自然规律是这个地区的一套重要的秩序关系。第二次考虑这一地区时，可以认为，合成取代了分析。该地区呈现出一种持续统一体的样子，其本质是某个复杂的内部特点。这一本质的特点，在第二次考虑中，不过是在该地起主要作用的一套自然规律而已。这些规律跟首次考虑这一地区时所出现的规律是一样的。无论哪一种考虑方法，强调的都是弥漫于构成该区的诸多事态的具体联系之中的同一特点。该地区的统一性是双重的：首先，包容于该地区的各种事态相互内在于彼此，因而生出了联系性；其次该地区有普遍的同一特点，因此该地区的各部分在任何外部事态中都起着类似作用。因此，这一自有其自然规律的地区便是自有其本质特点的持久实体的同义语。

第十三章
事态的组合

第一节

　　诸事态的组合是知觉经验中的那些事态某种共同作用的结果。组合起来的事态然后便获得了一种统一；对于知觉者的经验来说，它们便成为了一种复合的东西，因为它可以分成很多事态，或分成很多从属的事态组。这些从属的事态组也是复合的统一体，每一个统一体都属于作为总组的同一形而上的存在范畴。这一特色，即可分为诸种类似存在的这种特色，便是广延性的普遍概念。有秩序地散布于一个时期诸广延群组之间的那些特异关系（如果有的话），构成了流行于那一时期的几何体系。

　　任何一组现实事态所表现出的普遍共同作用便是相互内在作用。用柏拉图的语言来说，这便是属于同一容器的那种作用。如果仅仅就相互内在这一基本特性来考虑该组现实事态，那么，无论在其他方面抑或缺乏共同关系，这一组现实事态——被设想为是说明这一普遍联系性的例子——也可被称为一个系列（Nexus）。

　　所以系列这一术语并不预先假定任何特别类型的秩序，也不预先假定任何遍于其成员的秩序，而仅仅预先假定相互内在这一普遍的形而上

259 义务。但实际上，宇宙的目的论，以及它追求强烈性及多样性的目标，产生了诸种时期（epochs），这些时期自有其不同的种种秩序，它们主宰着相互交织在一起的从属系列。一个系列可在空间上或时间上扩展自身。换言之，它可包括数组共时的事态，也可包括数组相互说来是过去和将来的事态。如果该系列是纯空间的，那么它将不包括一对事态，其中一个先于另一个。系列内诸事态的相互内在便是共时事态特有的一种间接类型。正是因为这一理由，外在性的概念才主宰了我们的空间直觉。如果该系列是纯时间的，它便不会包括一对共时的事态。它将只是一条从事态到事态的时间过渡线。这种时间上过渡的观念无法完全摆脱"因果关系"的观念。这后一种观念不过是考虑过去直接内在于将来的一种特别方式。

第二节

260 　　事态的相邻性是一个重要的概念。两个共时的事态，当没有其他事态先于其中的一个也没有其他事态后于另一个时，在时间上是相邻的。事态的纯时间系列，当其中的每一个事态（最先的那个和最后的那个除外）都与一个较早和较晚的事态相邻时，该系列便是持续性的。该系列于是便会以时间或连续的秩序形成一条不间断的线。该线条的第一个以及最后一个事态当然就只能单面地与该线条相邻。

　　解释空间的相邻要更困难一些。它需要参考时间的维度（dimension）。可以借助于这样一种学说来解释它：没有哪两个共时的事态派生于一个完全共同的过去。因此，假设 A 与 B 是两个共时的事态，A 的过去就包括一些不属于 B 的过去的事态，同时 B 的过去也包括一些不属于 A 的过去的事态。于是 A 和 B 在下面的条件下便相邻：（1）当没有事态既与 A 又与 B 共时，（2）当不存在那样一个事态，它的过去包括所有的事态，其中的每一个既属于 A 的过去又属于 B 的过去。这一定义的特殊形式并不十分重要，但是现在的相互关系派生于与过去相关的某一事物，这一原理却是十分重要的。它解释了为什么现时世界被经验为是对诸多无生命质料的一种展示，这些质料被动地表明了强加给它们的特性。

无论如何，相邻性，时间的也罢空间的也罢，可以根据内在性学说来解释。借助于相邻性的概念，地区的概念可以被解释为表示了一种系列，在该系列中保留了某些相邻的条件。这样一个定义的逻辑细节与本讨论无关。

迄今为止，我们一直在考虑各类系列，它们结合的唯一原理派生于相互内在这样一个直白的事实。我们将把这称之为系列的属，即这样一种属，它的种是由明显的广延模式的种种不同而区分开的。更简洁地说，它可被称之为模式化系列的属。每一个系列属于这一属的某些种，如果我们把它从交织于它的诸模式之中的那些质量因素分离出来的话。

第三节

现在我们进而来讨论关于社会（society）的普遍概念。这一概念导致了对种种秩序以及秩序的遗传传播的普遍考虑。要对社会下定义就要把在分析模式化系列的属时所省掉的因素考虑进来。

一个社会是这样一个系列，它"演示"或"分享"某种"社会秩序"。"社会秩序"可以定义如下①——"一个系列之所以享有'社会秩序'是当（1）存在着一种共同的形式成分，这一成分表现在该秩序所包含的每一现实实体的确定性之中；（2）这一共同的形式成分出现在该

261

───────────────

① 参见《过程与实在》，第一部分，第三章，第二节。

系列的每一成员之中，这是由于它在把握系列内其他成员时被强加的种种条件；（3）这些把握强化了那一繁殖条件，因为它们包括了关于[①]那一共同形式的积极感情。如此的一个系列便称之为一个社会／群集，那个共同形式便是为那个社会定义的特点。"

对这同一定义的又一种表达[②]如下——"此处所用的'社会／群集'这一术语，其关键点在于：它是自立的（self-sustaining）；换言之，它便是它自己的理由。所以，一个社会／群集不仅是一组（现实的）实有，对于它们可以使用同一分类名称，也就是说，它包含的不仅仅是一种数学的'秩序'观。要构建一个社会／群集，之所以必须将同一分类名称应用于每一成员，那是由于从同一社会／群集其他成员而来的遗传派生。该社会／群集的成员相像，那是由于它们有共同的特性，因而它们便把那些导致相像的诸种条件强加给其他成员。"

根据对此处所用的"社会／群集"这一概念的描述，一组相互共时的事态不能组成一个完全的群集，这是显然的，因为这样的一组共时事态不能满足遗传的条件。当然，一组共时的事态可以属于同一个群集，但是，这样的一个群集必须包含前行事态及后继事态。换言之，一个群集必须表现持久性的独特品质，而真正持久的现实事物都是些群集。它们并非是现实事态。正是这一错误，即将社会／群集与完全实在的事物（现实事态）混淆不清的错误，从希腊时代起便阻碍着欧洲的形而上学。一个社会／群集有一个基本的特点，正是这一特点决定了它是那样的社会／群集。它也有一些附属的特性，它们是随情况的变化而变化的。所以，一个社会／群集，作为一个完整的存在并保持着同样的形而上地位，是具有历史的，这一历史表现了它对变化的情况所作的不同反应。[③] 但是一个现实事态却不具有这样的一个历史。它从不变化。它只

262

---

① 在《过程与实在》中，"关于那一共同形式"，原文是"那一共同形式的"。
② 参见《过程与实在》，第二部分，第三章，第二节。
③ 这一"社会"的概念类似笛卡尔"实体"的概念。参见笛卡尔：《哲学原理》，第一部分，原理51～57。——中译注

是生成然后消亡。它的消亡便是它对宇宙的创造性进展中一个新的形而上作用的假定。

一个群集的自我同一性是以它的定义特性的自我同一性，以及它的事态的相互内在性为基础的。但是，并没有一个明确的系列潜在于该群集之中，除非该群集完全属于过去。因为潜在于该群集的、已实现了的系列总是随着进入将来的创造性进展而自我增加。举例来说，一个人为自己的生命再增加一天，地球为自己的存在期再增加一千年，但是在该人死之前，在地球毁灭之前，并不存在一个明确的系列，而它在绝对的意义上就是那个人，或者是地球。

第四节

虽然没有任何一个系列可自称是该群集，但只要该群集存在，便会有一组连续的系列，其中的每一个都是该存在阶段的已实现了的群集。属于某一群集的如此的一组连续系列，它的不同成员的广延模式会是不同的。在那种情况下，那些广延的模式，只要是不同的，就不可能是该社会定义特点中的任何成分。但是该连续系列组中的各个系列，其广延的模式却可能是同一的，或者至少可以说，它们的广延模式有某种共同的特征。这样，那一共同模式或共同特征便可以是该群集定义特点中的一个成分。

263

一个群集，其中它的渐次实现的连续系列有一个共同的广延模式，这种群集的最简单的例子莫过于每一个那样的系列是纯粹时间性的和持续的。于是该群集在实现的每一个阶段，都包含了一组成连续顺序的相邻事态。被定义为一个持久知觉者的人，便是这样的一个群集。这一关于人的定义完全就是笛卡尔所谓的思维的实体。我们记得在《哲学原理》里（第一部分，原理二十一；以及《沉思录》三）笛卡尔说过，广延不过是上帝进行的连续的再创造而已。因此，笛卡尔关于人的灵魂的观点和此处提出的观点，其区别仅在于归于上帝的作用而已。两种观点都包括一系列事态，每一事态各自都有自己那一份直接的完满性。

普遍类型的群集，它们的已实现的系列是纯粹时间性的和持续性的，故被称之为"个体的"（personal）。任何这种类型的群集都可以被称之为一个"个体"。因此，正如上面所解释的，一个人便是一个个体。

但是，一个人不仅仅是一系列连续的经验事态。这样的定义可能会使哲学家们满意——比如说笛卡尔。那可不是"人"这一术语的寻常意义。既存在着动物精神，也有动物的身体；而且在我们的经验中，如此的精神总表现为统一的。故一个动物身体便是一个群集，它包括大量的事态，这些事态在空间上和时间上都是协调的。因此，一个"人"，在完全寻常的用法上，不是此处所定义的一个"个体"。他有一个更广泛社会 / 群集的统一体，其中社会 / 群集协调是各部分行为的主宰因素。

同时，当我们考查生物世界（动物和植物）时，可以发现各种类型的生物体。每一个生物体都是一个群集，这个群集并非是个体的。但是，大多数的动物，包括所有的脊椎动物，似乎都有它们的群集体系。这个群集体系是由一个从属群集（它是"个体的"）所主宰的。这个从属群集根据以上对个体的定义，与"人"是同一类型。当然，占支配地位的个体群集的事态中的智力极点不能达到人类智力的高度。所以，在某种意义上，一只狗是一个"个体"，而在另一种意义上，它却是一个非个体的群集。但是，动物生命的较低形式，以及所有的植物，却似乎缺乏任何内在个体群集的主宰。一棵树便是一个民主体，所以活体就并不等同于个体主宰下的活体。"生命"与"个性"并不一定有联系。一个"个体的"群集并不必是一般意义上的"活的"，而一个"活的"群集不必是"个体的"。

第五节

宇宙之所以获得价值，是因为它能协调各种群集以及群集的群集。所以一支军队是由众多的团组成的群集，团又是由众多的兵组成的群集，兵又是由细胞、血液、骨头，以及最重要的个人经历组成的不同群集；细胞则是由更小的物质实体组成的群集。如此推演，绵延无穷。同时，所有的这些群集也预设了社会物质活动的周边空间。

显然，先前之所以对"群集"一语作那样的定义，是为了要过分简单地表明该意义的概念，因为关于定义特点的概念必须要包括各群集协调的概念。因此便有各个不同层面的群集。比方说，军队便是一个与团层面不同的群集，同样地，团与兵也是不同层面的群集。自然是一个由诸多持久客体组成的复合体，在一个更大的空间—物质群集，它们起着次级成分的作用。这个更大的社会对我们来说便是自然宇宙，但没有理由把它等同于整个无边无际的实在事物。

同时，这些持久的实体，诸如桌子、动物身体、星辰，它们每一个本身就是一个次级的宇宙，其中包括次级的持久物体。我们能够以直觉直接区分的那个唯一的严格意义上的个体群集，便是我们自己个人经验的那个群集。我们也能直接地（虽然较模糊）直觉到从我们身体以往的作用中衍生出来的经验，也能更模糊地直觉到从外部世界衍生来的身体经验。

自然让我们观察到判若鸿沟的不同事物，然后它又让我们怀疑它们之间的区别。举例来说，寻常的物体表明固态性，但是固体可变为液体，液体可变为气体。而且，气体又可转而变为固体。固体中最具固态的却是专为某种用途的黏滞流体。另外，不可入性（impenetrability）也是个棘手的概念。盐溶于水，也可于水中重新获得。气体可渗透于液体。分子从以一定模式融合的原子中释出，食物渗透于身体，而且使人立即感到渗透于体内的精力。液体的兴奋剂尤其是如此。所以，直接经验的不可入性受到置疑，失去了其区别判然的地位。

第六节

266　　又一个貌似判若鸿沟的区别存在于无生命体和活体之间。其实倘要追溯活体的起源，我们会发现它们几乎是源于无生命物。另外，无机物在活物的种种作用中也仍保持原样；在明显有生命的活体中，似乎达成了某种协调。这种协调将潜在于基本事态中的作用上升到了主宰的地位。而对于无生命物，这些作用则是相互阻挠的，彼此抵消后产生的整体效应则是微不足道的。而在活体之中，整体的协调总是要起干预作用，而相互协调的各种作用所产生的平均效应则是不容忽视的。

　　现实事态自我形成中的那些活动，如果协调起来，便可产生活的群集。那些活动便是将初始阶段的接受转换成终极阶段的预想的中介精神作用。只要事态的诸精神自发行为不相互阻挠，而是通向纷纭万物中的一个共同目标，那么就会有生命。生命的实质在于有目的地引入新奇事物，同时诸目标又要在某种程度上相符。这样，新奇的情况就会遇上适于稳定目的的新奇作用。

　　生命会将特色赋予充盈于某一群集中的一组事态，虽然不一定包括全体事态，甚至也不一定包括大多数事态。赋予特色给这些事态的同一目的成分必须被看成是决定该群集特点的成分。显然，根据这一定义，便没有任何一个单个的事态可被称为活的了。生命就是对遍及一个群集中诸事态的种种精神自发行为的协调。

267　　但是，脱离了生命，单个事态中的高级精神似乎是不可能的。一个个体群集，它本身便是有生命的，而且对一个比它更大的个体群集有着决定性的影响，这是能够提供具有高级精神的事态的唯一一类组织。因此，一个人，他的有生命的身体便充盈着由低级事态组成的诸个活的群集，这些事态之所以低级是就精神而言的。但是其整体是协调的，以支持一个由高级事态组成的个体活群集。这个个体社会便是被定义为个体的人。也就是柏拉图所说的灵魂。

至于该灵魂在何种程度上超越其身体以获得对它存在的支持则是另一个问题。上帝的永恒性质——它在某种意义上是非俗世的，在另一种意义上又是俗世的——可以和灵魂建立起一种特别强烈的相互内在的关系。所以在某种重要的意义上，灵魂可以摆脱它对肉体组织的完全依赖。

但是值得注意的是，动物有机体的个性可以是或多或少的，这不仅仅是个有无灵魂的问题。问题在于，如果有，那么有多少？任何向高级多重个性发展的趋势，由于有歧异目标的对抗，都会是自我毁灭的。换言之，那种多重个性毁坏的正是生命的实质，即目的的一致性。

第十四章
现象与实在

第一节

　　一个经验事态的客观内容以这两个相对的特点与其他事物相区
分——现象与实在。应注意的是，这并非是表现在经验中的唯一两分
(dichotomy)。另外的两分还有物质与精神的两极、被把握的客体与把
握的主体形式。事实上，现象与实在这最终的一对对立物在形而上学上
并不如另外两对那么重要。

　　首先，现象与实在这一两分法并未覆盖全部的经验。它只涉及正在
被谈论的直接事态的客观内容，而略去了它的主体形式。其次，除了在
经验的高级阶段的作用中而外——在那些阶段，精神的诸作用与物质的
诸作用合成了一个奇妙的复合体——它的重要性可以忽略不计。而在经
验的这些高级阶段，现象与实在的对比却胜过了那些在意识中区分异常
分明的经验因素。因此，要理解形而上学的基础，就应理解经验的主—
客体结构，就应分清物质和精神作用的各自不同的任务。

　　不幸的是，"现象与实在"这一对比在意识中的这一优越统治地位，
竟使得自希腊人以来的形而上学家们的研究是从更表面的特征开始的。
这一错误对现代哲学的歪曲远甚于它对古代或中世纪哲学的歪曲。这种

歪曲表现为执意将感觉论的知觉作为一切经验活动的基础来依赖。其结果是，武断地将"精神"从"自然"中分离出来。这种分离是现代才有的，它始于笛卡尔的二元论。但必须记住，这一分离的原理已见于古代的欧洲哲学中，这些原理历经发展才成了现代的样子。到公元后的 17、18 世纪，待人们理解了这些原理的完全含义，其间已经历了两千年。

第二节

"现象与实在"之间的区分是以每一个现实事态的自我形成过程为基础的。接受的最初阶段，其客观内容便是赋予该事态的实在的先行世界。这便是那种"实在"，创造性的前进便是从它开始的。它便是新事态的基础事实，其中有种种和谐与种种不和谐，均有待在新的创造物中去协调一致。那儿什么也没有，只有现实过去（actual past）的实在媒介物在行使着客观不朽性的那种作用。这便是那一刻的、属于那一事态的实在。此处所用的"实在"这一术语意指"现象"的对立物。

现实事态自我形成的中间阶段是质的价值的一种冲动。这些质的感情或者是直接派生于初始阶段所表现的诸质，或者间接地派生自它们与这些质的关系。这些概念性感情（conceptual feelings）形成了彼此间的新颖关系，由于对主体形式的新颖强调而被感受到。价值的冲动是与对物质极的物质把握结合成一体的。因此，最初的客观内容仍然在那儿。但是，它被新的混杂的把握遮掩了，与它们混合在一起了；这些新颖的把握是由于最初的客观内容与概念性的冲动相结合而派生出的。在现实事态的较高类型中，成比例的感情便占了上风。这一被扩大了的客观内容便获得了一种协调，这一协调使其能适应实现新事态主观目标的种种欢乐和意图。

精神的那一极也派生出了它的客观内容。这同样是通过与物质那一

270

极的分离，以及对把力量赋予一切理想的可能性的那些基本爱欲（Eros）的包容来达到的。客观宇宙的内容，其功能便由新个体的基础转变成为实现目的的工具了。个体的过程便趋于自我完成了——Cogito, ergo sum（我思，故我在）。在笛卡尔的术语中，"Cogitatio"（思），不仅仅是指理性的理解。

物质极初始阶段的客观内容与其最后阶段的客观内容，二者之间的区别，待到物质和精神的两极结合后，构成了那一事态的"现象"。换言之，"现象"即是精神极活动的结果。通过精神极的活动，该物质世界的质和种种协调产生了变化。这一变化源自理想与现实的融合——那是海上或陆上都未曾有过的光。

第三节

不可能存在普遍的形而上学法则，以决定在任何事态中现象如何与它所源自的实在不同。实在与现象的种种不同，取决于主宰该事态环境的那种群集秩序。所有我们关于这一题目的信息，无论直接的或是推论出的，都与宇宙的这一普遍时期有关，尤其与地球表面的动物生命有关。

说到那些构成无机体群集或构成所谓虚空的诸事态，我们没有理由相信：精神活动以任何重要的方式不同于与内在于第一阶段客观资料中的那些功能严格共形的诸功能。此刻，没有新颖的事物产生，而远景排除（perspective elimination）则是根据内在于该时期的"自然规律"而产生的。诸活动的这种组合构成了物理学的定律。实在的"现象"是不存在的。

但是，对于那些作为地球表面动物生命组成成分的高级事态来说，情况就很不同了。每一个动物体都是一个感觉器官。它是一个活的群

271

集，其中可以包括一个重要的由事态构成的"个体的"群集。这个"个体的"社会是由享有动物个别经验的事态构成的，它是人的灵魂。整个动物体是机体化了的，所以，一种普遍协调的精神最终被灌输进了这一个体群集的连续的诸事态中。因此，在这些事态所构成的事物中，现象是相当协调的，以至于是实在的。同时，在较高级的动物的这些经验中，意识出现在诸主体形式中。它的出现尤其与诸精神作用有关，而且在根本上与诸精神作用的产物有关。此刻，现象便是精神的一种产物。因此在我们的意识知觉中，现象是最主要的。它具有一种分明的清晰性，而这，在我们模糊地感受我们实在世界的派生物时却是没有的。现象已经摆脱了派生的性质，它居于我们的意识之中，就像是为了我们的欢乐和目的而呈现给我们的世界本身。它是伪装成某一强制活动题材（subject-matter）的世界。事态业已把宇宙的创造力聚集在它完整的自身，那创造力是从作为它派生物源泉的实在的客观内容中抽取出来的。

272

"现象"在经验构造中的这一地位，说明了何以会有那种灾难性的形而上学学说，它认为物质是被动地表现性质，而没有自我享乐的。一旦把清晰性和区分性作为对形而上学价值的检验，便会有对现象的形而上学地位的完全误解。

第四节

当精神的更高级的诸作用在一个有机体中固定下来形成群集时，现象便融入实在之中。举一个最明显的例子，我们不妨想一下一个人的生活中持续的个体经验。他生活中的当前事态强烈地存留着这一持续过程中的先经验，但是，正如在那些事态中一样，这些先经验包括了"现象"。当实在现实世界处于当前事态的起始阶段时，这些先现象是它的实在作用的一部分。这确实是自然中的一件实在事实：世界就是以个体生命的先行事态为起点如此出现的。另外，我们且撇开个性的特殊情况不算而更普遍地说，过去的客观实在，尽管在目前起着作用，在过去却是现象而已。它们可能得到了加强，受到了修饰，否则便是受到新事态的新颖现象的修正。这样便有了现象与实在、完成事实与预期之间亲密无间、难以分解的融合。事实上，我们一直是在描述人类经验为哲学分析所提供的准确情景。

我们倾向于以较高级别的人类的观点来思考这一融合，但是，这是一种贯穿于整个自然的融合。这是新颖性进入世界的诸种作用的一种基本方式。

273

第五节

如果认为，在人类理智的水平上精神作用会给经验的内容增添精微性，那便错了。情况恰好相反。精神的作用是简化；正因为如此，现象才是实在的被简化得令人难以置信的一种形式。这一提法中不应该存在着自相矛盾的东西。只要略加反省便会确信，人类理智的作用是很微弱的，而且我们的种种衍生感觉是模糊而十分混乱的。讨论的关键在于，在动物的经验中这一简化是如何实现的。

最能说明这一简化过程的例子莫过于如何认识作为一个统一体的群集体系了。这种群集体系的特点便是，它具有从它的单个成员以及它们之间的相互联系衍生而来的性质。作了某些排除之后，人们便把说明该系列的特点直接理解为是在将该系列作为一个统一体来加以限定。人们在认识如此限定下的群集系列时，常常会有一种犹豫不定：或则把性质归因于作为一的群体，或则归因于作为多的单个组成成分。于是，一个管弦乐队或则是作为一个整体而发音响亮，或则是因为人们听到各个演奏者以不同乐器演奏出了响亮的声音。我们可以用精神的作用来解释，何以人们始而把声音的特点归因于演奏者个人，转而又把它归因于作为整体的团体。在概念上，人们接受由单个的现实（actualities）所表现出的性质。单个的个体分有的这些性质融合成了一种主要的印象。这一主要的把握（prehension）与系列（或它的某部分）结合起来了，该系列是被理解为阐明那一性质的统一体的。作为统一体的系列与某一种性质的联系，对于经验的主体来说，一般会是一种例证的方式；这种方式不同于单个个体阐明该性质时所用的方式。在军队里，一个团所固有的纪律与体现在单个士兵身上的纪律在方式上是不同的。表现方式的这种区别也许或多或少是明显的，但是，问题正在于此。这正好表现了性质固有于实体中的被动性。复合的群体是被动地表现它的诸种性质。活跃性属于单个的现实。这整个问题，即性质如何从诸单独个体转向作为整体的系列，在《过程与实在》一书的第三部分第三章第四节得到详尽的讨论。在该处，这一转化过程被称之为"演变"（Transmutation）。显然，被演变的知觉属于现象。但是，当它出现在动物经验中时，它属于与实在相结合的现象，因为它是从过去继承而来。因此这是自然中的一桩事实：世界就是这样显现的。这是地球表面上有生命的自然的一种结构关系。在所有的现象中都存在着一种演变的成分。

第六节

对于地球上的动物生命来说，演变的最重要的例子莫过于感官知觉了。没有哪种关于感官知觉的学说可置生理学的学说于不顾。感官知觉中的决定性的因素便是大脑的活动，而且大脑的活动是受动物身体其他部分的早先活动限制的。只要有必要的身体活动，便会产生感官知觉。动物身体以外的各种自然活动，只要它们都有支持整个动物机体生存的普遍特点，在细节上便是与身体活动不相关的。人的身体则是人的感官知觉的自足器官。

存在着外部事件，诸如光的传播，或者物质体的运动。这些都分别 275
是刺激某类感官印象的正常方式。但是，首先，这些外部事件仅仅是正
常的方式。服用毒品也会同样刺激感官印象，尽管它在知觉中所引起的
结果不能被确切地预知。因此，没有哪类外部事件是必然与某种感官印
象相联系的。几乎没有哪种印象是严格地正常的。严重的错觉数不胜
数，错觉的某种成分几乎是无所不在。一个普通的穿衣镜几乎在每个房
间都会产生虚妄印象。

其次，我们且仅局限于刺激的正常方式，那么外部事件中唯一重要
的因素便是：它是如何影响身体表面的诸种活动的。光线是如何进入眼
睛的，以及正常健康的身体状况，便是正常视觉中的唯一重要因素。光
有可能来自一千光年之外的星云，也可能来自两尺以外的一盏电灯，且
可能经历了种种复杂的反射和折射。其他的都无关紧要，无论是光的结
构、密度，或者是它的几何排列，唯一重要的是：它是如何进入眼睛
的。身体绝不关心有关它的刺激作用的历史，也绝不要求它性质的证明
书。身体的那种奇异的兴奋感才是唯一重要的。

结论便是：从感官知觉得来的直接信息完全与动物身体的活动有
关。事实上，与身体一致的统一感主宰了我们的感官经验。但身体组织
是这样一种东西，它最终要促使继承自以往身体诸活动的感觉对象整个
演变成诸区域的各种特色，这些特色与身体诸活动的几何结构有着明显
的几何关系。在这一演变中，我们所讨论的经验的事态属于个体的事态 276
接续体，它是动物的灵魂。身体的诸活动，以及以几何关系与之相关的
系列，内在于该经验事态之中。从包含在这些活动中的单个的诸事态继
承而来的性质被演变成各区域的特色，这些特色被它们的几何联系表现
得十分明显。在对视觉的分析中，这一学说被表达得十分明白。该分析
认为，形象占据了由眼睛中诸几何关系表明的区域。在其他感觉对象
中，情况就不是这样明显。

也应记住的是，在个体的灵魂经验的接续过程中，也会继承来自个

体接续体先前成员的感官知觉。同时，早期的感官印象也会在神经干道上，或大脑的邻近区域形成。但是，最终的合成物，以及它所产生的现象，则是留给那些属于个体灵魂的诸事态的。

第七节

如何适当地描述被称之为"感觉对象"（sensa）的种种性质是十分重要的。不幸的是哲学有学究气的传统，它没有注意到那些性质的主要特色，即它们丰富的情感意义。有人提出了一种单纯接受行为的有害学说，这种学说认为，无需什么明显的理由，只须通过反映，接受的行为便可获得一种感情的调子。正确的解释恰好与之相反。有关感官知觉的正确学说是：身体活动所固有的感情调子的定性特点被演变成为区域的特点。这些区域于是被理解为与那些性质特点联系在一起，但是这些同样的性质也被把握的主体形式所分有。这便是为什么会有由感官知觉强加的审美态度的理由。表明客体特点的那些感觉对象——即处于对比模式中的那些感觉对象——其模式也进入了把握的主体形式。这样，艺术才成为可能，因为不仅是客体可以被规定，它们的把握的相关感情调子也是可以规定的。这便是建立在感官知觉基础上的审美经验。

第八节

应注意的另一点是，在感官知觉中，当前世界中的一个区域便是支持感觉对象的基础。那是径直朝着某一方向的区域，但是"径直朝着某一方向"这种几何关系是由大脑的作用来限定的，它和从底层区域向大脑的物质传递没有关系。根据现代科学理论对知觉的描述来判断，也许可以下这样的结论：我们是沿着一条光线轨迹来感知的。但没有丝毫根据可以证明这样一个观点。动物身体与外部世界的光的轨迹是不相干的。那个有色区域是径直以某个方向被感知到的。这便是关于"直"的基础概念。

所以，若这一学说要保持自我一致性，就有必要考查一下几何关系的主要结构是否包括对"直"的测定。该理论要求，对于大脑中一个系列的把握——大脑各部分的相互关系表现出了"直"——应就此决定这些关系延伸到大脑以外的区域。简言之，大脑中被把握的一条直线的一部分，就必然决定它向外延伸至身体，而不顾外部事件的具体特点。于是，包容了感觉对象"投射"的可能的演化便得到了保证。

我在别处讨论过这个问题①，而且给出了直线的定义——更普遍地说来是平面的定义——该定义满足了要求。这样就避免了必须将直线这一概念建立在度量的基础上，把度量建立在具体发生的事情的基础上。关于直线、叠合，以及距离这些概念，可以从潜藏于某一始终一贯的非度量几何系统的那些东西中推导出来。

在这一过程中我们会留意到：如果直线要以度量为基础，那么在非度量物中不会有关于直的知觉了。"径直朝前"的这种说法也就毫无意义了。

第九节

就这样，从过去而来的继承物被抛入了现在。它变成了感官知觉，

---

① 参见《过程与实在》，第四部分，第三、四、五章。在第三章里有所需的定义，第四章和第五章讨论了关于感觉对象投射的理论。

就是现在的"现象"。

共时事态彼此间的"相互内在",尽管它表现了自身的一些特征，与居于现在的将来的内在联系在一起了。这一内在表现了一种在因果关系上独立的对称关系。在人类经验中，对现时世界的诸把握表现为诸种感官知觉，这是靠身体的感觉器官实现的。这些感官知觉的主体形式包括有意识的区分，这具有各种程度的清晰性和区别性。的确，感官知觉可以在意识中表现得非常清楚和明晰，任何其他类型的把握都不能与之相比。结果，一切企图准确系统地研究事物性质的学说都竭力要证明其理论是符合感官知觉的。这造成的不幸后果是：一切直接观察都被等同于感官知觉。这一假设在本书第十一章受到了批判。

但是，被认为是理想的、纯粹的且与它物不发生关系的感官知觉从来就没有进入过人类的经验之中。它总是伴随着所谓的"阐释"。这种"阐释"倒不一定是精微的理性思考的产物。我们"接受"[①] 直接呈现送给我们经验的一个由物质对象组成的世界。我们的习惯，我们的精神状态，我们的行为方式，都是以这一"阐释"为先决条件的。事实上，关于单纯感觉对象的概念不过是高级思索的产物。它使得柏拉图构想了山洞里影子的神话，使得休谟创建了纯感觉论的知觉的学说。就连动物也有某种"阐释"。不乏证据可以证明动物具有一种感觉论的经验。狗要嗅鹰要看，任何喧闹声都会引起大多数较高级的动物的注意。而且它们随之采取的行为方式表明，它们对周围的物质世界有即刻的设想。事实上，假设一种纯粹感觉论的知觉，这种理论并不能解释我们对现时世界的直接观察。存在着某种其他因素，它与我们对感觉对象的知觉同样具有原初性。这个因素是由过去内在于当前事态的那种内在性所提供的；当前事态的知觉能力是我们现在正在讨论的东西。倘若对将来内在

---

① 参见 H. H. 普赖斯：《感觉》，尤其是第六章"感性的确信，感性的接受"，1932 年伦敦梅休因版。比起我的学说来，普赖斯在他的可贵著作中给予了经验中的感官知觉更重要的地位。也请参见桑塔亚那关于"有生气的信仰"的学说。

于过去的学说不予以一定的注意，就不能充分理解过去如何内在于作为感觉者的当前事态。因此，过去，作为感觉事态的经验中的一个客观组成成分，本身便具有超越自己把握将来的性质。这一把握客观地存留在感觉者的初级阶段。据此，通过动因关系（现时事态便是由此而产生）便存在着一种对现时事态的间接把握，因为直接过去的直接将来为感觉构建了一套现时的事态。同时，这些对直接过去和直接将来的把握，在它们各自主体的经验中发挥了决定性作用。因此，把握现时事态便是把握那些事态——它们受到把握主体的直接过去中的诸事态的规定。因此，只要现在受到来自感觉者过去的动因关系的规定，它便是可以认识的。所以，主要的诸关系（对于阶段性的自然秩序来说它们是根本的）便能十分清晰地呈现出来。这些便是观察事物相互关系的一般的、无所不在的必然方法。所谓主要的诸关系，就是我们所谓的从观察者立场出发的空间关系。

但是，现时世界的特殊事态，它们各有自身的自发性，对于观察者来说是隐蔽着的。正因为如此，感觉者经验中的现时世界分有将来的特色。相关的环境，即人体的直接过去，对于它的几何经验，以及它的质的把握与这些几何关系经验的合成，是尤其敏感的。就这样，从过去的有效区域而来的衍生物，与现在的那些区域中的几何代表物，事实上是有一个联系的基地的（参见《过程与实在》第三部分，第三章，第四节，以及第四部分，第四章，第五节）。

因此结论便是：现时的世界不是因为它自身的活动，而是因为从过去而来的活动而被认识的。所谓过去，就是制约现时世界同时也制约现时接受者的过去。这些活动基本上是居于人体的过去，更遥远地是居于人体活动的环境的过去。这一环境包括居高临下地制约被人认识的共时诸区域的那些事态。这一关于认识共时物的理论考虑到我们的习惯。我们习惯上相信，我们认识现时世界时，一般要把组成它各个区域的事态的诸实质在性质上联系起来；同时也有歪曲它性质的倾向，那是由于接受者肉体的活动。

280

281

　　有一种歪曲立即显现出来了。每一个现实事态实际上都是一个活动的过程。但是共时的诸区域之所以被认识，主要是依据它们与认识者之间的被动关系，以及它们相互之间的这种关系。它们就这样仅仅被看成是被动的接受者，它们接受那些在感官知觉上与它们相联系的诸性质。由此便产生了关于一个基础的错误概念，这个基础具有种种空虚地固有的性质。这儿所谓的"空虚"，意思是"在那一上下关系中，实现这一单纯事实没有产生任何个体的乐趣"。换言之，具有一整套复杂性质的该基础被误认为只是简单的实现，没有自我享乐，也就是说没有内在价值。就这样，对感官知觉的单纯依赖就造成了一种错误的形而上学。这一错误是高度理智性的结果。主宰人类生活和动物生活的那些本能的阐释预先假定了这样一个现时世界：它以生机勃勃的价值而搏动着。要从我们大量的、持续不断的经验中仅仅对我们的感官知觉进行那种灾难性的抽象，那是需要极大的能力的。当然，无论我们用抽象的方法做什么，我们都是抱有一些有用的目的的——只要我们知道我们在干什么。

282

第十五章
哲学的方法

283

第一节

　　本章为第三部分的最后一章，本章的目的是要讨论一些可用于探讨思辨哲学的有用方法。在阐述的过程中，作为一个顺便的目的，我将提到我自己的一些学说①，以及有关它们的一些评论。本章主要要强调自然变化无常的特点。

　　作为方法论，本章讨论的题旨将是：理论支配方法；特殊的方法只适用于相关的理论。类似的结论也适用于技术术语。理论与方法的这种紧密关系，部分地是由于这个事实：证据的相关性取决于主宰该讨论的理论。这一事实也解释了何以主宰的理论也被称为"合用的假设"。

　　当我们向经验索要关于事物相互联系的直接证据时，我们便有了说明这一问题的例子。如果我们赞同休谟，认为引起思考经验的唯一资料便是感觉印象，而且我们也跟他一样承认这一明显事实——没有哪一个如此的印象单单凭借着自身的性质就可以向另一个如此的印象揭示任何信息，那么在此前提下，任何证明事物相互联系的直接证据便消失了。

————————————

① 参见《过程与实在》（简称 P. R.）以及《科学与近代世界》（简称 S. M. W）。

284　　另外，如果我们信奉笛卡尔的关于有很多冒险经验的实体灵魂的学说，以及关于实体的物质体的学说，那么在此前提下，限制一个灵魂的两个经验事态之间的诸关系并不足以证明，分别限制两个不同灵魂的两个那样的事态是相互联系的，不足以证明一个灵魂与一个物质体是相互联系的，也不足以证明一个物质的两个不安的事态或者分别属于不同物质体的两个那样的事态是相互联系的。但是如果我们相信（比如在《过程与实在》中）所有的终极的单个现实（actuality）都具有经验事态的形而上特点，那么在此前提下，便有直接证据表明，一个人的当前现在的经验事态与他的直接过去的经验事态是相互联系的，这一联系性可以有效地用来表明适用于自然中一切事态之间联系性的诸范畴。许多哲学思想之所以混乱，根本上是由于它们忘记了这一事实：证据的相关性是由理论支配的。因为你不能用某理论认为与之无关而抛弃的证据来证明该理论。这也是为什么一门未能产生能广泛应用的理论的科学，其发展必然缓慢的原因。缺乏理论而要认识所要寻求的东西，要知道如何把零星的观察联系起来，这是不可能的。缺乏理论的哲学讨论是没有有效证据来做标准的。举例来说，休谟假设，他的关于关联的学说毫无二致地适于所有类型的感觉印象以及印象的观念。这一假设正是他理论的一部分。脱离了这一理论，每一种印象便需要以另外的方式来诉诸经验了。比方说，对于不同的味道、声音、景象以及类似物，不仅要诉诸它们自身内

285　部的联系，也要诉诸味道与声音以及其他之间的联系，以尽可能地穷尽每一种类，以及数种类型之间的尽可能的结合形式。

　　总结一下本章的这个序言，可归结为这样一句话：任何一种方法都是一种巧妙的简化。

　　但是，一种方法只能对同一类型的真理进行考查，或者说只能用该方法支配的术语来表述。由于每一种简化都是一种歪曲，所以要批判一桩理论，不应以"对与错"这样的问题开始，而应指明该理论适用的范围，以及超出该范围后它的失败。一桩理论只是对部分真理的一种不无漏洞的描述，它的一些术语体现了一种普遍概念，但在特殊化方面则有

错误；它的另一些术语则太一般化，需要对它们各自可能的专门进行区分。

第二节

哲学是一个棘手的学科。自柏拉图起到现代，它都一直为一些微妙的问题所困扰着。正因为存在这样一些产生于普遍的显明话语的微妙问题，哲学这一题目才得以存在。所以，哲学的目的正是要深入到表面清晰的普遍话语之下进行探究。在这一点，只需看看苏格拉底便够了。另外，《智者篇》对此也有阐述。在该书中柏拉图说："'不在'（not—be-ing）是'在'（being）的一种形式。"这句话既是表明语言失败的一个极端的例子，又引出了一个深邃的形而上的真理；该真理正是本章讨论的基石。

第三节

思辨哲学可以被解释成一种努力①，这种努力要把诸多一般观念建构成一个首尾一贯的、有逻辑的必要系统，依据这个系统我们经验中的每一个成分都能得到解释。此处所谓的解释，意思是指每一成分将具有作为那一普遍系统的具体实例的特点。

286

因此，思辨哲学体现了"合用的假设"的方法。这一合用假设的目的就是协调现今对人类经验的种种描述，即存在于普通谈话中的、社会制度中的、行为中的以及各类特别科学的诸原则中的描述，就此阐明和

---

① 参见《过程与实在》，第一部分，第一章，第一节。

谐并揭示差异。任何成体系的思想，只要脱离了某种足够一般化的合用假设，不把它应用于自身的特别题旨，都没有取得过进步。那样的一个假设是指导观察，并决定各种证据间的相互关系的。简言之，它规定方法。若欲冒险尝试创造性思想，却又并无这样一个明确的理论，那就只好让自己听任祖先学说的摆布了。

在认识的初级阶段，一种任意的标准是完全可能的。于是进步缓慢，大多数努力成为徒劳。那时，甚至是一种并不完善但却符合一定事实的合用假设也聊胜于无。它起到协调过程的作用。

任何合理发展的科学其发展都是双重的。一方面，受制于占主宰地位的合用假设的方法，其内在的详细知识发展了；另一方面，合用的假设得到了修正，那是由于流行的正统观念不完善而造成的结果。

有时候，一门科学有必要同时享有两个——或者更多的——合用假设，每一个既有其成功之处，也有其失败之处。这样的假设表现出来是相互矛盾的，该科学于是便等待出现一种范围更宽广的合用假设，以使得二者相互调合。提出一个新的合用假设时，必须要以它自己的观点来批判它。举例来说，以亚里士多德的这一观点来反对牛顿力学是无益的：地球表面的松散物体肯定会被地球的运动留在它后面。

287　　哲学一直受到一种教条主义谬误的搅扰，这种谬见相信：哲学的合用假设的原则都是清楚明白而不可改良的。于是，从这一谬见出发，哲学滑向了另一极端，那便是抛弃方法。哲学家们自负地声称，他们不拥护任何体系。于是，他们便成了超然表达方式的虚妄清晰性的牺牲品，而这种虚妄的清晰性却正是他们的学说所要克服的。教条主义的谬误所造成的另一后果是：哲学家们设想（常常是心照不宣的），任何对他们合用假设的理智分析，都一定是根据某种被抛弃的教条主义方法进行的。于是他们推论道：理智在本质上是与错误的虚构联系在一起的。教条主义谬误所造成的这类见解在尼采和柏格森的反理智主义学说中得到阐述，也影响了美的实用主义。

第四节

方法就是处理资料、处理证据的方式。那么，什么是哲学所诉诸的证据呢？

人们习惯于将古希腊人的客观的方法与现代人的主观的方法（始于笛卡尔，继而受到洛克和休谟的进一步强调）进行对比。

但是，无论我们是古人还是今人，我们都只是与物——即在某种意义上被我们经验的物——打交道。希腊人与他们认为他们所经验的物打交道，而休谟单单只是问道：我们所经验的是什么？这正是柏拉图和亚里士多德认为他们在回答的问题。

无论我们谈论何事，就因为谈论这个行动，该事就是我们该经验行动中的一个组成部分。在某种意义上，人们才借此知道它是存在的。当柏拉图写下"不在本身便是一种在"时，他的意思就是如此。

谈话包括声音，或者一些可见形式，它们引出了对事物的一种经验，而不是事物本身。只要这些声音不能把声和符紧密结合起来以构成意义，这些声音便未能起到话语的作用。而且，只要某意义在某种意义上未能被直接经验到，那就什么意义也未能被传达。指向无物，即等于不指。

将同一事物说两次，就表明该事物的存在独立于两次单独的说话行动，除非我们相信这两次行动是互为先决条件的，或者它们两者所谈到的事物是以它们为先决条件的。如果我们不能将同一事物说两次，认识便消失了，并带走了哲学。所以，既然话语能被重复，那么话语所说到的事物便具有一个确定的存在；这一存在是从包括该说话行动的经验事态中抽象出来的。

古人和今人的区别在于：古人问，我们已经经验了什么？而今人问的则是：我们能够经验什么？但是在两种情况中，他们问的事情都超出了该经验行动，即问这一事态。

288

第五节

休谟的问题，由"我们经验什么"转变为"我们能经验什么"，这就关系重大了，虽然休谟曾多次在他的《人性论》中进行这种转换而未作明确评论。对于现代认识论来说，问题的后一种形式——将"经验"换成了"能经验"——总是伴随着对一种方法的隐秘假定，也就是将我们自身置于一种沉思默想的状况中，通过反省、猜测、情感及意志来决定那些从我们个人的主观反应方式中抽象出来的经验的假设成分。

在这种思想高度集中的状态中，对于答案是不会有任何怀疑的。资料便是感觉器官所提供的感觉对象的诸模式。这便是洛克和休谟的感官主义学说。后来，康德把感觉对象的模式解释成由接受者所提供的接受方式所造成的形式。此处，康德引进了莱布尼兹的经验主体自我发展的学说。所以，康德所谓的资料就要比休谟所谓的资料要稍稍狭隘一些：它们是没有自身模式的感觉对象。休谟对这一学说的后果的一般分析是不可动摇的。他最后的这一见解也同样是不可动摇的：哲学的学说未能证明日常生活的实践。对于现代认识论这一过程的证明是双重的，其两个分支都建立在错误之上。这些错误可以追溯到希腊哲学家，现代的认识论只是毫无保留地依赖他们罢了。

第六节

第一个错误即是关于与外部世界交流的几个明确的通道的假设，即关于五种感觉器官的假设。这一假设导致了这一预设：寻求资料仅限于这样一个问题，什么资料是由我们感官，首先是眼睛的活动所直接提供的。这一关于感官的学说具有一种模糊的、一般的真理性，对于实际事务十分重要。尤其是准确的科学观察，它们都是得自这样的资料。思想的诸科学范畴则是得自其他的地方。

但是经验的活的器官就是作为一个整体的活体。该活体任何一部分的每一不稳定——无论是化学的、物理的，或是摩尔的——都会引起整个机体的调节活动。而人的经验就是来源于这些身体活动的过程。对这样的经验的一种貌似合理的解释是：它是那种高级生物行动中诸自然活动之一。自然的诸现实必须要这样解释才可以解释这一事实。这正是哲学"迫切"追求的东西。

这种经验似乎尤其与大脑的活动有关。但是，一种严谨的学说到底能在多大程度上以这一假定为基础，则非我们的观察能力所能决定。我们说不准大脑是以什么分子开始的，而身体的其余部分又是以什么分子结束的。更有甚者，我们说不准身体是以什么分子结束的，而外部世界又是以什么分子开始的。真实的情况是，大脑与身体一同延续，而身体又与自然世界的其余部分一同延续。人的经验是一个包括了整个自然的自我发源行动。这一行动局限于某一焦区（focalregion）[1] 的洞察，它位于身体内部，不一定与大脑的某一确定部位持续地保持着固定的协调关系。

第七节

第二个错误便是这一预设：考查经验的唯一方式就是意识的内省分析行动。这种把内省置于首位的学说在心理学领域业已遭到怀疑。每一经验事态都有自己独自的模式。每一事态都把某些组成成分置于首位而

---

[1] 参见《过程与实在》，第二部分，第三章，尤其是四十一节，以及第四部分第四章、第五章。

使另一些退居到陪衬整体的次要地位。内省这一方式也同其他所有的经验事态一样，具有这一特点。它把明晰的感觉资料置于首位，同时遮掩了构成经验主要材料的那些模糊的强制力量和衍生物。它尤其排除了那种出自身体的亲密的衍生感觉，那却正是我们本能地将我们的身体等同于我们自身的理由。

为了要发现一些重要的范畴，用那些范畴我们可以将繁多的经验组成成分进行分门别类，我们就必须求助于与每一类事态有关系的证据。无论什么都不能省略：既有醉后的经验，也有清醒时的经验；既有入睡的经验，也有醒时的经验；既有昏昏欲睡的经验，也有清醒明白的经验；既有自觉的经验，也有自忘的经验；既有理智的经验，也有肉体的经验；既有宗教的经验，也有怀疑的经验；既有焦虑的经验，也无无忧的经验；既有前瞻的经验，又有内省的经验；既有快乐的经验，又有悲痛的经验；既有放纵感情的经验，又有自我克制的经验；既有在光明中的经验，又有在黑暗中的经验；既有正常的经验，又有反常的经验。

第八节

现在我们已接触到我们论题的中心了：哲学讨论赖以立足的那些原始证据，蓄存它们的仓库是什么？该用什么样的用语来表达这一讨论？

关于人类经验这一广博范围的证据，其主要来源是语言、社会风俗习惯，以及行为，其中包括融汇了三者的行为，即解释行为及社会风俗的语言。

语言在三个部分中传达它的证据，一部分是关于词语的意义；第二部分是关于隐藏在语法形式中的意义；第三部分则是关于超越孤立词语及语法形式的意义，即在伟大文学作品中神奇地显现出来的意义。

语言是不完整的、零碎的，而且它只表示了超越猿猴智力的平均发展中的一个阶段。但是所有的人欣赏的是洞见的闪光，它们是超越由词源学及语法所规定的意义的。正因为如此才有了文学，特别科学以及哲学的任务：它们以各自不同的方式去寻求语言表达方式，来表达尚未为人所表达过的意义。

我们且把欧里庇得的一首诗中的一行半诗作为一个特别例子来看一看。① 这一行半诗用简洁的语言将那些从他的时代起至今还困扰着欧洲思想的主要的哲学问题表达出来了："宙斯啊，无论你是自然的强制之力，抑或是人类的智慧，我都向你祈祷。"请想一想这两句诗中包含的观念，"宙斯"、"自然的必然性（强制力量）"、"人类的智慧"、"祈祷"。这些诗句历经数千年而存活下来，至今对现代人仍有吸引力，正如它当初激动雅典的听众一样。为一位现代政治家作传的作家曾引用过这些诗句，以表现生命进入宗教激情②时的庄严情景。

但是，休谟恐怕不会发现任何"感觉印象"，从中可派生出"宙斯"或"强制力量"，或"智慧"，或被我们称之为"祈祷"的期望的"说服力"。尽管约翰·莫利有实证主义的偏见，这本会使他小觑了这些意义，但他还是摘引了这些诗句。另外，甚至对于这些诗句的原作者来说，它们也许表现的是激动人心的直觉对于变幻无定的怀疑主义的胜利。

由人类的普通语言所解释的普通实践活动也同样如此。一位政治家或一位公司的总裁是假定"新近事件的强制力量（αν αγχη φυσεωζ）"给将来设下了无情的条件。他依据这一假设来制订"政策"，而且要求人们"执行"。正因为如此，他同时也假定：这些强加的条件会提供空间，使得"选择"和"智慧"（νουζ）产生效应。他对照当前的事实假设了可供选择的方案。他构想出一种理想，是要达到的，或是要错过的。他认为，这类理想的效应是与它们能被付诸实践的程度成比例的。他的褒贬都依据他的这一信仰。

292

---

① 《特洛伊妇女》，第 886～887 页。
② 参见莫利：《格莱斯顿传》，第十章。

在这个世界上，存在着有序和无序的成分，它们的存在意味着世间万物在根本上都是相互联系的，因为无序与有序都具有这样一个共同特点：它们暗示许多事物都是相互联系的。

293 　　每一个经验者对这个世界都有他自己的洞见，同时，正因为他对世界的这种把握，他也同样成为这个世界的一个成分。他对世界的这一把握把他固定在一个超越他自身经验的世界里了。因为这种把握具有这一洞见衍生物的性质，所以被如此揭示的世界就宣称它是超越这一揭示的。每一块盾牌都有其另一面，那是隐藏着的。

　　所以，无论是求助于文学，或普通语言，或普通实践，都使我们脱离由直接内省所揭示的感觉资料所提供的狭隘的认识论基础。经验内的世界与超越经验的世界是同一的，经验的事态在世界之内，同时世界也在事态之内。范畴必须要阐明事物相互联系性的这一悖论——繁多的事物，既在外又在内的同一世界。

第九节

　　欧洲的哲学是以柏拉图的对话为基础的。这些对话主要是力图要以它们的方法，从对语言的意义的辩证讨论中，推导出哲学的范畴。这儿所说的语言，被看成是与对人类行为及自然力量的敏锐观察合为一体的。

　　但是在《智者篇》的对话中，柏拉图显然考虑过哲学的方法问题。他的结论之一指出了普通话语的局限性。单纯的辩证而未经批判，是一种谬误的工具，那是《智者篇》的特点。举例来说，柏拉图坚持认为，"不在"本身也是"在"的一种形式。所以在哲学中语言讨论是一种工具，但永不应成为主人。语言在词语上和形式上都是不完善的。所以，我们发现哲学易于犯两种主要的错误，一是毫无批判地相信语言是自足的，第二是毫无批判地相信思想高度集中的内省是认识论的基础。

但是从柏拉图的时代到现在，几乎两千五百年的时间过去了；其中　294
包括欧洲哲学思想的不断活动，无论是异教的、基督教的，抑或是世俗
的。人们广泛认为，一套稳定的、众所周知的哲学词汇已经设计出来
了，而且，在哲学讨论中，任何越出这一词汇范围的行为都是生造杜
撰，没有必要，因而应该深以为憾。

人们认定的这一事实尚需考查。首先，如果他们声称的这一事实是
真实的，那就真是件了不起的事，因为这样就明确地将哲学与其他更特
别的科学区分开来了。现代数学是科学中最可靠且最具权威性的，它所
使用的大部分术语和符号已非八十年前的人所能辨认。现代物理学虽然
仍在袭用旧的术语，但这些术语的意义已非同昔日，此外它还使用大量
的新术语。我们就不必去一一列举那些沿用旧语的科学了。哪怕进行一
番最粗疏的考查，其结论也是显而易见的。

第十节

毫无疑问，哲学受制于旧日文献的程度胜过其他科学。这种情况也
是正常的。但是声称它已建立起了一套术语，这些术语已足以表达哲学
的目的，且已穷尽了哲学的意义，这就完全没有根据了。的确，它的文
献浩如烟海，它的思想派别名目繁多，所以如果对它的术语的用法有所
不知的话，那是很值得原谅的。

新近有个例子，很能说明哲学术语的模糊性。逻辑学是哲学中由一
套稳定的术语装备得最成体系的一个分支。但我们且想一想判断
（judgment）和命题（proposition）这两个术语。我无意于为逻辑学写
序言，我只想声明这样一个事实：逻辑学家对这两个术语有大量的不同
用法。

295　　我们也有理由问一下，这两个术语——判断和命题，是否有意义上的微妙变异，超出了它们能力的范围。举例来说，约瑟夫先生[1]一直在考查 W. E. 约翰逊先生在他著名的《逻辑》中是如何使用命题这一术语的。约瑟夫先生发现了该术语的二十种不同意义。请注意，我们这儿提到的是两位现代最敏锐的逻辑学家。约瑟夫先生是否正确地解释了约翰逊先生的用语，这并不重要。如果约瑟夫先生发现了该术语的二十种虽然是同源但却略有区别的意义与命题这一术语有紧密联系，那么就确实存在着那样的二十种意义，即使这些不同意义对于约翰逊先生或约瑟夫先生暂时似乎并不重要。术语的意义取决于目的和观点。所以，只要逻辑学理论要向微妙精深处发展，随时都可能需要二十个新的术语。如果约翰逊先生使用了该术语的二十种不同意义的话，那也是因为这些意义与他的论点有关，尽管可能由于该术语尚有未被发现的意义因而他的论点尚需进一步完善。

　　可以保险不错地断言，这种情况可能会发生在哲学的每一个术语上。

第十一节

　　另一个可以说明哲学术语模糊的例子可以从那些表现事物联系性的术语中得来；我所使用的用语[2]，诸如把握、感觉、满足等等与这有些关系。具体说来，这个例子便是"关联性"这一重要哲学术语。关于关联性人们有各色各样的争论，这儿就不必一一提及了。但是有一种讨论是可以说明我们现在讨论的题目的。

------

① 参见"新系列"第 36、37 卷，《论思想》。
② 参见《科学与近代世界》，第五章及其他各处。也请参见《过程与实在》，第一部分，第二章及其他各处。

人们普遍认为关联性是普遍概念，所以 A 与 B 的关联性和 C 与 D　　296
的关联性可以是相同的。举例来说，"爱"、"相信"、"在……之间"、
"比……更大"表达的是关联性。对比不可能有什么异议，因为这不过
是个定义而已。那些需要两个或更多的特殊概念来说明它们的普遍概念
需要某个术语来表明它们，而"关联性"正是被选中的词。

然而，尽管关联一词有了这种意义，但是一种关联却并不能说明构
成现实历史过程的诸孤立现实事物之间的现实联系性。举例来说，纽约
位于波士顿和费城之间，但是这三个城市之间的联系却是地球表面上的
一个实在的具体事实，其中包括美国东海岸的一个具体部分。这可不是
普遍意义上的"在……之间"。它是一个复杂的现实事实；它同其他事
物一样，作为一个实例说明了抽象的普遍概念"之间性"。

布拉德利（Bradley）之所以反对关联性这一概念，认为关联一词
不能表示关联，正是出自以上的考虑。三个城市再加一个抽象的普遍概
念并不等于三个相互联系的城市。可见需要有一种关于联系性的学说。
布拉德利写道："究竟有没有仅仅在术语之间的关联这样一种东西？或
者，一种关联难道不是暗示一种潜在的统一或一个包容的整体（inclu-
sivewhole）吗？"[1]

布拉德利所谓的"包容的整体"就是我们所寻求的联系性。在整个
本章（上述引文的），布拉德利使用了感觉（Feeling）这一术语来表达
位于经验基础的初级活动。那是原初的经验，只具最低量的分析。对感
觉的分析永不能揭示经验事态实质的范围以外的任何东西，所以布拉德
利说它是"非关联的"。当然，我自己的学说与布拉德利的学说之间存　　297
在着重大区别。这便是我之所以要在既不依赖他又对他致以适当谢意的
前提下详细阐明自己观点的一个理由。[2] 选用术语的合适方法肯定是在

---

[1]　参见《真实与实在论文集》，第六章附录"我们对直接经验的认识"，第193页。所引该
　　页材料见 1914 年牛津版。也请参见第六章附录各处，以及该附录的补充注释。

[2]　参见《过程与实在》全书。

论述同类学说的杰出著作中选用术语。这使我们进一步认识到，那种对哲学中重要的约定俗成用语的信仰是何等有趣。一位颇有造诣的哲学家著文指责我，说我所用的"感觉"（Feeling）一词，其意义是哲学中从未使用过的。

我不妨顺便提一下，威廉·詹姆斯在他的《心理学原理》中以几乎相同的意义使用过这个词。比如，在该书第一章中他写道："感觉便是对最初事物的感受（Feeling）。"在该书第二章，他又写道："一般说来，这种对于事物的较高意识称为知觉，仅仅对事物存在的模糊感受，只要我们有，则可称为感觉。在一定程度上，我们会陷入这种模糊的感觉状态，那是当我们的注意力完全分散的时候。"从布拉德利的著作中摘录一些话，以阐明为什么我一般说来赞同他在前书中所表达的关于感觉的学说，这或许是件有趣的事。"任何时刻，在我的一般感觉中，我面前存在的都不仅仅是物体，任何对于物体的知觉都不能毫无遗漏地说明一种活的情感的感觉。"①

根据布拉德利的这一学说，我把感觉（或把握）分析为"资料"（即布拉德利所谓的"我面前的物体"）、"主体形式"（即布拉德利所谓的"活的情感"），以及"主体"（即布拉德利所谓的"我"）。我之所以使用"主体形式"这一术语，是因为我扩展它的含义使之超越"情感"一词。比方说意识，如果它在场的话，就是主体形式的一个成分。这当然是严重背离布拉德利的。主体形式便是主体把握了一定的资料后所呈现出的特性。

但是总的说来，我遵从布拉德利的主观形式的功能观。例如他写道："这些难题是不可解决的，除非我所感觉到的，以及不是以客体形式出现在我面前的东西在场且是能动的。这一被感觉到的成分被用于，而且必须被用于那一使我满足的物体的构造中。"②

———————————

① 布拉德利，第 159 页。
② 布拉德利，第 161 页。

照我看来，这段话意义模糊，可有两种解释。但无论是哪一种解释我都赞同。

"不是以客体形式出现在我面前的"感觉的组成成分，就是主体形式。如果布拉德利说诸感觉的诸主体形式决定整合（integration）的过程，我便会完全赞同他。正如布拉德利所说，结果便是"满足"，它是结束创造过程的不安状态的最终感觉。

但是，布拉德利所谓的"我所感觉到的，以及不是以客体形式出现在我面前的"，其意可能就是相当于我所说的"反面把握"。这样一种把握把它的主观形式贡献给创造性过程，但是它排除了它的"客体"进入最终满足的资料的可能性。正是通过这种方式它才是能动的。这一最终合成的材料就是布拉德利所谓的"使我满足的客体"。对此，我也是赞同的。

"活的情感"必然会表现出主客体形势的每一具体展示，这一学说在布拉德利的很久以前就有了。我们发现它萌芽于柏拉图。柏拉图坚持认为，整体特点是与充足的知识相符的。他含蓄地拒绝从单纯的理智知觉中抽象出"活的情感"，而且因此把善与知识等同起来。心理学的进步使我们意识的分辨力加强了，但是它并未改变这一事实：知觉不可避免地要披上情感的外衣。

乔治·富特·穆尔表述过这一学说的历史价值[1]："文明只在许多人为共同目标而共同努力的地方发展。这种联合与其说是单纯观念的一致造成的，还不如说是共同感情造成的；正是由这些感情将观念'情感化'了，使之变成了信仰和动机。"

认识论中所流行的传统的抽象观念，离经验的具体事实是很遥远的。"感觉"一词有个优点，它保留了主体形式和领悟客体这个双重意义。它避免了抽象所造成的残缺不全。[2]

---

[1] 见为 J. H. 丹尼森《情感，文明的基础》所写序言"一部有价值的著作"，纽约，1928年版（Scribner's）。

[2] 最初对"情感化"过程的描写见于我的《象征，它的意义及作用》。也见于《过程与实在》，第二部分，第八章，以及整个第三部分。

第十二节

因此，一个人类的经验事态便是对所需的关联性学说的一种演示。

我们可以引用布拉德利的权威性论断来支持这一结论。他写道："在我经验阶段的任何时刻，无论它是什么，都是一个我能立即意识到的整体。它是一个被经验到的、一中之多的非关联性统一体。"[①] 此处布拉德利所说的"非关联的"显然意思是说，经验并非是经验者与外在于它的某物的一种关系；它本身便是一个"包容的整体"，这个整体就是"一中之多"所需的关联性。

我完全同意这一观点，我认为事物的关联性不是别的，就是事物在经验事态中的结合性（togetherness）。当然，这样的事态只能是人类经验中极其罕见的事态。

奇怪的是休谟也同意这一观点，因为对于他的感觉印象之流——这在他的学说中便是在明确时期的明确存在——其唯一的结合性便在于完全居于经验事态中的那种联系的"柔和力量"。这也是康德学说的一个方面，即经验的事态提供关联的形式。

当然，在这些学说之间存在着重大的区别。但它们在基本原则上是一致的，即把经验的事态看成是关联的基础。

第十三节

同样地，莱布尼茨在实在之间也只发现了这样一种关联性，即完全居于单子（包括最高级单子）的单独经验中的那种关联性。他使用了

———————

① 见上述引文，第175页。

"知觉"及"统觉"（apperception）这两个术语来分别指一个单子理解另一个单子的较低级和较高级的方式，即体认的方式。但是这些术语和意识的概念联系得太紧密了，而这一概念在我的学说中却并非是一个必要的伴随物。另外，它们也与我所反对的描写性知觉这一概念夹缠在一起。但是有一个术语叫"领悟"（apprehension）[①]却是"透彻理解"的意思。所以，照莱布尼茨的样，我便用"把握"（prehension）这个术语来表示经验事态将任何其他实体——无论是另一种经验事态，或者是另一种类型的实体——包容在内的一般方式。这一术语便不会有意识或表现性知觉的意味了。感觉是正面类型的把握。在正面把握中，"资料"被作为最终复合客体的一部分保留下来了。最终，复合客体是"满足"自我形成过程的，因而也是完成事态的。

之所以构制这样一个术语，是要符合这样一个条件：当一种理论发展时，它的技术用语应当来自为该理论奠定基础的大师们的习惯用语。在任何时刻流行于任何哲学派别的直接用语，都不过是从哲学传统的整个词汇中选出来的一小部分而已。考虑一下学说的变化发展，可知情况确实如此。

当前的惯用法可以表达流行思想学派及其某些被认可的它的分支的学说。有人要求在历史传统中别有渊源的其他学说也应该这样选择它的术语。这种要求后来发展成为这样一种教条主义的主张：某些初步的假设永不应修正，唯有那些可用神圣术语来表达的思想学派才将被允许那样作。合理的要求应当是：每一种学说把自己的那一套用语建立在自身传统的基础上。如果采取了这样的预防措施，那么，那种强烈要求另铸新词的呼吁就是衡量无意识教条主义的一种尺度了。

301

———————————

① 这一术语被 L. T. 霍布豪斯用于他的《认识论》第一、二章中。

第十四节

　　哲学在处理它的证据时，其主要方法是描述归纳法。社会惯例说明了纷纭万状的各种特色。世间没有哪一件事实单纯是如此如此。它同时表明了许多特点，它们都根植于它的时代的各种专业中。哲学归纳抓住那些具有持续价值的特点，而摒弃那些琐屑细微转瞬即逝的东西。一桩具体的特殊事实，或一个种，会上升到被事实说明的属。

302　　值得注意的是，与此相反的过程是不可能的。一个属不会下降为一桩特殊的事实，或一个种，因为事实和种都是各种属相混合的产物。没有哪一种属在本质上会表示与之相容的其他属。举例来说，脊柱这个概念就不表示哺育小孩或在水中游泳这样的概念。所以，任何对脊椎动物的思索（单是这样的思索），是不会使人联想起哺乳动物或鱼类的，甚至是抽象的可能性也不会。无论是种或是实例，都不会被属单独显示，因为它们二者都包括不是由属所"赋予"的形式。一个种是诸个属的潜在结合，而一个单独的实例，除其他事物而外，包括许多个种的一个现实结合。三段论便是表明诸结合方式的一种公式。

　　所以逻辑学的任务不是分析通则，而是把它们结合起来。①

　　哲学便是向通则的上升，与此同时要考虑这些通则如何才可能结合。发现了新的通则便使得已知通则更富有成果。这使人看到诸通则结合的种种新的可能性。

第十五节

　　对某个重要的原则哪怕只有模糊的认识，都可能以强烈的情感力量

---

① 参见柏拉图：《智者篇》，253。

表现出来。这些复杂的感情是以深层的直觉为核心的，出自这些复杂感情的纷纭万状的具体行动在原始时代常常是粗野而鄙陋的。最终，文明化的语言提供了一整套词汇，每一个都体现了某一专业内的一般观念。如果我们欲获得这些不同专业所共有的通则，我们就必须将这一整套词汇收集在一起，努力去分辨出它们所共有的成分。这是哲学概括所必要的一个程序。过早地将一个家常词汇用作专业术语会引入该词的特别的家常含义，这样必然会局限所需的概括。

举例来说①，假设一个有效的设想是这样的——终极的实在便是那些处于生成过程中的事件，那么，分开单独看起来的每一个事件，就是两个理想终端之间的一个通道。这两个终端就是它的处于两相分离各异的构成成分，它们在具体的结合中进入同样的构成成分。关于这个过程，目前有两种学说。一种学说认为，存在着一个外界的造物主，他从无物中造成这最终的结合。另一种学说认为，有一个形而上的原则是属于事物的本性的，那便是：宇宙间除了该通道的实例以及这些实例的构成成分以外，便什么也没有。假如采用这后一种学说，那么创造力这一词便表示这样一个意思：每一个事件都是造成新颖事物的一个过程。另外，如果谨慎地使用内在创造力，或自我创造力这些术语，就可避免暗示一个超验的造物主。但是创造力这个词本身就暗示了造物主，所以这整个学说有点自相矛盾或泛神论的味道。不过它确实传达新颖事物生发这种意思。合生（concrescence）一词来源于熟悉的拉丁语动词，意思是"共同生长"。它的一个好处便是，它的分词"concrete"常被用来表达完全的物质实在这个概念。所以"concrescence"这个词很宜于用来表达多物形成完全的交错统一体这个概念。但是，它不能表示其中包括的有创造性的新颖事物。比如说，它略去了原生资料的合生中所产生的单独特点这个概念。事件没有被表示为"情感化的"，也就是说，没有表示成与它的"主体形式"在一起。

———————————

① 参见《过程与实在》一书各处。下面所说的第二种学说在该书中得到阐述。

另外"结合"（together）一词是哲学中被误用得最厉害的术语之
一。这是被无穷无尽的不同种类演示过的一个遗传学术语。所以，如果
以为它在若干的演示中表达了某个确定的意义，那就完全是似是而非
了。在分析经验事态的各种不同阶段，都可发现"结合"一词的每一种
意义。只有在经验中事物才是"结合"的；只有作为经验中的构成成
分，或过程的直接物（即自我创造中的事态），事物才是存在的，无论
这个"存在"是什么意义。

第十六节

所以，要达到哲学的概括，显然需要富余的术语。所谓哲学概括，
指的就是关于一个终极现实的概念，它表现为对一个经验行动的概括。
术语是相互纠正的，所以，我们需要①"结合"、"创造力"、"合生"、
"把握"、"感觉"、"主观形式"、"资料"、"现实"、"发生"、"过程"这
些术语。

第十七节

在哲学概括这个阶段，出现了一系列的新思想。事件发生又消亡。
当它们发生时，它们是当前的，随即便消失在过去之中。它们去了，消
亡了，不再存在了，变成了"不在"。柏拉图把它们称为"总是在发生
却永不真正是什么"的事物。② 但是在他写此话之前，他便作出了他那

---

① 参见《过程与实在》一书各处，及《科学与现代世界》。
② 参见《蒂迈乌斯篇》。

重要的形而上学概括，即构成目前这一讨论基础的一桩发现。他在《智者篇》中写道，"不在"本身便是"在"的一种形式。不过他只把这一学说应用于他的永恒。形式，他本该把这同一学说应用于消亡的事物的。倘若他那样作了的话，他会阐明哲学概括这一方法的又一方面。当获得了一个一般观念后，就不应武断地将它局限于它起源时的那个范围。

在构建一个哲学体系时，应该让每一个形而上学概念发挥到它所能达到的极致。只有以这种方式，才能探究如何对观念进行真正的修正。甚至比奥卡姆的威廉的思维经济原则——如果它不是同一学说的又一方面的话——更为重要的是这样一种学说：一个形而上学原则的范围只应受到它的必要意义的限制。

因此，我们应用一种关于消亡的学说来平衡亚里士多德的——或者更准确地说，柏拉图的，关于发生的学说。当事态消亡时，它们便从"在"的当前物转为了当前的"不在"。但那并不意味着它们就是虚无。它们仍然是"顽固的事实"——

Pereunt et imputantur.（时光长逝，虽逝犹存）

人类的普遍用语在三个方面为我们塑造了过去——因果关系、记忆，以及我们如何将我们当前的过去经验转换成我们现在对它进行修正的基础的这一行为。因此，"消亡"就是对一个超验将来中的一种作用的假设。诸事态的"不在"就是它们的"客观的不朽"。一个纯自然的把握，就是一个处于它的当前的"在"之中的事态如何吸收另一个已进入它的客观不朽的"不在"之中的另一个事态。过去就是这样居于现在的。那便是因果关系。那便是记忆。那便是对衍生物的知觉。那便是在情感上遵从一定的形势——过去与现在的一种情感的接续。那是一个基本成分，从这一基本成分生长出了每一暂时事态的自我创造。因此，消亡即发生的开端。过去是如何消亡的，将来就是如何发生的。

第四部分

文　明

第十六章
真

第一节

真与美是两个重要的调节性特性，凭借这两个特性现象向经验主体的当前决定证明自己是合理的。这一证明确定了它在当前事态中的地位。把握体的主观形式能够包容当前的加强或当前的减弱，它能够包容广延到将来的目的或排除的目的。真和美是加强和广延的根本基础。为了将来当然可以牺牲现在，所以将来的真和美，便可以是目前真或美减弱的理由。

第二节

真是只用于现象的合格证明。实在就是实在，问它是真是假毫无意义。真，便是现象与实在的相符。这种相符的程度有多少之分，有直接与间接之分。所以，真是一种种属性质，有不同的程度及不同的方式。在法庭上，真的错误形式等于伪证。比如说，一张画像与真人非常相像，乃至可骗过眼睛。于是，它与真人的相像性便等于欺骗性。镜子里的影子既是一种真实的现象，也是一种骗人的现象。伪君子的微笑是骗人的，但慈善家的微笑却是真实的。但两者都是真实的微笑。

第三节

310　　真的概念可以被一般化，以避免与现象的任何确定关系。两个对象可以是以下两种情况：（1）两者都不是对方的一个组成成分；（2）它们的组合性质中可能包括一个共同的因素，虽然照这一术语的完全意义说来它们的"实质"是不同的。于是我们便可说，这两个对象彼此有一种真实关系。考查它们之中的一个，便可揭示出属于另一个对象实质的某种因素。换言之，可以省略该完整模式中的某些成分而进行抽象。于是，如此获得的不完整的模式将被说成是从原物中抽象而出。当一个同样的不完整模式能够从两个把握体中抽象出来时，我们便可以说，一种真实关系把这两个把握体的客观内容联系起来了。它们两者都可展现这同一不完整模式，虽然它们被略去的成分中包括有属于它们若干个体的区别。柏拉图使用"加入"（μεϑεξις）这个术语来表达一个合成事实与它所演示的某个不完整模式的关系。不过，他将不完整模式的概念局限于诸定性成分的某个纯抽象模式，排除了在合成实在中作为组成成分的诸具体个别实在这个概念。这一局限具有误导性。所以，我们将谈到一种模式，这种模式可以将具体的个别物包括在自己模式化的成分中。有了这种扩大了的意义，我们便可以说，当两个客观内容分别加入到同一模式中时，它们便被结合在一个真实关系中了。两者中的任意一方都可说明另一方在某种程度上是什么。它们就这样相互解释。但是，如果我们问，所谓"真实"意指什么时，我们只能这样回答：当两个合成事实加入到同一模式中时，就有了一种真实关系。这样，只要这个真实关系扩展，对其中一个事实的认识就包括了对另一个的认识。

在经验中实现的这一真实关系总是包含着现象的某种成分，因为对 311
这两个合成事实的分别把握已被整合，乃至该两个对象处于一种两相对
照的结合之中。我们直觉到一种有限的同一模式，它包括在诸实质的对
照之中。正由于这一同一性，主体形式便可以从对一个对象的感觉转换
到对另一个对象的感觉。对一个对象适合的，对另一个对象也适合。主
体形式在直觉上承认了"就是那样的"，也就等于它认为自己从对照双
方中的一方转向另一方的这种转换是合理的。

就这样，一个作为实在事实的对象，由于与另一个对象的诸相似
处，便得以对自己诸因素的相关价值进行重新调整。换言之，它成了一
个带有现象色彩的实在事实。单靠它自己，它的诸因素就不会在那些程
度上被感觉到。部分地认识真实便是对宇宙的歪曲。举例来说，一个只
能数到十的野蛮人会极大地夸张一些小数字的重要性。我们也是一样，
当遇到上百万的数目时，我们的想象力就不够用了。那种认为只要是认
识真实必然就好的看法，是一种错误的道德说教。小的真实会产生大的
不幸。这种大的不幸会表现为大的错误。亨利·庞加莱指出，如果使用
不当，精密的工具会妨碍科学的进步。比方说，如果当初牛顿的想象中
充满了由现代观察所揭示出的开普勒行星运动定律中的错误，恐怕我们
这个世界现在还在等待万有引力定律。真实必须是及时的。

第四节

在人类经验中，关于真实关系的两个显著例子便是命题和感官知
觉。一个命题就是对实现某个永恒客体的、由诸现实组成的一个特殊化 312
系列进行的可能的抽象。它或许是简单的，或许是由诸更简单的对象组
成的一个错综复杂的模式。其对永恒客体的实现可能牵涉到具备各有其

固定作用的成分事态的完全系列，或者它可能牵涉到一些或全体成分事态对永恒客体的单独实现，或者它会牵涉到一些非特殊化的从属系列对永恒客体的联合实现。这三种实现永恒客体的不同情况都仅仅牵涉到各种不同类型的命题的可能性，对于形式逻辑的诸目的来说是十分重要的。

但对于我们目前的讨论来说，我们只需考虑这样一个明显事实：一个命题便是演示一个指定模式的指定系列的抽象可能性。

任何句子都不是单单表明一个命题。它总是包括某种刺激，在对该命题的把握过程中，这种刺激导致产生了一种固定的心理态度。换言之，它力图要确定主体形式，即把对该命题的感觉作为资料来表现的主体形式。可能有某种刺激激发起相信、怀疑、喜爱、服从。这一刺激部分地是由动词的语态和时态传达的，也是由整本书的内容传达的，也是由该书的物质成分，包括它的封面，传达的，也是由作者和出版者的名字传达的。过去在讨论一个命题的性质时，人们将这种心理刺激和命题本身混为一谈了，因而引起了极大的混乱。

一个命题是关于现实的一个概念，是关于事物的意见、理论和假定。在经验中接受命题会有助于很多目的。它是现象的极端情况，因为作为逻辑主语的现实，是以说明谓语的形式表达出来的。无意识地采纳命题，就是从经验起始阶段的实在向最终阶段的现象的过渡。现实的最低级类型，其过程是很难产生命题的；在它们之中，实际上不存在区分最终阶段和起始阶段的现象。

一个命题应该是有趣的，这比它是真实的更为重要。这一陈述几乎是个同义反复，因为一个经验事态中的命题，其作用的能量就在于它的趣味性，以及它的重要性。但是，一个真实的命题当然比一个虚假的命题更可能是有趣的。另外，与一个命题的情感吸引力保持一致的行动更容易成功，只要这个命题是真实的。除了行动而外，对真实的思索也自有其趣味。但是，作了这一番解释和限定后，以下的道理仍然是真实的：一个命题的重要性在于它的趣味性。最能说明专门科学的危险性

313

的，莫过于将命题毫无例外地移交给逻辑学家做理论上的考虑而引起的混乱了。一个命题的真实性，在于它与作为它逻辑主语的系列之间的真实关系。当系列事实上说明了作为命题谓语的模式时，该命题便是真实的。因此，在分析各种被包容的组成因素时，命题（如果是真实的话）似乎便与系列同一了，因为有同样的现实事态和同样的永恒客体包容在内。但是，在所有的分析中，有一个易于被省略掉的高级因素，那就是结合的样态。系列以实现的样态把永恒客体包容在内。而在真实的命题中，系列和永恒客体的结合则是属于抽象可能性的样态的。于是，永恒客体便单单作为"谓语"而与系列结合了。因此，系列和命题属于不同的存在（being）的范畴。所谓它们的同一性便是胡说八道了。它与这种时髦的胡说是同一类型的：物理事实与纯数学公式是同一的。

314

命题只有被接纳于经验中时才是存在的，在这一点上它不同于直接经验，却与其他一切相同。精神极有一种奇特的功能，那就是它的诸把握体的客观内容只是以可能性的样态出现的。但是，凡是事实都包括一个精神极。所以，在分析一个现实事态时，我们必然要发现属于可能性样态的构成成分。关于真假的最明显的例子来自两种存在的比较：一种是可能性样态的存在，另一种是现实样态的存在。

第五节

对于地球的动物来说，感官知觉便是现象的极致。来自过去的诸身体活动的感觉对象突然出现在现时世界的诸区域，于是假设的意味、假设的可能性意味便消除了。对于知觉者来说，那些区域似乎本身便是与感觉对象相关联的。现象于是便是：感觉对象限制这些区域。

于是便出现了这个问题：那些感觉材料事实上是限制那些区域的吗？要回答这个问题必须首先弄清所谓"事实上"是何意，"限制"又是何意。正是在此处，真与假的概念适用于感官知觉。但是，在真的王国里，存在着许多大厦，所以我们必须分析各种类型的可被感知的真与假。

首先，作为感情调子限制物的感觉对象，其基本地位应被记在心头。这些感觉对象基本上是作为那种限制物而被继承下来的，随后，通过"演变"（transmutation），被客观地理解为区域的限制物。感觉对象的巨大审美价值就是由于它们的这一地位，因为，作为一个把握体资料中的因素，感觉对象要硬充作感情调子的限制物；所谓感情调子，就是该把握体的主体形式。这样，一种模式的感觉对象就把一种模式的感情调子作为资料生产出来了。于是，当一个区域在感官知觉中作为红色而出现时，这个问题便出现了：红色是否以任何主宰的方式在限制事实上构成该区域的诸现实的感情调子？

如果是这样的话，那么在这个意义上，对于现时的知觉者来说，该区域的实在与其现象之间便存在着一种真实关系。举例来说，如果光已经历了镜子里的反射，则镜子后面区域的现象便不会提供任何根据，以让人猜想构成它的诸现实的感情调子。

感觉材料作为感情调子的限制物，这对于哲学来说是一个似是而非的概念，虽然它对于常识来说是相当明白的。暴怒的现象常见于神经受折磨的人以及公牛。对于春天里一片绿色林地的知觉，其感情调子只能用绿色的不同微妙层次来说明。这是一种以春天的绿色为限制物的强烈的审美情感。理智执著于作为资料的气味——动物把它当作对自己主观感情的一种限制来经验；我们发达的意识则执著于作为资料的感觉对象，我们基本的动物经验把它当作一种主观感觉来接受。经验开始的时候是那种对气味的感觉，后经精神发展而成为对那种气味的感觉。

我们也可观察到对于那些即将成为感觉对象的情绪的诸种限制。那些情绪事实上对于婴孩来说，是起着感觉对象的作用的，只是被成年人发达的智力排除在那一范畴之外。比如一位给婴孩喂奶的母亲，她的流露在脸上的种种感情表现，爱、高兴、沮丧、不快等，婴孩都直接感觉到了并作出了反应。虽然，最不可能的是，认识论者赖以获得知识的那一套微妙的思想居然会出现在尚不能说话的婴孩身上，或狗和马身上。对这些情况下的这些情绪的直接知觉，肯定是与其他感觉对象以同等条件进入的。但是，在感知这些情绪方面，动物身体的作用便大大不同于它们传达感觉对象时的作用。因此，受过教育的才智之士是一种不同的类型。

但是，无论如何，婴孩感受到了作为一种资料的它的母亲的快乐情绪，而且它发出相应的感情呼应。这桩资料衍生自过去，直接的过去。它突然出现在当前的区域，该区域是由诸事态的系列所占据的，这些事态组成了母亲身体和灵魂的存在的复合事实。对于婴孩来说，该现象包括对母亲快乐情绪的限制。就这点而言，它与这个与之共时的实在的母亲可能有——它常常确实有——一种就"真实"这个术语的意义而言最充分的真实关系。

第六节

感官知觉与共时事态的关系也可说明现象与实在的又一种真实关系。

感官知觉可能是健康动物身体正常作用的结果，来自个体灵魂先前诸事态的遗产同样可以分有这种健康的正常性。该具体身体和灵魂对于流动的能的那些主要外部活动，也可作出相符的反应；这种流动的能即是为要保存该动物种类而正常所需的。倘若有这些正常条件，由此产生的现象将是在那类情况下的那类动物所特有的现象。这是一桩自然事实，而且该现象表现了一条自然规律，该自然规律属于那个广大无边的时期，也属于该时期内那些更特别的条件。这是现象与实在间的一种真实关系，较之第一类真实关系它更具间接的特色。它更宽广，更模糊，

317

涉及的范围更广阔。至此，我们已理解了我们当中的健全分子在那些条件下方能理解的东西。

第七节

在任何一类真实关系内，都会出现一种区分。实在在过去发生作用，现象则在现在被人理解。在一个没有月光的夜晚，被称作银河的那一片闪着微光的天空就是现时世界的一个现象，也就是说，它是我们所见到的这个世界"容器"之中的一个广大的区域。但是，其作用导致了那一现象的实在，却是穿越了最深邃的空间同时在我们的想象中也穿越了无垠的时间的一道流动的光能。

在我们所见到的银河之外，即在一个有限的、界线不清的距离之外（那是一个将我们同遥远的共时空间分开的障碍），光能传播的那一活动仍作为一桩共时事实在遥远的空间持续着吗？也许，其相互联系构成了那一遥远区域的诸事态已经改变了它们行动的秩序。星辰只闪光了几天，或者几年，它们的光已经熄灭了。诸共时区域的现象与过去以及现时的实在之间存在着真实关系。与后者的这些真实关系只能被一种想象的跳跃所估计到；这种想象的跳跃与过去有着真实关系，与我们对相关各类秩序稳定性的经验也有着真实关系，这正是它用来证明自己正确的基础。

也许，在事态的相互内在中，虽然先行的和后来的——即过去、现在和将来——仍然同样适用于物质的和精神的诸极，但是精神诸极相互之间的关系却不受制于与物质诸极那些规律相同的领悟规律。可测量的时间和空间于是便与它们相互之间的联系无关了。所以，对于某些种类的现象来说，在它与现时世界精神方面的关系中，就可能存在一种直接的成分。而其他种类的现象，诸如位于感官知觉中的感觉对象，就会依赖时间和空间。时间和空间表现了产生于物质诸极相互内在的那种领悟。

318

如果情况确是如此，有些种类的现象较之其他现象与现时的实在便有更直接的关系。

第八节

还有第三种类型的真实关系，它甚至比上面所讨论的第二种类型的真实关系更模糊、更间接，姑且称它为"象征性真实"。这类真实可以作为极端例子而归属于第二种类型，但是，将它看成是又一种类型则要更清楚些。

当存在着象征性的真实时，现象与实在的关系便是这样的：对于某些类的感觉者来说，对现象的把握导致了对实在的把握，即是说两个把握体的主体形式是共形的。然而，现象与实在之间并无直接的因果关系，所以，在任何直接的意义上现象都不是实在的原因，实在也不是现象的原因。当那些现象和实在被把握进那些感觉者的经验中时，一组偶然情况便造成了现象与实在二者间的这种联系。依它们自身的性质，这些现象并未使实在更明显，这些实在也未使现象更明显；不过在一些受到特殊条件制约的感觉者的经验中，情况是例外。语言以及它们的意义便是这第三种真实类型的例子。声音和纸上的书写符号与它们传达的命题之间存在着：一种间接的真实关系。我们将我们的讨论只局限在书面或口头句子与命题的关系上。在一个受到一定条件限制的群体中，对某一门具体的语言都有正确及错误的使用。另外，考虑到文学作品的美学意义，语言就不仅是传播客观意义了，它也要传播主体形式。

音乐、礼仪的服饰、礼仪的气息以及礼仪的种种有韵律的视觉外观，也都有象征的真实或象征的谬误。在这些例子中，只有最少量的对客观意义的传播，而对适当主体形式的传播则是大量的。音乐表现了某种强烈情感时，就是一个例子，无论这种情感是爱国的、军队的，或是

319

宗教的。信徒们无声地感到应将这种情感与对民族生活、民族冲突或上帝的活动联系起来。音乐将某种混乱的感觉变成了明确的理解。它实行它的这一作用或反作用的方法是，提供一件情感的外衣，这件外衣将幽暗的客观实在变成了清晰的现象。这一现象是与为它的把握体所提供的主体形式相匹配的。

于是，由于主体形式的一致性，在音乐和产生结果的现象之间便存在着那种模糊的真实关系。在现象与实在之间——关于民族生活、民族冲突或上帝的性质的实在——也存在着真实关系。诸真实关系的这种复杂的融和（其中夹杂着它们的种种谬误），构成了艺术的那种间接的阐释力量，以表达关于事物性质的真实。当然，为了易于解释，所举之例不免有些粗糙，甚至粗俗。但是，艺术内在的微妙真实大多是这种类型。

第九节

本文不禁要离题去解释一下流行于人类社会中的行为和解释习惯。一个观念产生自与之相关的、先此建立的人类行为方式。在历史上形成的初期，此观念潜伏在意识的阴影里，无法辨别，无法表达。在此后的时代里，人们逐渐朦胧地意识到使一个部落区别于其他部落的那些行为的重要性，因而历史学家便明白了该观念。但不久便发生了逆转。该部落的一些不安于现状的理智之士对这些行为方式进行了解释。于是，除了它们对于部落生活的固有价值而外，行为模式也具有了表达手段的作用。它们逐渐与某种理智的意义联系起来。于是行为模式，连同它们的交错复杂的情感，引起了人们对该意义的理解；反之，对于该意义的接受则促使人趋向于那些行为方式。就这样，礼仪以及由此产生的情感成为了表达观念的方式；观念则成了对礼仪的解释。这便解释了，在起始阶段一个观念是如何与一种表达手段发生联系的。

以上我们把一个观念和它的表达方式之间的联系描述成是"解释"。现在有必要对"解释"这一概念作一些分析。两种行为模式，只有在实行任意一者的过程中某一共同经验因素被实现了，它们方可相互解释。该共同经验因素构成了从一种模式过渡到另一种模式的理由。一种模式将另一种模式解释成是能够表达该共同因素的。此处，行为模式不过是经验方式的又一种说法。因此，在这个意义上，欣赏一个神话是一种行为模式，一种部落舞蹈或一种宫廷礼仪则是又一种行为模式。

321

第十节

但是，不管怎么说，我们所要的是那种率直的真实。要最终满足我们的目的，需要的不仅仅是粗俗的替代物，或微妙的遁词，无论它们是何等的委婉。真实的拐弯抹角的种种形式永不能使我们满意。我们的目的要在纯粹的事实中求得自身主要的证明，其余的无论多重要，都是这一基础的附属之物。脱离了率直的真实，我们的生命将堕入提示和建议的香味中。

我们所需要的率直的真实就是清楚明晰的现象与实在的共形的联系。在人类经验中，清楚明晰的现象主要是感官知觉。感官知觉所需的率直真实就是第一类真实，我们业已在本章第五节部分地讨论过。在那一节中，这一学说得到了阐发：对一个感觉对象的把握（即把它作为限制某一区域的明显客体来把握），包括有该把握体的主体形式，该主体形式也将该感觉对象作为一个因素包括在自身之中。我们欣赏春天的绿叶时，心中充满绿色的感觉；我们以一种情感模式欣赏夕照，这一情感模式的诸成分中包括色彩，以及视觉的种种对比。正是这个，使艺术成为可能；正是这个，为人所理解的自然赢得了光彩。因为倘若接受的主体形式与客观的感觉对象不共形，那么感觉的诸价值则只好由那一经验

322

中其他成分的偶然构成来决定了。举例来说，在关于三四个物体的直觉中，单纯的数字并不强加任何主体形式。它不过是调节实际构成成分的模式的一个条件。从那些构成成分抽象而来的单纯的数字是不能表示把握体的主体形式的。但绿色却能。那正是感觉对象与抽象的数学形式之间的区别。

来自感官知觉的实在的价值，即使遭到漠视，即使与其他情感发生冲突，仍然是存在的，因为感觉对象自身进入了它们物质把握体的主体形式。

第十一节

要决定的一个关键点是：我们所见的春天里的绿草地是否以任何直接的方式与草地这一区域里的诸事件相符，或者更具体地说，是否与绿草叶片诸区域内的事件相符。我们有根据相信事物果真以某种方式在我们的感觉所察觉的那些区域里吗？首先，那种符合性显然不会来自自然的必然性。虚妄的知觉便证明了那一点。光的反射和折射所造成的双影、双象表明，区域的现象有可能完全与区域内发生的事件无关。现象最终要受制于动物身体的诸作用。这些作用以及诸共时区域内发生的事件都派生自一个共同的过去，它与两者密切相关。所以这样问才是恰当的：动物身体与外部诸区域是否协调，以便在正常的情况下诸现象与诸区域内的诸性质保持相符。

323

只有当更高的动物生命的性质达到完善的程度，才能达到如此相符的程度。然而却并非必然如此。失败和干扰是显然存在的，而调整却总是不完全的。但我们必须要问一下，自然内部是否包括一种走向和谐的趋势，一种趋向完美的欲望。要讨论这个问题就非得越过真实关系的狭隘范围不可了。

第十七章
美

第一节

美就是一个经验事态中诸因素之间的相互适应。因此，就其根本意义而言，美就是在现实事态中获得自身例证的一种性质。或者可以反过来说，它是一种现实事态能各自加入其中的性质。美有不同的等级，不同类型的美也有不同的等级。

"适应"暗示着一个目的，所以，只有分析清了"适应"的目标，才能明确地界定美。这一目标是双重的。首先，不同的诸把握之间不存在相互的抑制，因此，不同强烈程度的主体形式并不相互抑制。诸不同强烈程度是自然而恰当地——或者简而言之是相符地——产生自不同把握体的客观内容。当这一目标得到了保证，便有了美的次要形式，即没有了痛苦的冲突，没有了粗俗。然后是美的主要形式。美的主要形式以它的次要形式为先决条件，并给它增添了这样一个条件：诸把握合成体中的那种结合造成了客观内容与客观内容之间新的对比。这些新的对比造成了对诸感觉均为自然的、新的、共形的不同强烈程度，并因此而提高了原始感觉构成成分中的共形感觉的强烈程度。就这样，部分有助于宏大的感觉整体，反过来整体又有助于提高部分感觉的强烈程度。于是，这些把握体的主体形式既分别又共同地交织成了一定模式的对比。

325 换言之，完善的美可以定义为完善的和谐；完善的和谐即是在细节和最终合成方面均为完善的主体形式。同时，主观形式的完善程度要以"力度"来定义。依此处所指的意义，力度包括两个因素：一是具有实在反差的繁多细节，即宏大性（Massiveness）；二是狭义的强烈度，即不包括质的多样性的相对广大性（comparative magnitude）。但是，极端的狭义强烈度最终是要依赖宏大性的。

第二节

为了理解美的这一定义，有必要记住三种学说，它们都属于在本书的这些章里用来解释世界的形而上学体系。这三种学说分别重视以下三种关系：（1）一个把握的客观内容与把握体主体形式之间的关系；（2）同一事态中各不同把握体的诸主体形式之间的关系；（3）一个把握体的主体形式与该把握事态的主观目的所包含的自发性之间的关系。这三种学说是相互联系的，但其中一种学说却提出了一个原则，此原则为其他两种学说所不能阐明。现将它们依次解释如下：

（1）一种学说认为，宇宙间的每一个质的因素在根本上都是对主体形式的一种限制条件，所以无限种类的性质就能包括说明这些性质的无限种类的主体形式。但这并不意味着，表明这些不同性质的主观形式在

326 人的意识中都是同样突出的。意识是一个时隐时现地闪烁在经验表面的多变而不稳定成分。然而，该学说又认为，被把握的客体的质的内容进入了表现于该把握体主体形式中的诸性质。这是潜在于以下学说中的普遍原则：（a）关于构成事态初级阶段的诸共形感觉①的学说。（b）关于

---

① 参见本书第三部分及《过程与实在》索引所及的有关部分。

构成精神极诸活动的质量评价的学说。（c）关于上帝原初性质（这儿也称之为宇宙的欲望）所包括的诸评价的学说。根据这一原则，可以得出：一个把握体的主体形式部分地受支配于该把握的客观内容中的那个质的成分。实际上最初的阶段就存在着符合。在上文我们就不断地说过，正是这使得艺术成为可能。同样，宇宙中强制性的宿命论因素也取决于这一原则。

关于符合的这一原则只适用于客观资料内容的质的一方面。所以对于主体形式与客观资料是一致的这个更普遍的表述，出现了两个例外。两个例外都是当抽象走向极端时出现的。对于质的成分的极端的抽象将模式变成仅仅是数学形式——例如，三数一组，或多数之间的抽象关系，诸如四这个数的平方性等。就这些数学形式的性质而言，它们是不能限制主体形式的。举例来说，就不存在一种情感的正方性。所以，除非以一种间接的方式——诸如对球体光滑性、正方形的尖角、音量等的质的感觉——否则关于符合性的学说是不适于数学模式的。在此处，严格现代意义上的纯数学是成问题的。

另外，关于现实事态的——即个体现实的——概念可以从任何质的或数学的构成成分中抽象得来；这些成分或则是作为客观材料，或则是作为主观形式，或则是作为把握体之间的关系而在现实事态的实质中得到实现。一个特殊的现实也可从它最初的表现形式中抽象而出，以致在经验的稍后阶段它被作为单纯的"它"来接受①。只有居于资料中的一个现实，它的质的构成成分才能进入主观形式。主体形式中包含的唯一现实就是处于自我形成过程中的当前事态。该主体形式便是处于那种主观感觉状态的当前主体。一个现实可被表示成客观把握体的一个单纯的它——这个意义上的现实并不进入该把握体的主体形式。

（2）第二种学说表明了在形成过程中的当前事态的统一性。诸主体

327

---

① 参见《自然的概念》第一章及《过程与实在》，第二部分，第九章，第三节；第三部分，第四章。

形式仅有助于一个事实，即那一个事态的主观感觉。在各种不同的把握体间存在着主观形式的某种分布，其原因是整个客观资料的每一部分支配着它在主体形式中共形的质的再生。只要同一的诸质出现在若干客观资料中，那么该质在主体形式中的效应就必然受到一个结合过程的支配，同时也要受到与其他质的感觉的相容性的支配。因此，主体形式在不同把握体中的分布主要依赖于来自整体客观资料各组成部分的主体形式的诸共形起源。

（3）第三种学说表现了该结合过程最终的自治。共形衍生的诸主体形式，其合成的过程并不是由资料的先行事实所决定的，因为根据这些资料各自的性质，它们不会具有任何促成它们合成的调整法则。那个调整法则派生自那个新颖的统一体，该统一体就是在合成过程中那个新颖生物强加给诸材料的。所以，根据当前事态本性中的自发性，它必然会为主体形式的合成弥补上那一缺失的限定物。因此，宇宙的将来，虽然受到它的过去的内在性的限制，却在等待着新颖的个体事态在时机成熟时自发地形成，以便对它进行完满的决定。

第三节

我们必须对"美"这一术语的两个意义作一区分。它的基本意义已在本章第一节说明了，即在现实事态中，也就是宇宙里完全实在的事物中，实现的"美"。

但是，在分析一个事态时，它的客观内容的某些部分可能会因为它们共同有助于整个事态主体形式的完善，而被说成是"美的"。"美"这一术语的这个第二种意义将被更准确地看成是对"美的"这一术语的定义。在一个事态中被实现的"美"既取决于该事态源于自身的客观内容，也取决于该事态的自发性。客观内容之所以是"美的"，是由于侥幸地实行了该事态的自发性因而会在该事态中实现"美"。同样地，该客观内容的任何部分在更间接的意义上都是"美的"，虽然意义上微有差别。它之所以是美的，因为通过与其他资料的侥幸联系，加之把握它的事态对自发性的侥幸实行，因而"美"得以实现。但这种最高的幸运是一种理想，不是这个世界能实现的。"美的"这个字眼，我们通常是用来指对那类客观环境的假定，该环境在那种一般的社会背景下可以被假定；也通常用来指对那类自发性的假定，该自发性有望从知觉事态中获得。我们会想到艺术家，或者现代世界中有教养的人，或者想到在某一时代的某一城市里的那群人。但是，就其全部意义而言，"美的"指的是那种内在能力，这种内在能力作为一知觉事态的一种资料时，能提高"美"。当人们说一种资料中的任何组成成分具有"美"时，他们用的就是它的这一第二位意义。

329

第四节

初给"美"下定义时，我们提出了"完善"这个概念而未作解释。所谓主体形式的"完善"指的是，主体形式不含有相互抑制的感觉成分。它们相互抑制因而均无力达到应达到的强度，但是，所谓"抑制"有两种意义，需要小心区别，因为只有其中的一种意义才有损于"完善"。完全的抑制是说明主体形式的有限性的一个例子，但它并不有损于"完善"。于是，便有了它这种类型的"完善"——即排除了某些东西，且具有有限性的那种"完善"。但是，完全受到抑制的主体感觉成分并非该主体形式固有的一个组成成分。它只是在其他条件下可能会有的一个组成成分。抑制的一意义将被称之为"麻木"。

抑制的另一意义——即有损于完善的那种意义——指的是两种相互抑制的感觉成分都确实积极地出现。在这种情况下，便又有了一种相互

损害的感觉。于是，前面所说的那两种感觉成分中的一者——或两

330 者——便不能获得那种力，该力属于从感觉资料中滋生且又把握材料的那个把握体。这在最普遍的意义上是一种"恶"（evil）的感觉，即肉体上的痛苦或精神上的不快，诸如悲伤、恐惧、不喜等。这类抑制我称之为"审美破坏"。审美破坏是主体形式中的一种明确成分，它和完善是不协调的。对审美破坏的主体经验我要称之为一种"不协和感觉"。这样一种感觉是知觉事态的主体形式中的一个因素。这种不协和感觉越强烈，离完善就越远。一个复杂的感觉资料"在客观上是不协和的"，它在相关类的知觉者中就会产生不协和的感觉。

从以上的讨论中我们可以看出，在关于"美"的定义中有一个区分被忽略了。在情感上经验审美破坏，这一类主观感觉必须被排除在外——或者说，正如我们将要看到的，它们属于一个需要特别处理的种类。"完善"，这样的称呼是很得体的，它却需要排除这类感觉。当我们进一步考虑时我们便会发现，总是有不完善的事态比那些实现了某类特定完善的事态好。事实上，存在着高级和低级的完善。一个以更高级种类为目标的不完善是超出低级的完善的。最物质化、最感官化的享乐仍然是美的种类。对不协和感觉的经验就是进步的基础。自由的社会价值就在于它产生不协和。完善之外还有完善，一切完善的实现都是有限的，没有哪个完善是一切完善的极致。不同种类的完善之间也是不协和的。因此，不协

331 和——它本身是毁坏性的和恶的——对美的贡献就是那种正面的感觉，它感到目的从耗尽了的平淡完善迅速转移到尚带新鲜气息的某个另外的理想。因此，不协和的价值就在于它是对不完善的优点的一种称颂。

第五节

思考一下古希腊文明便可看出不协和的价值。希腊民族是被一个

追求完善的伟大理想唤醒而前进的。这一理想比起它周边文明所创造的思想来是一个巨大的进步。这一理想产生了影响，它在一个文明中得以实现。该文明在人类中获得的自己独特的美，可说是前无古人后无来者。它的艺术、理论科学、生活方式、文学、哲学派别、宗教仪式一起协力表现了这一光辉理想的各个面。完善得到了，但获取完善的那种灵感却枯萎了。一连几代人的重复，新鲜性于是便渐次湮灭。学问和学究的口味代替了进取的热情，希腊文化为希腊化时代所代替，其中的天才被单调的重复行为窒息。我们可以想象，倘若没有蛮族的入侵，没有基督教和伊斯兰教这两大新宗教的勃兴，地中海文明的命运将会是什么样子——希腊的诸艺术形式会毫无生气地重复两千年；它的各哲学学派——斯多葛派、伊壁鸠鲁派、亚里士多德派会在乏味的公式上争论不休；历史会是因循惯例的历史，政府稳定，以习惯的虔诚尊崇往昔的仪式；文学则无深度；科学则依据从未经置疑的前提推导出的理论阐发细节；感觉精细，却没有健康的冒险。

　　这绝不是想象的图画。这类情况在拜占廷帝国就持续过一千年之久，尽管其间战争频仍。这种情况在广袤的中华帝国也发生过一千年之久，尽管这期间有佛教这一新宗教的输入，有鞑靼人的入侵。中国人和希腊人都达到了各自的某种完善的文明程度——两者都值得赞扬，但是，就连完善也受不了单调的、无止无休的重复。一个文明倘要以其最初的热情来维持自身，所需的就不止是学问了。冒险精神是不可缺少的，所谓冒险精神就是对新的完善的追求。

332

第六节

　　对于这个结论，没有什么可惊奇的。自发性、决定的原创性是每一现实事态的实质。这是个体的最高表现，它的共形的主体形式便是由对自由的享受派生而来的享受的自由。新鲜性、热情、极其强烈的敏锐性都来源于此。在个人的一连串事态中，通向完善理想且目标在望的向上通道，所给人的激动要比任何尝试过主要的完善形式而居留于途中的延宕给人的激动要强烈得多。所以明智的办法是：不要在实现同一类完善的途中逗留得太久。一组事态中的每一个事态，尤其是个人事态组中的每一个事态，都在寻找来自精神极诸作用的现象与物质极所继承的诸实在之间的对比，并以此来追求这种热情。当自发性处于最低位而实际上可忽略不计时，我们可以在往返于两种不同样态的交替中发现自发性作用的最后踪迹。这便是何以自然中波的传播十分重要的理由。

但是——当我们想到有着精神独创性的有效作用的最高级事态时——达到了一定阶段的完善后，想要保持那种热情，首先便要对不会
333　引起该完善不协和的所有成分进行考查。中世纪哥特式建筑物的不同风格和不同的装饰细部可用来说明这一点，但是，这些不同的风格很容易被应用得详尽无遗。于是便需要大胆的冒险——观念的冒险，以及与观念相符的实践的冒险。观念所能起的最好作用便是：将另一类完善的理想逐渐地提高到精神极，使之成为改革的方案。可用来说明这一点的是基督教的贡献，它为人类的社会生活介绍了新的理想。换言之，它介绍了关于一个有崭新定义特征的新社会的理想。

第七节

我们已经表明了这样的学说：破坏的经验本身就是恶。事实上就是，它构成了恶的意义。我们现在发现，这一阐述未免太简单化了。必须要提出一些限制条件，虽然这些条件不会动摇这一基本观点："作为经验中主要事实的破坏"便是对恶的正确定义。

"美"与"恶"的相互混合是由于以下三条形而上学原则的共同作

用：（1）所有的现实化都是有限的；（2）那一有限性包括对可供选择的可能性的排除；（3）精神作用将主体形式引入了实现之中；这些主观形式与从完整的物质实现中排除来的相关可能选择是共形的。

"美"与"恶"相互混合的结果是，精神极所引进的纷纭色调使得对现实世界的种种关怀偏高了和谐的感觉。新的事态，甚至脱离了它自身的自发精神，便面临着产生它的那个现实世界中的基本的不和谐。这算是幸运的，因为倘不这样，现实便会包含一种循环的重复，只能实现有限的一组可能性。这便是某些古代思想家的狭隘而呆板的学说。

在个体经验中，有三种方法来处理最初把握时所遇的世界的不和谐。其中两种方法已在"抑制"这一一般术语名目下讨论过了。一种方法被称之为"麻木"，它不过是一种否定把握的方法。另一种方法便是通过对不协和的肯定感觉而进行的肯定实现。在这种情况下，对单纯不相容性的排除伴随着对感情调子急剧毁坏的肯定感觉。这一经验就是对一种质的资料的把握，这一质的资料共形地将自身强加于主体形式。第三种方法依赖的是另一原则，即对不相容的感觉的相关强烈元素的重新调整，在有些情况下可将它们调整成为相容。当感觉调子中的冲突是不同强烈的冲突，而不是单纯的逻辑的不相容，这时便出现了这一可能性。这样，两个把握的体系各自在内部可以是和谐的；但是，在统一的一个经验中，当它们的主体形式的两种强烈程度在大小上差不多时，它们却可以是不协和的。有可能在此感觉中有一种不协和，同彼感觉中的不协和一样大小；或者彼感觉中的不协和与此感觉中的不协和程度一样。但是，如果一个体系是低强度的，处于感觉的阴影之中，它便会成为另一个的背景，造成一种宏大感和繁多感。这是人类经验的习惯状态，一个庞大而不分明的或幽暗的背景，强度不高，在这背景之前却有一个清晰的前景。排除不协和的这第三种方式可以称之为"退居背景"。同样，它也可称之为"升居前景"法，因为要避免麻木，可以让知觉事态发挥作用，以加强对该两个体系之一进行把握的主观调

334

335

子的强度。

然而第四种方式出现了。这一方式是第二、第三种方式为所有的那些经验事态所作的解释；在那些经验事态中，精神已被发展成它的更高级的活动。当第二、第三种方式事实上尚不是这第四种方式时，它们便是被称之为"物质目的"[①] 的低级精神作用的例子。这第四种方式，凭借事态的自发性，集中它的精神作用以介绍把握的第三种体系，它与两个不和谐的体系都有关系。这一新体系要从根本上改变贯穿于两个已知体系中的强度的分布，并要改变两者在事态的终极细致经验中的重要性。这种方式事实上介绍了现象，以及现象防止实在的宏大的质的繁多性被否定把握简单化的那一作用。

现象将确切派生自背景中的实在的诸强度集中于自身，以这种方式它维持了质的繁多性。这是一个简化的程序。例如，在现象中，一个区域便取代了组成该区域的众多的个体事态。此外，广布于实在中诸事态的诸性质也在现象中，或则内在于被这些事态占据的区域中，或则内在于与那些区域有某种确切联系的区域中。实在则处于背景之中，这解释了它的丰富的繁多性赖以保存的诸过程。感情调子的繁多性此刻也转移到现象来，其转化的程度不会使其丧失相容性。大量的感觉也转移到现象，或则是和谐感觉，或则是不协和的感觉，或则是粗鄙的感觉，或则是完全的平凡感觉。对于那些可以从混乱的事实中拯救出来而给予概括的诸因素，现象将它们提升进清晰的感觉之中。就这样，现象为个体经验强调了普遍流传的感觉的诸质。主体形式的庞大性与个体感觉的强烈性略有不符。由于其对象的差异性，多样的个体强烈度是相互挫折的。现象统一了对象的差异性，以此联合了庞大性和强烈度。它简化了对象，并断然将已知世界的质的内容赋予这一简化行为。它维持了强烈性和庞大性，其代价是引来了感情调子的生动经验，这既好，也坏。它使得美的高度和恶的高度成为可能，因为它使两者避免了顺从地被排除，

---

① 参见《过程与实在》，第三部分，第五章，第七、第八节。

或顺从地下降。

第八节

现在我们可以更仔细地考虑一下和谐的基础，以及对它的破坏作肯定感觉的基础了。必须记住，正如对失去的和谐存在着一种肯定的整体感觉，对于获得的和谐也存着一种这样的感觉。经验中的细节相互接受，在这个事实以外，还存在着将整体看成是和谐的这种肯定的感觉。同样，也存在着将整体看成是不协和的肯定感觉。至于具体是哪种感觉，这要依情况而定。和谐被感觉为如此这般，不协和也同样被感觉为如此这般。和谐并不仅仅是逻辑上的相容，而不协和也不仅仅是逻辑上的不相容。逻辑学家不会被请来为艺术家出主意。解释这个的关键在于理解对个体的把握。这是把每一个客观因素看成是自有其意义的一个个体的"它"的那种感觉。一个作为"它"的对象，当其脱离了它出现时刻所有的质的诸方面时，其情感意义在人的天性中是最强的力量之一。它是家族情感的基础，是之所以热爱某些特别的所有物的基础。这一特性不仅专属于人类。狗用鼻子嗅，目的是要弄清某个人是不是它感情所维系的那个"它"。房间里或马厩里充满了各种气味，其中好些气味对于狗来说更亲切，但它并非是为了好玩而去嗅出那个气味，而是要发现吸引它整个情感的那个"它"。一个类似物可能会骗过它，但一经发现就不会再有作用。该类似物可能引起情感，但只有原始的那个"它"才会激起强烈的情感。这类兴趣在很大程度上是考古学的基础——一块刻了字的石头，若是在辛那赫里布指挥下，并在他的亲自监督下作成，当然会激起人的兴趣。现代工匠所制的仿制品，即使它好到可以乱真的程度，也缺乏吸引力，除非为了某种学术目的。对遗物的这种崇拜达到如此病态的程度。

337

毫无疑义，某一具体个体的情感价值来自可以排除单纯感觉成分的那种对诸情感的概括。那些被概括出的情感性质就是爱、钦佩、高雅的感觉，对价值的感觉，仇恨、恐怖，那种联系的普遍感觉，即对与自身存在相缠绕的诸特殊对象的那种感觉。灵魂生命中事态接着事态的那种接续的相互内在，把积累起来的对某一特殊对象的接续把握包含在该生命的当前事态中。在对该对象的各种把握中，新性质一定会突出，原初的性质在当前则有了一些差异。就这样，时起时落地，那些特殊种类的性质就逐渐从最终把握调子中的共形有效性中被排除了。普遍化的风味取代了它们的位子。它们便是终生的忠诚、终生的反感，或者审美的杰出性这些基本感觉。于是，那个"它"的表现，半是通过它在经验模式中的地位，半是通过它对诸次要性质的展示，产生了一种强烈而分明的、意义重大的情感调子。这一意义并非仅仅就当前知觉者普遍复杂的主体形式而言，它还反射回到原初的那个客观的"它"。这样，表现在一种情况和性质的次要细节中的"它"，作为具有永恒特点的"它"被最终把握在现象里了。

照感觉主义学派的认识论看来，这一终极的把握可被解释为对原初感觉印象的一种阐释。但是，在这终极的把握中，不存在任何逻辑顺序，无论是归纳的，或是演绎的。知觉者直接将灵魂生命先行事态中的那个对象的各种先行实在作用合为一体。所谓的"阐释"就是对实在历史的合成，而不是一种表面经过修饰的猜测。作为经验之源的、纯性质的感觉印象，这一概念在直接的直觉中是没有根据的。

要理解和谐与不协和，必须要记住：经验的多少和强度取决于构成有意义的个体的细节。当现象将乱七八糟的事态（它们单独来讲是无意义的）简化成一些有意义的事物时，现象便侥幸构成了。现象依据从世界接收来的种种因素，"阐释"了世界——这样一来，每一个阐释的因素都可被直接的直觉具象化——其条件是意识必须能作如此程度的分析。那便是侥幸的经验。这种经验的力量来自共生的有意义的个体对象，同时它自身的存在也加重了那些对象的意义。这便是对和谐的享

有，该享有中的一个因素便是这样一个直觉：将来（那是和谐的客观不 339
朽性之所在）要增加和谐的基础。破坏不会出现。

但是，没有和谐的强烈经验是可能存在的。在这种情况下，便会有
个体对象的重要特点的破坏。当对这种破坏的直接感觉完全占上风时，
便会立即有一种"恶"的感觉，以及对将来的破坏性的、弱化了的资料
的预期。和谐是与保存细节的个体意义密切相关的，这种意义一旦被破
坏就产生了不协和。不协和之中总是有挫败（frustration），但是，甚至
不协和也比逐渐沦为麻木或顺从（那是麻木的前奏）的感觉好。低水平
的"完善"比具有更高目的的"不完善"要低级。

经验中相对缺乏意义重大的对象的单纯的质的和谐，是一种低级的
和谐、顺从、含混，缺乏轮廓和意图。一个美丽的对象体系有这样一个
特性：当其被接纳进适于自己享乐的一系列事态时，它很快地建立起一
系列具有强烈特点的明显对象。沙特尔大教堂那著名门廊里的诸雕塑，
既各自作为部分构成了整体，同时又展示了作为单个雕塑的个体价值。
表现性质美的单纯模式是不存在的。有那样一些雕塑，它们各自有自身
个体的美，同时又构成整体的美。细节中持久的个性便是强烈经验中的
主干成分。

最高级的艺术就说明了关于绝对性与相对性交织的形而上学学说。
在艺术作品中，相对性成为作品结构的和谐性，而绝对性则是对诸构成
因素分别的个体性所提的要求。我们也懂得，现象如何导致了亚里士多 340
德关于具有基本特点的、实体的、持久的"它"的学说。该观点表现了
重要的真理，因而它也具有明显性。这一明显个体性的审美价值在于它
要求人的关怀。由于现象与实在有一种真实关系，那种持久的个体性便
表明了一个实在的群集，该群集对于现象对将来的控制是很重要的。因
此，对审美关怀的要求便表示了预期和目的的间接价值；预期和目的，
在此处就是居于当前知觉者当前享受中的因素。十字路口的危险对于行
人来说，就是该明显地点审美价值中的一个调整因素。脱离行动与目的
的完全被动的沉思，是一个极端靠不住的概念。它忽略了审美情结中终

极的调整因素，但是，存在着纷纭万状的行动和目的，这也是当然的
事。最终的关键点在于：在评价现象时，现象赖以立足的"实在"的基
础是绝不可忽略的。

第十八章
真与美

第一节

在此部分前两章的讨论中我们可以看出，与"真"比较起来，"美"是一个更宽泛、更基础的概念。当然，对于这两个术语，此处用的都是它们很普遍的意义。除了关于重要与平凡的习惯性预先假设而外，任何东西也没有将更狭义的用法从此处所采用的广泛意义中划分出来。"美"就是经验中各种不同成分相互间的符合，这种符合是要产生最大的效果。所以，"美"是牵涉到实在中各组成成分相互的关系、现象中各组成成分相互的关系，以及现象与实在之间的关系。因此，经验的任何一部分都可能是美的。宇宙目的论就是要导致产生"美"，所以，广义上美的任何系列事物，其存在在哪种程度上都是合理的。但是，在另一种意义上它却可能并非如此，因为它抑制了更多的它所创造的"美"。因此，该系列在那个环境中总的说来是恶的，尽管在某种意义上它是美的。而"真"在两方面来说却只有较狭窄的意义。首先，"真"在任何重要意义上都只牵涉到现象与实在的关系。它是现象与实在二者间的符合。其次，"真"当中的"符合"的概念却要比"美"当中"符合"的概念狭窄，因为真实关系要求两个关系对象共同具有某个因素。

脱离了其他的因素，真关系本身似乎并无特别的重要性，有的只是它自身某种有限关系的那一单纯事实。在那样的事实中，似乎没有什么东西会必然表明经验事态中的任何相关类型的主体形式，更难有理由可以说明真关系对主体形式施加的影响何以会倾向于提高"美"。换言之，一个真关系未必是美的。它甚至可能不是中性的。它可能是恶的。因此，"美"便是一个其天性是自证其合理的目的。宇宙之间所以存在着不协和，是因为"美"的样态是多种多样的，且不一定必然是相容的。而且，在从样态到样态的过渡过程中，不协和的混合物还是一个必然的因素。处于当前之中的过去和将来的客观生命是一个不可避免的扰乱成分。不协和可表现为新鲜或希望，也可是恐怖或痛苦。在更高级的精神中，转移的调子特别强烈地将自己质的特点加于主体形式：或迎接，或对抗。广泛的目的就其自身性质来说是美的，因为它有助于增加经验的量。它扩大经验主体的范围，增加它的疆界。于是，为了目的的缘故而对当前实现的东西所进行的破坏，在表面上看来便是为和谐而作的牺牲了。

第二节

尽管真关系可能是不合时宜的，但"真"提高"美"的普遍重要性却是不容置疑的。虽然话已说尽，但是真关系仍然是实现和谐的简单、直接方式。其他方式都是间接的，而间接性就要受环境的支配了。"真"有一种率直的力，这种力，当其表现为它的把握体的主体形式时，近似于清洁——即对脏物，也就是不需的、不相关的东西的清除。它所带有的直接感支持着一个复合体的美所必需的稳定的个体，而"假"则是易于流蚀的。

"真"在程度、样态及关联诸方面都是繁复多样的，但是一个其美

343

超出了预先想象的明显对象，当其在经验中发挥作用时，它也就是在以一种无可比拟的强烈程度实现某种潜在的、深刻的"真"。极致的"美"所需的这类"真"是一种发现，而不是一种再现。这种极端的"美"所需的"真"就是那样的真关系，依仗它现象从实在的深处召唤出感觉的新资源。它是一种感觉的"真"，而不是一种言词表达的"真"。实在中的关系对象一定是潜藏在言语思想陈腐的预想之中的。关于至高的"美"的"真"实非语言的字面意义所能表达。

当现象在某种重要的直接意义上与实在有着一种真关系时，已获得"美"便是可靠的，也就是说，它是对将来的保证。

"真"有助于"美"的这些功能中，"真"的实现本身便成为助长感觉"美"的一个成分。意识以它幽暗的直觉欢迎这样一个一般说来处于正确方面且又是惯常必要的因素。在"真"影响下的那个预想的成分在深刻的意义上获得满足，从而为当前的和谐增添了一个因素。因此"真"本身，除开相反的特别理由，就变为自证其合理的了。在最深邃的和谐中，"真"被一种正确的感觉伴随着。但是，"真"是在它发扬344"美"的活动中获得这种自证的能力的。脱离了"美"，"真"既说不上好，也说不上坏。

第三节

艺术是现象对实在的有目的的适应。既然是"有目的的适应"，它就暗示了一个目标，一个或多或少要成功达到的目标。这一目标，即艺术的目的，是双重的——也就是说，它包括"真"和"美"。艺术的完善只有一目标，即"真实的美"。但是，当获得了"真"或"美"时，就可算是取得了一定程度的成功。没有"真"，"美"只是低层次的，其缺点是臃肿。没有"美"，"真"则沦为平庸。有了"美"，"真"才显得重要。

"现象"与"实在"就是那样一种关系：在经验的最终阶段（即"满足"或"预想"的阶段），最初阶段的实在为主体形式所把握，好像它分有了"现象"的性质特点似的。当实在事实上确实分有了时，二者间的关系便是真实的；当它并未如此分有时，该关系便是虚假的。

"美"，倘若只就它在现象中的表现而言，并不一定包括对真的获取。当构成现象的定性物交织成对比的模式，因而对于诸部分的整体的把握产生了相互支持的最充分的和谐，此时现象便是美的。这就是说，只要现象的整体和各部分的性质特点进入了它们把握体的主体形式，整体便提高了对部分的感觉，部分也提高了对整体的以及相互之间的感觉。这便是感觉的和谐；有了感觉的和谐，现象的客观内容便是美的。

345 　显然，当现象除美而外又获得了真时，更广义的和谐便产生了。因为在这种意义上，和谐还包括现象与实在的关系。这样，当现象适应实在而获得了真实的"美"时，便有了艺术的完善；也就是说，倘若有艺术的话——因为其结果可能是由自然缓慢产生而出，而这样一个缓慢产生出来的结果可能要归因于某个广泛的普遍目的。但是它将不会归因于由有限生物引起的迅速的有目的的适应，即通常称之为艺术的那类适应。

在传统上，艺术的复合目的被认为是一个三位一体的东西，即真、美、善。善便是其中的又一成分。依照这里采用的观点，善不应是艺术的目的，因为善是属于实在结构的一种限制条件，这一限制条件在它的任何单个的现实表现中，都可是或好或坏的。善和恶在深度上位于现象之下，在广度上位于现象之外。它们只牵涉到实在世界内的诸相互关系。当实在世界是美的时，它同时便是善的。艺术主要是要处置通过对现象的有目的的适应而达到的诸完善。若观察得更宽且分析得更深，我们会看到，艺术完善的某些例子会减少善，那种善是当其在进入它将来的客观现实时，而内在于某种特定的形势之中的。不合时宜的艺术类似于不合时宜的玩笑，也就是说，在适当的地方它是善的，而在不适当的地方它便是一种肯定的恶。一个奇怪的事实便是：坚持"为艺术而艺术"学说的艺术爱好者往往会对因其他兴趣的缘故而禁止艺术的事表示愤慨。但是，指责其不道德的驳难却并不是指向艺术的完善的。的确，保卫道德是一个战斗口号，它最能调动愚蠢来反对变化。也许，无数个世代以前，可敬的变形虫们拒绝从海洋迁往干燥的陆地——拒绝的理由是为了保卫道德。艺术对社会的附带贡献便在于它的喜欢冒险的精神。 346

第四节

　　这样的说法是对单纯追求新鲜性的那种欲望的称颂：变化之所以合理，是因为它瞄准了远处的理想目标，所以它应该由为了当前的美而适应当前现象的艺术来发扬。艺术往往为了当前的获得而忽视将来的保险。这样，它易于将它的美弄得单薄，但不管怎样，总一定有某种当前的收获。宇宙的善却不可能在于不明确的延迟之中。最后审判日是一个重要的观念，但那一天总是和我们在一起。因此，艺术关心的是当前的实现，此时此地的；这样一来它易于失去某种深度，原因就是它所追求的当前的实现。它的任务便是将最后审判日弄成一种成功，而且是在现在。至于当前对将来的影响则是道德的事。尽管如此，要将二者分开却并非易事，因为不可避免的预想会给当前加上一个性质成分，该成分会影响它整个的性质的和谐。

　　一个关于道德的悖论应添加到关于艺术的悖论中去。道德包含在追求理想的目标中。最低的道德也是要防止向下的沦落。因此，呆滞是道德的死敌。然而在人类社会中，竭力倡导道德的人总的说来都是竭力反对新理想的人。人类一直都在受低调道德家的折磨，他们反对从某个伊甸乐园里被逐出。在某种意义上来说他们是正确的，因为不管怎样，倘不立足于一套被吸收得很好的习俗，我们便什么也不能追求。侥幸的变化总是与"缓慢的漫步手挽手"的。

第五节

347　　经验中使艺术成为可能的因素是意识。[1] 当然，正如其他所有的事物一样，意识是难以定义的。它就是它，而且必须为人所经验。但是也像其他事物一样，它是在诸情况的一个结合体的实质中得到演示的那种必然发生的性质。它是该结合体的质的方面。所以，对于那些在经验中结合起来产生意识的细节，我们可以要求对它们进行分析。

　　意识是那样一种性质，它是作为一个事实与对该事实的假设相结合的结果而进入客观内容的。它从复合的客体共形地走向把握的主体形式。它是内在于现实与理想的对比之中的性质，即经验中的物质极和精神极二者产品的对比之中的性质。当该对比在经验中只是一个微弱的成分时，意识在其中仅处于萌芽状态，仅是一种潜在的能量。只要该对比得到了明确的规定因而显得突出，该事态就包括一个成熟的意识。被意识所照亮的那一部分经验只是一个选择。因此意识就是一种注意的方式，它提供了极端的选择强调。一个事态的自发性首先在意识方面找到了自己主要的宣泄口，其次在产生观念以使之进入有意识注意的区域的过程中找到了自己主要的宣泄口。就这样，意识、自发性和艺术便相互紧密结合起来。但是，那种出自明确意识的艺术，只是更广泛地分布在幽暗的意识之中或经验的无意识活动之中的艺术中的一种特殊形式。

　　意识是加强一个经验事态人工性（artificiality）的武器。相对最初
348　实在的重要性而言，它更提高了终极现象的重要性。因此，在意识中显

---

[1]　参见《过程与实在》，第二部分，第七章，第二节；第三部分，第二章，第四节，以及第四、五章。

得清楚明朗的是现象，而在意识中处于幽暗的背景其细节且又难以分辨的则是实在。跃入有意识注意的是一大堆关于实在的预想，而不是实在本身的种种直觉。正是在此处，出现了犯错误的可能性。传递清楚明晰的意识必须参照经验中的既不清楚又不明晰的成分进行批判，那些成分反倒是幽暗、厚重而大量的。这些幽暗的成分为艺术提供了调子的终极背景，脱离了这个背景，艺术的效果便会凋零。人类艺术所追求的那类"真"便在于诱使该背景去萦绕为清楚意识所呈现的那个对象。

第六节

艺术服务于文明的优点在于它的人工性和它的有限性。它向意识表现了人类为了在自身有限范围内达到自身的完善所作的那一点有限的努力。因此，辛苦劳作为了维生，维生又仅仅是为了更多的劳作或身体的满足，单单为了这一奴性目的而进行的劳作便被转变为有意识地实现某一自足的目的；这一实现虽在时间之内，却是无时间限制而永恒性的。艺术作品是自然的一个碎片，它身上带有一种有限的创造性努力的痕迹，所以它是独立的，是一件个体事物，它的模糊而无限的背景可以对它进行详尽描述。因此，艺术提高人类的感觉。它使人有一种超自然的兴奋感觉。夕照是壮丽的，但它无助于人类的发展，因而只属于自然的一般流动。上百万次的夕照不会将人类驱向文明。将那些等待人类去获取的完善激发起来，使之进入意识，这一任务须由艺术来完成。

意识本身便是最低艺术形式的产物。它产生自理想状态与实在相对比的过程之中，这一过程的目的是要将实在打扮成一种有限的、优越的面目。但是，来自艺术的意识同时也产生有意识动物的新的特殊的艺术——尤其是人类的艺术。在某种意义上，艺术是深藏在天性中的诸官能的病态的过度生长。艺术的实质就是要人工化，但是，回复自然同时

349

又仍然是艺术，这才是它的极致。简言之，艺术是对天性的教育。所以，在最广泛的意义上，艺术便是教化，因为教化不过就是不断地追求和谐的主要完美形式而已。

第七节

人的身体是一个生产艺术的工具。它在灵魂的生命中生产艺术。它倾全力于那些人类经验中的成分，它们是为主体形式的不同强度的意识知觉而挑选出来的。这些不同强度的意识知觉是从那些被排除在幽暗中的构成成分中派生出来的。它就这样提高了作为艺术素材的现象的价值。照这样看来，艺术作品就是来自幽冥处的信息。它从精确的意识无能为力的未开发地区释放出深沉的感觉。于是，人们便在由身体的诸生理作用产生出的诸强烈渴望中去探索高度发展的人类艺术的起点。艺术的起源在于对再现的渴望。以某种重复的方式，我们需要用自己的行动或知觉来表演过去和将来，以重温我们自己的情感生活，或体验祖先的情感生活。有这样一条生物规律——不过不能太过分——在某种模糊的意义上，子宫内的胚胎会在它的生命历史中复制出遥远地质时代的祖先的特征。因此，艺术的源头存在于仪式的演化之中。[①] 从仪式的演化中发展出戏剧、宗教礼仪、部落礼仪、舞蹈、岩洞壁画、诗体文学、散文、音乐。这些事物中的每一个成员，在它的较简朴的形式中都铭记着某种复制一种生动经验的努力。这一生动经验是贯穿在日常生活的必需品中的，但艺术的秘密却在于它的自由性。情感和经验本身的一些成分脱离了它们的必然性后被人所经历。血缘虽然断绝了，但是强烈的快乐感觉却保留着。最初的时候，这种感觉的强度是纯粹出自必然；但是在

350

---

① 参见《宗教的形成》，第一章，第三节。

艺术中，它却比作为它起源的强制力生活得更长。如果奥德修斯能在冥冥中听见荷马吟唱他的《奥德赛》，他会以无拘无束的快乐来重演他游荡途中的种种危险。

可见文明的艺术来自多个源头，物质的或纯粹想象的。但它们都是对朴素渴望的升华，以及对升华的再升华。这些朴素渴望就是要自由享受最初出自必要的生动生活的渴望。稍微转移一些我们的注意中心，我们便可将艺术描述为种族对其生存压力的变态反应。照此观点来看，当奥德修斯在倾听荷马时，他是在躲避复仇女神。当没有对"真"的确信时，艺术的这一变态功能便失去了。正是在此处，追求"美"的艺术这一概念是肤浅的。当艺术似乎在一刹那间揭示了关于事物性质的本质的、绝对的"真"时，它在人类经验中便有一种治疗病痛的功能。艺术的这一作用甚至受到关于琐屑事物平凡真实的阻碍，这种不足道的、追求与琐屑事物一致的作法突出了感觉经验中的表面性事物。而具有揭示事物本质这一伟大作用的艺术则是文明的精华。随着这种艺术的生长，精神的历险超过了生存的物质基础。

科学和艺术是人们对真和美的有意追求。人类有限的意识正以科学和艺术的方式在利用无限丰富的自然。在人类精神的这一运动中，发展起了各种各样的制度和职业。宗教和礼仪、寺庙和那些为它们献身的人们、追求知识的大学、医学、法律、贸易方法——这些都代表了对文明的追求，凭借这一追求，人类的意识经验保存了为己所用的和谐的源泉。

351

第十九章
冒　险

第一节

　　文明是一个令人困惑的概念。我们都知道它的意思是什么。它暗示了此世界的某种生活理想，这一理想既关系到个体的人又关系到人的社团。我们可以说某个人是文明化的，也可说一个整体社会是文明化的；不过文明一词在两种情况中意义略有不同。

　　尽管如此，文明仍是那些难以定义的一般概念之一。我们对某些具体的事发表意见时往往说，这是文明的，或那是野蛮的，然而，该一般概念却是不可捉摸的。因此，我们还是举例来说明。在上六个世纪中，欧洲的文化是用榜样来指导自己的。处于鼎盛时期的希腊人和罗马人被欧洲视为文明的标准。人们追求复制这些社会的优点——尤其是极盛时期的雅典社会。

　　这些标准对欧洲各族起到极好的作用，但是传统的做法却自有其不利之处。它是朝后看的，而且只局限于一种类型的社会优点。今天，世界正进入它生存的一个新阶段，新知识、新技术已改变了事物的比例结构。古代社会的那一特殊范例树立的理想太静止了，而且忽略了机会的全范围。只关注古代世界所说和所作的，这确实是不够的。其结果是静止的、压抑的，而且会助长懒散的思想习惯。

我也要指出，希腊人本身便不是朝后看，或静止的。与他们的邻居比较起来，他们尤其是非历史的。他们深思，冒险，迫切追求新奇。我们所能做的最不希腊化的事情便是照搬希腊人，因为希腊人绝不是依样画葫芦的人。

构建文明诸概念中的又一危险便是，单单倾力于主要与美术有关的那些被动的、批判的品质。那些品质固然是文明社会中的一个重要成分，但是文明却并不仅仅是对美术的欣赏。我们不应将文明束缚在博物馆和艺术家的工作室。

我提出一个关于文明的一般定义：一个文明的社会表现出五种品质：真、美、冒险、艺术、平和。

此处我所说的最后一种品质平和，与政治关系无关。我指的是这样一种精神品质，它坚定地相信：事物的天性中珍藏着优良的行为。

在五章的不大篇幅里不可能讨论由这些概念涉及的所有形形色色的问题。在本章我将专注于哲学和历史中的一些要点，这些要点使得文明中这些成分的功能更为显豁。

第二节

根据前三章以及对"平和"的简略解释，我们姑且暂时假定，"真"、"美"及"平和"的意思都是相当清楚的。现在我们就专门来看看作为文明必要成分的"冒险"和"艺术"。正是在这两个方面，关于文明的诸概念是最薄弱的。

理解社会学理论，即理解人类生活，这一整个行为的基础就在于要明白：要静止地维持完善是不可能的。这一规律根植于事物的性质之中。不进则退，人类只能在两者中作出选择。纯粹的保守主义者反对的

354

实则是宇宙的本质。这一学说需要证明。从古代思想中派生而来的学术传统在暗中否定这一学说。

这一学说建立在三条形而上学的原则之上。一条原则便是：实在现实——即完全实在的现实——的实质就是过程。因此，要理解每一现实事物，就只能根据它的形成和消亡来理解。由于情况的变化因而偶然地出现某些限制条件导致了现实暂停，以致现实就成了静止的它本身，这种情况是不会有的。有的倒是它的反面。

此处遭反对的静止的观念来自古代思想的两个不同渠道。柏拉图在他较早时期的思想中，误认为数学的美可理解为不变的完善，因而他设想了理念的超级世界，认为它永远是完美的，永远是相互交织的。在后期，他有时否定了这一观点，但却从未将它从思想里彻底摈弃。他的后期的对话环绕着七个概念，即，理念、物质成分、心灵、爱欲、和谐、数学关系、容器。我之所以提到它们是因为我认为，哲学所干的一切事实上都不过是要努力通过对这些概念的修改来建立起有条理的体系。这些概念，虽未能精确协调，大体上却解释了它们自身的一般意义。心灵当然就是指的灵魂；爱欲指的是实现理想完善的强烈愿望；至于容器，柏拉图明确地说过这是个难对付的概念，所以我们姑且把对这一概念的容易解释置于一边，这样会保险些。我把它看成是一种宇宙统一观，这种观点把宇宙设想为一个现实，它是从所有现实必须加入的"生命和运动"中抽象出来的。如果我们省去了心灵和爱欲，我们的世界便会是静止的。"生命和运动"是柏拉图后期思想的要点，它们就是派生自这两个因素的作用。但是，柏拉图并未留下任何形而上学的体系。

355

因此，要研究这七个形而上学概念在现代的发展，我们应从现实这一概念出发；这一概念在实质上是一个过程。这个过程包括一个物质的方面，也就是过去如何消亡从而转变成为新的创造物。它也包括一个精神的方面，即关于享有观念的灵魂。

灵魂因此通过合生创造了一个新的事实，即"旧"和"新"织造而成的现象——它是接收和预想的合生物，这个合生物又进入将来。这三个复合物的最终合生便是内在于灵魂的爱欲催促灵魂去达到的目的。这一合生的善在于：它实现许多感觉的强度，这些感觉会聚在新的统一体中时是相互加强的。它的恶则在于：生动的感觉是相互冲突的，它们相互抵制彼此的扩张。它的平凡琐屑则在于借以回避恶的那种感觉麻木。就这样，仅仅通过省略，较少的、较弱的感觉便构成了最终的现象。恶是完善和平凡之间的中间站，它是力与力的对抗。

亚里士多德通过另一个影响以后所有哲学的概念提出了静止的谬误。他认为基本实体是接收限制条件印记的静止的基础。在人类经验方面，这同一概念的现代形式便是洛克关于人的头脑的比喻。他把它比成是接收观念印记的"空的密室"。因此，对于洛克来说，实在并不存在于过程之中，而存在于过程的静止接受者中。依照亚里士多德和洛克的说法，一个基本实体不可能是另一基本实体性质中的组成成分。因此，基本实体之间的相互联系肯定缺乏基本实体自身的物质的实在。根据这一学说，现实之间的结合在整个现代哲学中一直都是一个表现为不同形式的问题——对于形而上学是如此，对于认识论也是如此。由于亚里士多德逻辑学的坏影响，形而上学思想便只强调名词和形容词，而忽略了介词和连词。这一亚里士多德的学说在本书遭到了明确的否定。过程本身便是现实，它不需要先行的、静止的密室。同样，过去的诸过程，在消亡的过程中同时又在加强自身，以成为每一新事态的复合起源。过去便是位于每一新现实基础处的实在。过程便是在创造性欲望的作用下，将过去吸收进含有理想和预想的新的统一体中去。

第三节

现在我们来谈第二个形而上学原则。它便是这样一个学说：每一个现实事态就基本性质而言都是有限的。任何整体都不是一切完善的和谐体。在任意一个经验事态中实现的任何东西都必然会排除无限而纷乱的种种相反可能性。总是存在着"他者"，它们本来可能会是但现在却并不是。这一有限性并不是"恶"的结果，或不完善的结果。它产生自这样一个事实：存在着多种可能的和谐，它们或则在共同实现时产生"恶"，或则没有共同实现的可能。这一学说在美术中属于常识。它也是——或应该是——政治哲学中的常识。只有当我们把历史看成是一个舞台，在这个舞台上不同群体的理想主义者分别推行着不能共同实现的理想，只有这样，我们才能很好地理解历史。你不能孤立地单单考虑某一群体而形成判断历史或是或非的看法。"恶"就在于生硬地将不同理想结合在一起。

357

关于本质不一致的这一原则对我们的神性观有重要的影响。世上存在着连上帝自己也不能逾越的不可能的事，这一观点几个世纪以来一直为神学家所熟悉。的确，脱离了这一观点便很难设想任何有决定力的神性。但是令人奇怪的是，就我所知，这一关于不一致的观点却从未应用于神性实现中的理想。我们应该将神圣的爱欲设想为对一切理想的积极持有，并急于在它们各自适宜的时机有限地实现它们。因此，过程便必然内在于神性之中；据此，他的无限性将得以实现。

对神学不必作进一步的探究了。但有一个突出的要点便是：对诸不一致，进行概念的把握是可能的，对它们进行概念的比较也是可能的。同时也存在着概念把握和自然实现二者的合生。在概念上被把握的观念有可能与表现在自然事实中的观念是同一的；或者是不同的，无论它们是相容的抑或不相容的。理想的东西与实在的东西的这种合生正是每一有限事态中发生的事。

因此，在每一处于极盛时期的文明中，我们都会发现某一类型的完善得到了很大程度的实现。该类型的完善将是复杂的，它允许或一方式细节的变异。只要该类型的完善内有可能存在着新颖的试验，该文明便可维持它极盛时期的高度。但是，当那些次要的变异被穷尽了，便会出

358　现两种情况中的任意一种：或则该社会丧失了想象力，于是滋生了腐败停滞；或则重复导致生动鉴赏力的逐渐下降。常规惯例占了上风，学术上的正统观点压制了冒险。

　　独创性的最后闪烁表现在残留的讽刺文学中。讽刺文学的出现倒不一定意味着社会的堕落，虽然它往往是在社会制度的特征磨损殆尽时繁荣起来的。很独特的是，在罗马文化白银时代的末期，小普林尼及塔西图斯死后不久，讽刺作家卢西安诞生了。在文艺复兴文化白银时代的末期，情况也是如此。在 18 世纪，伏尔泰和吉朋以他们的各种风格完善了讽刺文学。讽刺文学对于那个时代是自然不过的事，因为紧接那以后美国革命、法国革命以及工业革命便相继发生了。一个新的时代出现了，那便是现代工业主义的第一阶段。它持续蓬勃生长了 150 年。它的中心时期被称之为维多利亚时代。在那期间，欧洲各族创造了工业的新方法；他们移居北美，他们开展同亚洲各古老文明之间的贸易；他们赋予文学和艺术新的方向；他们重新构建了他们的政府形式。19 世纪是一个文明进步的时代，即在人道、科学、工业、文学、政治诸方面的进步。然而，后来它终于疲乏了。世界大战的爆发标志着这一时代的结束，同时也标志着人类生活决定性的转折；它转向了迄今尚未被我们充分理解的一个新方向。但是，该时代的结束却是以讽刺文学的出现为标志的——在英国有利顿·斯特雷奇，在美国有辛克莱·刘易斯。讽刺文学是过往时期中独创性的最后闪烁，因为它所面临的是已经开始的停滞和乏味。新鲜性消灭了。剩下的是苦涩。再无生气可言的生命形式的延长，意味着缓慢的堕落，在此过程中，只有对已往的重复，在价值收获
359　方面则无任何成果可言。也许，这种堕落也有很强的生存力，因为只要不受独创性或外力的干扰，这种堕落便是一个缓慢的过程。但生命的价值则逐渐衰落，虽保留着文明的虚名，却毫无文明的实质。

　　对这一缓慢的衰亡还可有另一选择。一个种族可能在耗尽文明的某种形式的同时而保留着它独特的创造活力。在那种情况下，会出现一个迅速的过渡时期，可能会，也可能不会伴之以引起广泛不快的错位。这

些时期便是欧洲的中世纪末期、相对有些长的宗教改革时期，以及 18 世纪的末期。但愿我们当前的时期将被看成是一个通向文明新方向的转变时期，在其错位中只引起最少量的人间悲惨。当然，世界大战所造成的悲惨对于任何转变时期来说都是足之够也。

只有当实际行动前有了思想，这些向新文明类型的飞速过渡才是可能的。这样，该种族的活力便进入了想象的冒险，因而可以预想探险活动中的实际冒险。世界梦想着事情的发生，一旦时机成熟它便会挺而去实现它们。一切出自预定目的而进行的实际冒险一定都包括一种思想的冒险，这种思想的冒险把事情看成是尚未实现的。哥伦布扬帆去美洲前就梦想过远东，梦想过地球是圆形的，梦想过没有航道的大洋。冒险鲜能达到预期的目标。哥伦布便没有到达中国，但是他发现了美洲。

有时冒险只在一定的限度内进行，这样它便可以计划它的目标，而且达到它。这种冒险是一种文明类型中的变化的涟漪，依赖它，一种固定类型的时期可保持它的新鲜性。但是，只要有冒险的精力，想象会一跃而起，超越该时期固定的局限以及鉴赏的成规所造成的固定局限。于是它便会引起错位和混乱，这就标志着努力追求文明的新理想来临了。

一个种族要保持它的精力，就必须怀抱有既成现实和可能事实的真正对比，就必须在这一精力的推动下敢于跨越以往稳健保险的成规。没有冒险，文明就会全然衰败。

正是因为这一理由，所谓"文化便是关于迄今为止说得最好干得最好的知识"的那一定义是很危险的，因为它省略了很多东西。它省略了这一重要事实：以往的成就都是以往时代的冒险。只有具有冒险精神的人才能理解过去的伟大。以往的文学在当时就是一种冒险。埃斯库罗斯、索福克勒斯、欧里庇得斯都是思想领域的冒险者。读他们的戏剧而意识不到理解世界的新方式且又意识不到如何品尝世界的种种情感，就必然领会不到构成这些戏剧全部价值的那种生动性。而冒险行为只属于那些具有冒险精神的人。因此，被动地认识过去就会丧失过去所蕴含的整个价值。活的文明需要学习，但却不仅仅是学习。

360

第四节

第三条形而上学的原则可以被称之为个体的原则。它涉及关于和谐的学说。历史上关于和谐学说的诸讨论，忽略了个体性问题，我认为这是最大的缺陷。的确，在近代，由于关于知觉的感觉论学说占了统治地位，描述重要经验特征的现代和谐观点已下降到最低点。这一感觉论学说仅仅注意到在相对缺乏高级意义客体的经验中的那种性质上的和谐。和谐这一术语所适用的那种复合体被设想为仅仅是感觉对象的时空模式。从这样的复合体派生出的和谐是一种低级的和谐类型——平淡、模糊，轮廓和目的都不突出。在最好的时候，它只能以一种陌生感激动起来，而在最糟的时候，它便凋零为无意义的东西。它缺乏任何能激动深层感觉的强烈而兴奋的成分。感官知觉尽管在意识中很突出，却属于经验中的表面物。正是在此处，亚里士多德关于基本实体的学说造成了最大的危害。因为根据这一学说，单个的基本实体都不能进入任何由人们在经验事态中观察到的客体所组成的复合体。灵魂的限制条件便局限于一般概念。根据我对你们提到的形而上学体系，亚里士多德的这一学说是完全错误的。个体——过去的实在事实就位于我们现在的当前经验的基础。它们便是事态从中而生的实在，即这样一个实在：从它那儿事态获得了情感的源泉，继承了它的目的，同时又把它作为自己激情指向的目标。在经验的底部，存在着杂乱无章的感觉，它或者派生自单个的诸实在，或者指向它们。因此，为了经验的力我们需要分清这些组成因素，把每一个因素分辨为自有其意义的单个的"它"。

我们的生命主要是由持久的事物组成的，每一桩这种事物都被经验为是许多由遗传之力维系在一起的事态组成的统一体。每一桩这样的单个的持久物都把它的诸事态的变动不居的性质收集在自己的统一体之内。也许它是我们所爱的事物，也许它是我们所恨的事物。这是一个纯粹的"它"——过去的一个实在事实，它延伸进入了现在，它将它从它的众多事态所得来的大量情感集于己身。这些作为经验因素的持久个体掌握了大量的感觉、充足的目的，以及将属于广漠过去的残余事物压制到隐蔽处的那种调整力量。这显然就是笛卡尔所谓的"realitas objecti-va"（客观实在），根据他的学说，这些客观实在多多少少都依附于我们的知觉。

一个有意识注意这种持久个体的复合经验，同时也将大量的感觉释放到从感觉对象的模式（仅仅是那样的模式）派生出来的任何东西以外。重大的和谐便是诸持久个体的和谐，它们结合在一个背景的统一体中。正是因为这一理由，自由的观念常常出现在更高级的文明之中。因为自由，无论是以它众多意义中的哪一种，都是一种强烈坚持自己权利的要求。

鉴于过程是构成一个经验事态的存在的，所以对于持久个体的知觉便一定是属于事态在其中终止的那个最终现象，因为当过去处于其初期阶段时，它凭借对它的若干个体事态的强化而发动了过程。这便是新事态从中勃然生出的实在。这过程被精神极的作用推动向前，该精神极提供了概念的素材来与实在合生。最后现象出现了，它是与诸概念性评价合生后而改变了的实在。该现象是经强调及结合的过程之后的一种简化形式。因此，含有丰富情感意义的诸持久个体便出现在前景之中。一大堆不能区分的事态则处于背景之中，这些事态以它们模糊的情感调子提供了环境。在一般的意义上，该现象是一件艺术品，它出自初级的实 363 在。只要该现象强调联系，以及事实上居于实在中的联系的性质，那么该现象与实在的关系便是真实的。但是，该现象可能已实现过和介绍过在实在中并无对应物的联系和性质。在那种情况下的经验事态自身就含有一种假，即它的现象与它的实在之间的分离。无论如何，该现象是对实在的一种简化，它使实在处于持久个体的前景以及诸无法区分的事态的背景。感性知觉属于现象。它被解释为表明了持久个体，真实地表明了，或不真实地表明了。

因此，对和谐的强烈而深入的经验，其基础就在于一个具有由持久个体构成的前景的现象；这些持久个体自身具有一种主观调子的力，以及一个提供必要联系的背景。毫无疑问，这种和谐最终便是一种由种种质的感觉构成的和谐。但是，对于持久个体的采用会从实在中激发起由业已和谐一致的诸感觉构成的一种力；这些和谐感觉不是浮面的感觉所能产生的。这并非是个理智阐释的问题，确实存在着基本感觉的合成。

因此，在其追求精微感觉的努力中，文明应该如此安排它的社会关系，以及它的诸成员与它们自然环境的关系，以便在它的诸成员的经验中唤起由坚强的持久事物组成的诸种和谐所主宰的现象。换言之，艺术应以在其作品的组成细节中产生个体性为目的，而不能指望众性质的单纯合成，那样的艺术便只能是平淡而乏味的。它必须要有所创造，因而其观赏者才会经验到个性。这些个性激起幽深的感觉，因而艺术便似乎是不朽的。正因为如此，我们这样说恐怕不能算是自相矛盾的：浸淫着艺术的伟大文明向它的成员呈现了披着不朽现象外衣的世界。它赋予现象的诸个性同样属于永恒。

这正是我们在伟大艺术中所能发现的。构成艺术作品的那些细节以它们自己的质量而昂然地生存着。它们要求有自己的个性，同时又对整体作出贡献。每一个这样的细节都有可能从整体分得崇高，同时它又表现出以其自身质量而引人关心的独特个性。

哥特式教堂——比如沙特尔大教堂——的雕塑和窗花格可作为例子来说明细节如何加强了和谐。它们将视线引向上面的拱顶，它们将视线平行地引向作为最高象征的祭坛。它们以其细节的美来吸引注意力，同时又让人去领悟整体的意义，以此来回避注意。尽管如此，教堂的雕塑和窗花格若脱离了它们独特的个性，便不能发挥这一作用，不能以自身的独特性激起大量的感觉。它们的每一个细节都因其自身的缘故而要求永恒的存在，然后它们又因为整体作品的缘故而放弃自身。

再者，从细节的强烈个性的重要性，我们又看到了不协和的价值。当不协和有助于凸现部分的个体性时，它便加强了整体。它使人强烈地感觉到这些细节为自身的缘故而争取生存的要求。它挽救了整体，使之免于沦为仅仅是性质方面的平庸的和谐。

此时，"真"的重要性也出现了。信仰之真是重要的，它本身既重要，它的结果也重要。但最重要的是，出现了现象与实在之间的真关系的价值。"真"当中的一重大缺点限制了从实在的幽深处唤起感觉力量 365 的程度。这一缺陷缺乏一种魔力，那种魔力像巫师的魔杖一样，可以表达出言辞无法表达的美。正是由于这些理由，一个社会的文明才需要真、美、冒险和艺术这些好的东西。

第二十章
平　和

第一节

我们已讨论了柏拉图的七个一般观念，即理念、物质成分、灵魂、爱欲、和谐、数学关系及容器，在历史上如何被专门化的情况。我们选择了历史上的参考材料，用以阐明西欧各族是如何加强对这七个一般观念的专门化，以促使自己通向文明的。

在本书的第四部分，即最后一部分，我们要对那些基本性质进行讨论。这些基本性质只要在社会生活中得以共同实现，文明就会建立起来。迄今为止我们已考查了其中的四种性质——真、美、冒险、艺术。

第二节

但是仍然缺少某种东西。这种东西很难用意义很广泛的术语来表述。但是，倘若将它的各种意义区分揭示得太清楚，又有夸张之嫌。在习惯上它是潜伏在意识的边缘的，是一种起修饰作用的东西。它犹如一种气氛，依附在柏拉图的"和谐"这一观念上。它与"爱欲"这一观念有点抵触。另外，柏拉图的"理念"和"数学关系"的观念由于没有"生命和运动"，也似乎与它势不两立。倘若没有它，对于"真、美、冒险、艺术"的追求就会是无情、艰难和残酷的；因此，就像意大利文艺复兴的历史所表明的，没有它，文明就会缺乏某种基本性质。"温和"和"爱"的观念虽然重要，但用来表述它却太狭隘了。我们需要的是一个描述更一般性质的概念，而"温和"只是它下面的一个专门用语。我们要寻求的是和谐之最这样一个概念，该概念将把其他的四种性质结为一体，从而将人们追求这些性质时常用的那种骚动的自我中心主义从文明中排除出去。"非个人"是个太死的概念，而"温和"则太狭隘了。我选择"平和"这一术语来表述那种平息破坏性骚动从而完成文明的和谐之最。因此，一个社会，只要它的成员分享真、美、冒险、艺术、平和这五种性质，该社会便可称之为文明的社会。

第三节

此处所谓的平和并不是麻木这样一个消极概念。它是完成灵魂的"生命和运动"的一种积极感觉。很难为其下定义，很难将其说清。它不是一种对将来的希望，也不是一种对当前细节的兴趣。它是由于某种形而上学的洞见（不可言述却对价值的调整十分重要）的出现而引起的感觉的扩大。它的第一个影响便是致使不再强调由于灵魂专注于自身而造成的渴求感觉。这样一来，平和便带有一种对个性的超脱，一种诸价值相互关系的倒置。它主要是对美的效能的一种信仰。它是一种感觉，这种感觉认为：成就的优点犹如一把钥匙，它可以打开被事物的狭窄性质隔离得远远的宝藏。这就涉及一种对无限的理解，一种不可限量的要求。它的情感结果便是，起抑制作用的骚动平息了。更准确地说，它保

367

持了能量的源泉，同时掌握了这些源泉以避免具有瓦解作用的事物来分
散注意。相信美是可以自证的，这导致产生了对美的信仰，而在此处，   368
理性则不能揭示出详情。

平和的经验远不受目的的控制。它犹如一种天赋。刻意追求平和很
容易得到麻木这种劣质的替代品。换言之，得到的不是"生命和运动"
的一种性质，而是对它们的破坏。因此，平和不是造成抑制，而是摆脱
抑制。它造成意识兴趣更宽广的范围，扩大注意的领域。因此平和是最
大限度的自我控制——这种程度大到了乃至于"自我"消失，兴趣转化
为比个性更广泛的协调行为。这儿所谓的兴趣是精神的实在目的兴趣，
而不是对散漫观念的表面化运用。平和受助于那种表面的广阔，同时又
反过来促进了它。事实上，正是主要由于这一理由，平和对于文明才如
此重要。它是防止狭隘的屏障。它的成果之一便是被休谟否认其存在的
那种激情，即把人当作人来爱的那种感情。

第四节

只有将平和与属于事物天性中基本成分的那种悲剧性问题结合起来
考虑，才会最清晰地理解平和。平和是对悲剧的理解，同时也是对它的
维持。

我们已经看到，一个完善的理想在不明确的重复过程中，不会有什
么东西使文明真正地停滞。会产生腐败，而这种腐败是一种疲惫，它不
过是暗中滋生的麻木而已。由于这麻木，社会群体会逐渐堕落而隐没。
表明其性质的那些特征将失去它们的重要性。不会有痛苦和被意识到的
损失，有的只是惊异感的逐渐瓦解。除惊异感，强烈的感觉也衰退了。

衰败、变迁、损失、置换，这些都属于创造性进步的本质。目标的   369
新方向是由自发性引起的，它是一个骚乱的成分。持久社会的兴盛衰

亡，它们都是联结和谐与新鲜的必需品的手段。在深处则潜藏着自然的和谐，犹如一个流动而灵活的支柱。它的表面则飘泛着种种社会努力的涟漪，在追求满足方式时既相和谐又相冲突。较低类型的物质客体可以有很持久的无机生命。较高级种类的，包括动物生命以及有个性特征、主要是精神特征的动物生命，则通过兴盛衰亡的快速的阶段持续来维持它们的热情。一旦达到了高级的意识，对于存在的享受便伴随有痛苦、挫折、损失、悲剧。在如此多的美、英雄行为、冒险的往来倥偬中，平和才是永恒的直觉。它保持了对悲剧的生动敏感性；它把悲剧看成是一个活的因子，该因子说服世界去追求超越周围衰退的事实的美好。每一个悲剧都揭示了一个理想——它揭示了什么是本可能有而当时却没有的，什么是可能会有的。悲剧并非是徒然的。动力中的这种残存力量，由于其求助于美的储存，因而表明了悲剧性的"恶"与世俗的"恶"之间的区别。如此理解悲剧的作用，其内在感觉便是平和，即情感的纯化。

第五节

对于青春，最深刻的定义莫过于：尚未遭悲剧触动过的生命。最美的青春之花就是在经验之前认识教训，趁它尚未变得模糊。这儿要讨论的问题是，平和这一直觉，除了被揭示于悲剧中，是如何表现自己的。显然，观察一下个人生活的早期诸阶级将会获得最明晰的证据。

370　　青年的特点在于他全神贯注于个人的快乐和个人的不快。忽而高兴忽而痛苦，忽而大笑忽而落泪，忽而无拘无束忽而顾虑重重，忽而勇敢忽而胆怯，这些都是青年时期共同的特点。换言之，就是那种立即专注于自己所从事的事情的特点。就这点而言，青年时期太波动易变而不能称之为一个快乐时期。与其说这个时期是快乐的，还不如说它是生机盎然的。对青春的回忆胜过对青春的经历，因为除开极端的情况，回忆总易于记起美好的时光。就"平静"一词的任何普遍意义而言，青年期无论如何也说不上是平静的。青年期充满了绝望，于是便没有明天，没有残留下对于灾难的记忆。

青年人的短视和经验的缺乏是对等的。他看不到他行为的后果，只有文学也许给他提供关于知识的某种虚妄感受。所以这个时期的人，自然地同时具有慷慨和残忍的品质，因为这两种品质的充分影响不是青年人预先意识得到的。

所有这些对于青年期特点的描述，都是陈腐的老生常谈。社会文学的现代财富也不会在根本上改变这一情况。之所以对它作这样的描述，其理由是要表明，这些性格特征属于所有时期的所有动物，包括各个生命阶段的人类。其不同仅在于相互的比例而已。另外，语言在传播信息方面的成功被大大地过高估计了，特别是在学术圈子内。不仅语言是高度省略化的，而且与被明白提到的事物性质相同的那类第一手经验，其缺失也非任何东西所能弥补。休谟关于第一手印象必要性的学说，其普遍的真理性是不可动摇的。

还有另一面。青年人特别倾向于追求行为的美。他理解以自身无关的事为先决条件的那类动机。这样的动机被理解为是有助于扩大他自身兴趣的。他对于个人经验的追求因此便引起了非个人性，或忘我性。青年人处于热情中时往往忘记自身，当然并非总是如此，因为他也会坠入恋爱中。但是对更好天性（可喜的是这种天性很多）的测验则是，爱如何由自私变为奉献。更高形式的爱会冲破狭隘的只顾自己的动机。

当青年人一旦理解了美的所在——是实在的认识，而不只是表述为诗歌、经书的或心理的文字形式的——一旦这样理解了，他对感情的放纵便是毫无保留的了。美的幻觉会消失，它会在一刹那间穿过意识。人的某些天性决不让它受到关心。但是，青年人却特别易于受到那种关于"平和"的幻象的影响，那是灵魂诸活动的和谐，自有着超越任何个人满足的理想目标。

371

第六节

崇高目标值得追求，这一认识维持了文明社会的生气。生气勃勃的社会都怀抱着某些过高的目的，因此人便不安于个人的满足。一切强烈的兴趣很容易变成非个人的，即变成希望把事情办好的欲望。如此的成就有一种和谐感，即由某种值得追求的事物造成的平和。如此的个人满足则来自超越个人的目标。

与此相反的倾向至少也同样值得注意：追求个人名誉的欲望——"那一最糟糕的弱点"——是社会追求的反面倾向，同时它也是以社会追求为先决条件的。这一倾向既表现在使人类在其面前战栗的征服者的事业中，也表现在儿童生活的琐事中。就其最广泛的意义而言，追求个人名誉就是追求他人的共鸣。它包括这样一个感觉：每一个经验行为都是一个中心实在，它要求所有的事物都属于它自己。于是，世界存在的唯一意义便是满足这样的要求。但是，关键在于，除非是面临着善于作出反响的观众，否则这种追求他人赞赏的欲望便不会有成效。常常表现出来的那种病态的感觉就在于为了名誉而毁灭了观众。当然，也有那种单纯追求统治地位而最终失去崇高目的行为。人类动机的复杂性是无限的，各种线索纵横交错。与此处有关的要点则在于：人类冒险的热情为它冒险的材料预设了一系列事物，它们具有一种超越任何单个事态的价值。冒险的欲望无论如何反常，为了获得热情它必须既要在纯粹个人的感官快乐中又要在这一系列事物中明显地突出。这是灵魂退居到自我主义时所追求的最终的满足，它与麻木是截然不同的。此外，人类不能凭借分析准确地分辨出该反常是在何处开始污染"平和"这一直觉的。弥尔顿的话道出了整个的结论——"高贵心灵的那一最糟糕的弱点"。

名誉是一个冰冷而实在的概念。在对平和的极端沉醉与极端的利己欲望之间存在着一个中间站，那便是对特殊个体事物的爱。这种爱对于有限的实在几乎是必不可少的，而所有的实在在某种意义上都是有限的。在极端的爱中，比方说母爱，所有的个人欲望都转移到被爱者身上去了；那是一种希望被爱者万事皆好的欲望。此处，个人生命显然已超越自身，但却明显而固定地局限于某些特殊的实在了。它部分地立足于造成客观现象审美价值的那些细节的重要个体性。这一点我们业已讨论过。① 个人之爱的这一方面就是为了自身的幸福而执意坚持一种条件，它没有超越个人性。

373

但是某种密切的关系，诸如家长与孩子的关系、婚姻关系，会产生出奉献自我的爱。在这种爱中，可以强烈地感觉到被爱者的潜力在声称，它发现自己处于一个友好的世界之中。这种爱的确是一种强烈的感觉，它感受到这个世界的和谐应怎样在特殊的对象上实现；它感受到，如果正确地能在一个美丽的世界获得胜利，而不协和遭到失败，那么就会有什么事情发生。在这种情况中，它便是追求美好结果的那种强烈欲望。这样的爱是使人分心的，是伤脑筋的。但是，除非受到绝望的挫败，否则它便会深刻地感受到此世界的一个目标，即赢得尽可能的胜利。这种感觉就是一种欲望，它徘徊在作为青春期顶峰的平和与作为悲剧结果的平和二者之间。

第七节

社会生活的普遍健康是由固定的道德条文、宗教信仰和宗教习俗来维持的。所有这一切都明显地表达了这样一个学说：至善的生活在于超越具体个人的目标。

这是一个十分普遍的学说，适用于纷纭万状的特殊情况；特殊情况并不都是相互一致的。作为例子，我们且来看一看罗马共和国极盛时期

---

① 参见十七章，第八节，以及十九章，第四节。

罗马农民的爱国主义。显然，当初雷古卢斯①返回迦太基时，明确得到的是严刑致死，而并未怀抱任何关于彼岸生活的神秘观念——不管是基督教的天堂，或佛教的涅槃。他是一个实际的人，他理想的目标是罗马共和国在这个世界上兴旺起来。但是，这一目标超越了他个人的存在；为了这一目标，他牺牲了一切个人的快乐。对于他来说，世界上有某种东西不能表达为单纯的个人快乐——然而，在那种牺牲自我的过程中，他的个人存在升华到了最高度。他对罗马共和国价值的估计可能会是错误的，但关键在于，他怀抱着那一信仰牺牲了自己，从而取得了辉煌。

照这样估计，雷古卢斯一点也没有证明自己是个例外。他的行为表现了非凡的英雄品质，而他对该行为价值的估价引起了最广泛的赞同。罗马的农民赞同他，而且，随着该故事在一代一代人中的流传，在历史的沧桑变化中，他对该行为价值的估计激起了人们情感上的强烈共鸣。

道德准则往往提出了过高的要求。教条主义的谬误在此处危害最大。每一条那样的道德准则都是由一位高居山巅的神，或者一位山洞里的圣者，或者一位权由神授的暴君，至少也是其智慧不容后人怀疑的祖先们发布的。无论怎样，每一条准则都是不容修正的。但遗憾的是，这些准则在细节上既不能相互一致，且又与我们现存的道德习俗不合。结果，当世界看到圣徒般的老人以道德的名义阻止人们从法律制度中摒除那些明显野蛮的东西时，不觉十分吃惊，或者感到好笑。某些 Acta sanctorum（道德行为）对文明产生了不利的作用。

这些道德准则的细节与当时环境的具体社会情况是相关的——比方阿拉伯沙漠"肥沃的边缘"某天的生活、喜马拉雅山低地的生活、中国

---

① 罗马将军和政治家，曾两度任执政官。在第一次布匿战争中被迦太基人俘虏，迦太基旋释放他回罗马媾和。他怂恿罗马拒绝迦太基的媾和条件。返回迦太基时被严刑拷打致死。——中译注

平原或印度平原上的生活、某大江三角洲上的生活。另外，关键术语的
意义也是变化的、模糊的，诸如所有权、婚姻、谋杀、神这些概念。在
某一环境某一阶段可产生一定量和谐的满足的行为，在另外的环境另外
的阶段中便可能是毁灭性的堕落行为。每一个社会都有自己独特类型的
完善，同时在不可避免的阶段，也要容忍一些不完美的事物。因此，认
为存在着一些原则性的概念，它们可以精确地指定地球上的以及任何星
球上或星系上的理性动物的行为细节，这样的观点是应该摈弃的。这样
的观点认为宇宙只追求完善的一种类型。对善的一切实现都是有限的，
它必然排除了完善的其他类型。

但是，这些道德准则，以及历史上各个种族的那些观察者对这些准
则的解释，的确证实了人们对社会完善的追求。这一被认识到的事实被
看成是事物性质中的一种持久的完善，所有时代的一种财富。它不是思
想的传奇故事，而是一桩自然的事实。举例来说，在某种意义上，罗马
共和国衰落了；但在另一种意义上，它却是宇宙间一桩顽强的事实。所
谓衰落不过是在更迭过程中呈现出一种新的作用而已。对罗马共和国的
忠诚使得那些将自己的目的与维持共和国视为一致的人们得到了更大的
个人满足。个人目的与超越个人局限的理想，这二者间的一致就是"平
和"的概念。有了这种"平和"，明智的人可以面对他的命运，成为自
己灵魂的主人。

第八节

我们应当注意"社会／群集"这一概念的广泛含义。当它的意义从
当前事态的现实跳跃到个人存在这一概念时，便开始产生了超越。所谓
个人存在就是由诸事态组成的社会。说到人类生活，灵魂就是一个社
会。无论是对个人存在的将来的关心，抑或是对其已往的后悔或自豪，

376　　它们都是超越了当前现实范围的单纯感情。正是带着当前的性质，灵魂超越了自身，因为它内部含有"他者"。但是，这一自然事实却无必要受到那种程度的强调。扩大和谐的范围，那是属于意识文明的事。

　　在灵魂之外还有其他群集，以及诸群集组成的群集。有照顾灵魂的肉体：家庭、家庭组成的群体、民族、物种，以及包括不同物种的群体，这些物种结合起来组成了共同维持生存的单位。这些纷纭不同的群集，每一个都以自己的方式要求忠和爱。在人类历史中，对这些要求的不同反应表现了每一个体现实对自身的那种自发超越。每一个体的那种绝对的自我完成，这一顽强的实在是与一种相关性密切相关的。这一实在既来自这一相关性，又进入这一相关性。对组成相关性诸成分的分析便是对当前宇宙群集结构的分析。

　　虽然特殊的道德准则多多少少不完善地反映了有关社会结构的特别情况，但是寻求潜藏在所有这些准则之下的某些高度普遍的原则则是自然的。这样的一些一般原则应反映协调诸和谐、协调作为唯一可靠实在的诸特殊个体现实的那样一些观念。这些就是关于和谐、关于个体价值的一般原则。前者意指"秩序"，后者则意指"爱"。两者之间存在着一点对立，因为"秩序"是非个人的，而"爱"则是个人的。解决这一对立的办法是，根据秩序在提高个体现实，即提高经验的

377　强度方面的成功，来估价不同种类的秩序的不同重要性。同时，根据双重的基础来估价个体，一是根据它自身经验内在的力，二是根据它在提高高级类型的秩序的过程中所产生的影响。这两个基础在某种程度上是相互结合的，因为一个微弱的个体只能产生微弱的影响。平和的实质在于，其经验之力建立在这一基本直觉上的个体因此而扩散一切秩序之源的影响。

　　道德准则就是那样的行为模式，在为它设计的环境中，它将促进该环境的进化，使之达到它自身的完善。

第九节

达到"真"，这是平和的实质，也就是说，使平和实现的直觉把其诸相互联系包含着"真"的那种和谐当作了自己的目的。"真"中的一个缺陷便是对和谐的一种局限。把"假"的各种错位隐藏在自身之内的那种"美"是不可能有什么保险的效应的。

对"真"的这一要求，其要点并不完全是命题的真或假。既然每一个命题都与一个相反的命题联系着，既然两个命题中一个必然真另一个则必然假，那么假命题便必然与真命题一样多。命题的这种赤裸裸的"真或假"是一个相对表面化的因素，它影响了理智的推演兴趣。平和所要求的基本的真便是现象与实在的一致。存在着那样一种实在，从中勃然生出了经验事态——即关于不可回避而顽强的事实的实在；存在着那样一种现象，事态以它获得了自己最终的个体性——即包含有对宇宙的简化调整，包含有评价、演化、预想的现象。感到现象与实在错位，这种感觉是最终的破坏力量，它剥夺了生命冒险的热情。它剥夺了文明存在的理由，因而导致了文明的衰落。

不可能有支配这种一致的必然性。感官知觉是支配诸事物的现象的，它以它自己的本性重新安排事物，因此在某种程度上歪曲了事物。同样也不可能有关于它所提供的现象的率直的真理。就其本性而言，感官知觉是一种解释，而且这种解释有可能是全然误导的。如果现象与实在之间存在着必然的一致，那么道德就会消失。比如关于乘法表就无什么道德可言，因为表中各项都是必然联系着的。那样一来，甚至于艺术也会成为毫无意义的空话，因为它预设了目的的效验。而艺术却本来是一桩冒险的事。

要讨论的问题是：宇宙中是否存在着某种因素，它构成了驱使现象与实在一致的一种普遍推动力。如果有这种因素，那么这种推动力便会在每一事态中构成一个因素，它让人相信追求那个"真"的目标对于该

378

特别现象是合适的。适于每一特别现象的这一关于"真"的概念便会意味着：现象自身的建立并不是通过包容与产生现象的实在无关的诸成分的这一手段实现的。现象于是便会是一种一般化，以及一种强调的适应；而不是一种性质的输入，或在实在中无相应表现的关系。这一关于"真"的概念事实上否定了康德《纯粹理性批判》中关于表面现象的学说。它否定了康德对这一问题的答案——先验综合判断何以是可能的？它至少提出了防卫性限制，而那是康德在该书中显然没有提出的。

第十节

379　　要回答这一问题，就必须要考查用以解释个体经验的那些因素，即每一事态由此生出的那个先前的世界，那是一个由许多事态组成的世界，它将诸和谐与诸不协和呈献给新生者：麻木的安逸之路，通过它，不协和的因素被化为不相干的东西；精神极将概念性经验建成使不协和免于丧失的感觉模式的活动；精神行动的自发性以及关联感对它的说服；意识的选择性天性以及它最初区分更深感觉之源的失败；从现实事态的抽象不具有媒介，存在包括媒介中的暗示；关于许多事态的统一体的感觉，该统一体具有超越任何单个事态价值的价值，比如灵魂、完整的动物、动物的社会群体、物质体、自然时期；追求当前个体满足的目标。

要证明派生自这一组因素的意见是合理的，主要应依据对第一手经验的直接阐释。这些因素不是，也不应该是一个论点的结果，因为任何论点都必须以比结论更基本的前提为基础。对基本概念的讨论，其目的不过是要揭示它们之间的联系、它们的一致性，以及可能从它们的结合中派生出来的特殊性。

以上的一套形而上学的观念，其基础是经过合适解释的人类普遍的一般经验。但是，还有另一套形而上学的观念，它们是在某种程度上例外的事态和经验方式所要求的。必须要记住，人类目前水平的一般觉醒经验在人类的祖先中曾是例外的。因此，我们追求超越我们直接判断的一般水平的那些经验方式是合理的。这些经验方式是如何逐渐出现的以及它们对人类历史的影响，一直是本书在诉诸历史时的主题。我们看到了艺术是如何生长的：它如何逐渐升华为对真和美的追求；利己的目的如何包容了超验的整体而得到升华；超验目标中的那种蓬勃的热情；悲剧感；对恶的感觉；对不满于既有完善的冒险精神的信念；最后则是平和感。

380

第十一节

发展到此阶段的文明，其概念在内部仍是不完全的。任何逻辑的论证都不能说明这一缺陷。对于有意识实现形而上直觉，这样的论证只能起辅助的作用——Non in dialectica complacuit Deo salvum facere populun suum. 这一为纽曼主教所引的谚语①应成为每一形而上学家的座右铭。他在他那猿人般意识的幽深处以及词典语言以外的地方寻找着隐藏在一切推理中的前提。形而上学的思辨方法是危险的，很容易被误用。一切冒险也是一样，但冒险属于文明的本质。

文明这一概念之所以尚不完备，和超验这一观念有关，这是冒险的基本感觉，是热情，也是平和。为了要理解它，这感觉要求我们将爱欲这一观念包括在宇宙间的冒险这一概念中，使之统一为"一"，以此来弥补爱欲这一观念。这个冒险囊括了所有的具体的事态，但是作为一桩

---

① 见《同意语法》："将自己贞洁的公民献祭给神，这不会在论辩中让他感到喜悦。"——中译注

现实事实，它却置身于它们中的任何一个之外。可以说，它就是对柏拉
图容器这一概念的补充，是它的十足的对立物，但却是一切事物的统一
体所需要的。在任何一个方面，它与容器的概念都是相反的。容器是不
具任何形式的；而冒险的统一体却包括爱欲，而爱欲则是追求一切可能
性的活的冲动，它要求达到实现那一切的佳境。柏拉图所谓的容器是空
虚的，抽象于一切单个的事态；而冒险的统一体则将一切单个的实在包
容在它的构成成分中，每一个实在都既具有作为个体事实的价值，又具
有它所属的群集事实的价值。这种构成成分中的个体价值属于"美"的
实质。在这种最高级的冒险中，被冒险转化进现象的统一体中的实在需
要的是前进世界的实在事态，这些事态中的每一个都要求得到应有的关
注。这一如此被享有的现象就是终极的"美"，宇宙以它来证明了自身
存在的合理性。这种"美"总是在自身中包含着从俗世的运转中得来的
那种更新。这一伟大事实包括了这一原初的伊洛斯（爱欲）以及这一终
极的美。正是它的这种固有的包容性构成了高度文明才具有的那忘我的
超验热情。

在事物天性的核心，总是存在着青春的梦想和悲剧的收获。宇宙的
冒险始于梦想，而终于收获悲剧性的"美"。这便是热情与平和联合的
秘密：痛苦终结于最和谐的时刻。对于这一最终事实的当前经验，连同
它对青春与悲剧的联合，便是那平和感。就这样，世界接受了这样的信
念：它要追求它的各个个体事态可能达到的那种完善。

术语索引
（文中页码为原书页码即中文边码）

专有名词索引
（文中页码为原书页码即中文边码）

译后记

　　译《观念的冒险》一书的念头初萌于 1989 年，实际动笔已是 1996 年 9 月了。初稿于 1999 年 9 月完成，修改及各种相关的工作又耗时几乎一年，如今总算可以松口气了。译事初竣，译者曾对一位朋友感慨道："此稿字字是血！"这真不是一句矫情的话！

　　1948 年怀特海的传记作家维克多·洛侬（Victor Lowe）曾说过，要读懂怀特海的《过程与存在》一书，非得折断脊梁不可（backbreaking）。其实，要读懂《观念的冒险》一书何尝又不是如此。该书有很大一部分是对作者前期思想的发展，甚至是对同一时期著作《科学与现代世界》、《过程与实在》的一种改头换面的写法；不对怀氏思想的发展脉络有一大致的了解，真是无从下笔。严格地说来，一个译者应该同时也是一个研究者，至少是广义的研究者，这是译书过程中译者为自己树立的目标。只是由于才疏学浅，译者自恨还远未达到这一目标。极愿学界朋友多多赐教！

　　在译书过程中，以下的朋友曾以不同的方式帮助过译者：

　　外籍教师约翰·柯林（John Cornyn）先生为译者解决过不少字句上的疑难；

　　美国高点大学邓鹏教授及四川大学哲学系成先聪教授曾设法为译者解决书中希腊语及拉丁语的问题；

　　本丛书的主编陈维政教授在译者译书过程中曾多次予以鼓励；

打字员张力小姐在译者译书的三年期间一直为译者打字。

对于这些朋友，译者谨此表示诚挚谢意！

周邦宪

2000 年 6 月 30 日于四川新都

再版附记

　　此次再版，美国克莱尔蒙特过程哲学研究中心的王治河先生慷慨赐教，我根据他的意见对某些术语作了改译。另外，我也按照自己的理解改译了一些重要术语。但自己学养不足，心长而力绌，加之出版社所给时间有限，要彻底修改好这样一部译著只好留待来日了。

周邦宪

2007 年 3 月 19 日

图书在版编目（CIP）数据

观念的冒险/（美）怀特海著；周邦宪译；陈维政校. —北京：
人民出版社，2011
（人民·联盟文库）
ISBN 978-7-01-010034-0

Ⅰ.①观⋯　Ⅱ.①怀⋯②周⋯③陈⋯　Ⅲ.①哲学理论-英国-
现代　Ⅳ.①B561.52

中国版本图书馆 CIP 数据核字（2011）第 132364 号

观念的冒险
GUANNIAN DE MAOXIAN
[美] A.N. 怀特海 著　周邦宪 译　陈维政 校

责任编辑：黄筑荣　李　葳
封扉设计：曹　春
出版发行：人民出版社
　　　　　北京朝阳门内大街 166 号　　邮　编：100706
网　　址：http://www.peoplepress.net
邮购电话：(010) 65250042/65289539
经　　销：新华书店
印　　刷：三河市金泰源印装厂
版　　次：2011 年 8 月第 1 版　2011 年 8 月北京第 1 次印刷
开　　本：710 毫米×1000 毫米　1/16
印　　张：23.25
字　　数：342 千字
书　　号：ISBN 978-7-01-010034-0
定　　价：48.00 元

《人民·联盟文库》第一辑书目

分 类	书 名	作 者
政治类	中共重大历史事件亲历记（2 卷）	李海文主编
	中国工农红军长征亲历记	李海文主编
哲学类	中国哲学史（1—4）	任继愈主编
	哲学通论	孙正聿著
	中国经学史	吴雁南、秦学颀、李禹阶主编
	季羡林谈义理	季羡林著，梁志刚选编
历史类	中亚通史（3 卷）	王治来、丁笃本著
	吐蕃史稿	才让著
	中国古代北方民族通论	林幹著
	匈奴史	林幹著
	毛泽东评说中国历史	赵以武主编
文化类	中国文化史（4 卷）	张维青、高毅清著
	中国古代文学通论（7 卷）	傅璇琮、蒋寅主编
	中国地名学源流	华林甫著
	中国古代巫术	胡新生著
	徽商研究	张海鹏、王廷元主编
	诗词曲格律纲要	涂宗涛著
译著类	中国密码	［德］弗郎克·泽林著，强朝晖译
	领袖们	［美］理查德·尼克松著，施燕华等译
	伟人与大国	［德］赫尔穆特·施密特著，梅兆荣等译
	大外交	［美］亨利·基辛格著，顾淑馨、林添贵译
	欧洲史	［法］德尼兹·加亚尔等著，蔡鸿滨等译
	亚洲史	［美］罗兹·墨菲著，黄磷译
	西方政治思想史	［美］约翰·麦克里兰著，彭维栋译
	西方艺术史	［法］德比奇等著，徐庆平译
	纳粹德国的兴亡	［德］托尔斯腾·克尔讷著，李工真译
	资本主义文化矛盾	［美］丹尼尔·贝尔著，严蓓雯译
	中国社会史	［法］谢和耐著，黄建华、黄迅余译
	儒家传统与文明对话	［美］杜维明著，彭国翔译
	中国人的精神	辜鸿铭著，黄兴涛、宋小庆译
	毛泽东传	［美］罗斯·特里尔著，刘路新等译
人物传记类	蒋介石全传	张宪文、方庆秋主编
	百年宋美龄	杨树标、杨菁著
	世纪情怀——张学良全传（上下）	王海晨、胡玉海著